职业教育新形态
财政金融精品系列教材

U0734126

商业银行 综合柜台业务

—— 规范与实训

第2版

董雷光 董建忠 ◆ 主编

人民邮电出版社
北　京

图书在版编目（CIP）数据

商业银行综合柜台业务：规范与实训 / 董雷光，董
建忠主编. -- 2版. -- 北京：人民邮电出版社，2024.11
职业教育新形态财政金融精品系列教材
ISBN 978-7-115-64022-2

Ⅰ. ①商… Ⅱ. ①董… ②董… Ⅲ. ①商业银行－银
行业务－高等职业教育－教材 Ⅳ. ①F830.33

中国国家版本馆CIP数据核字(2024)第060653号

内 容 提 要

本书贯彻"宽知识、厚基础、强技能""理论够用、技能熟练"的高职人才培养要求，以金融企业岗位要求为依据，整合课程教学内容进行编写。全书内容以项目形式展开，共设有 9 个项目，分别为综合柜台业务规范、柜台服务及柜员技能、前台业务规程、商业银行存款业务、商业银行贷款业务、商业银行中间业务、商业银行外汇业务、商业银行柜面突发事件处理和柜台业务综合实训。

本书既可以作为高职院校财经、金融类学生的教材，又可供商业银行机构的员工自学参考。

◆ 主　编　董雷光　董建忠
　　责任编辑　崔　伟
　　责任印制　王　郁　彭志环
◆ 人民邮电出版社出版发行　　北京市丰台区成寿寺路 11 号
　　邮编　100164　　电子邮件　315@ptpress.com.cn
　　网址　https://www.ptpress.com.cn
　　山东华立印务有限公司印刷
◆ 开本：787×1092　1/16
　　印张：12.75　　　　　　　　2024 年 11 月第 2 版
　　字数：325 千字　　　　　　2024 年 11 月山东第 1 次印刷

定价：49.80 元

读者服务热线：(010)81055256　印装质量热线：(010)81055316
反盗版热线：(010)81055315
广告经营许可证：京东市监广登字 20170147 号

前　言

党的二十大报告指出，要"统筹职业教育、高等教育、继续教育协同创新，推进职普融通、产教融合、科教融汇，优化职业教育类型定位"。高校是人才培养的主要基地之一，金融专业的技术技能型人才培养必然需要与时俱进，以适应当下行业和企业对创新型、应用型金融服务人才的新需求。

本书第 1 版自 2016 年 3 月出版以来，受到了读者的广泛好评和认可。为了紧跟金融领域业态发展的新趋势，深化产教融合成果，编者对第 1 版进行了以下五个方面的升级优化。

1. 知识传授与价值引领相融合，落实立德树人根本任务

本书在前 8 个项目开头设置了包括"知识目标""能力目标""素养目标"的三维学习目标体系，让读者明确学习过程中能够实现的职业能力，树立家国情怀，培养诚信服务、工匠精神等职业素养；同时，在项目内容中多处添加了相应的"案例分析""同步阅读""同步思考""同步练习"等栏目，旨在加强读者在业务规范实践中的职业能力培养。

2. 紧跟行业发展态势，内容对接行业服务实际

进入 21 世纪以来，金融科技的发展给金融行业带来了翻天覆地的变革，原来的柜面服务发生了巨大的变化。本次修订切实从行业前台服务岗位实际出发，对相关业务规范和流程进行了更新。

3. 配套在线精品课程，教学资源同步共享

本书配套了省级精品在线开放课程"商业银行综合柜台业务"，围绕"一书一课一空间"的"互联网+教育"模式，提供了配套电子教案、教学 PPT、教学案例、教学视频与同步阅读资料等丰富的数字教学资源，以方便教学。

4. 校企合作共同开发，实时动态服务读者

本书编写团队由教学经验丰富、具有多年带队参加各类技能大赛并取得优异成绩的院校教师以及多位行业专家组建而成。编写团队成员将基于精品在线开放课程和新媒体平台，为读者和院校教学提供"一站式"服务，包括开放教学资源、远程与读者互动等，以确保本书的使用效果。

5. 紧跟技能竞赛要求，全新设置相应实训项目

秉持以赛促教、以赛促学理念，根据近年来全国职业院校技能大赛相关银行业务综合技能竞赛的赛项要求，为进行商业银行综合柜台业务课程教学与竞赛训练切实提供有效的辅助资料（项目 9 和附录）。

本书由山西金融职业学院教师董雷光、董建忠（曾在中国工商银行任职）担任主编，李金秋、翟志国担任副主编，王瑞梅、周春英、于鸿飞、胡静参与编写。本书具体编写任务分工如下：董建忠完成项目 1，李金秋完成项目 2，周春英完成项目 3，翟志国完成项目 4，于鸿飞完成项目 5，王瑞梅完成项目 6，董雷光完成项目 7 和项目 9，胡静完成项目 8 和附录。董雷光负责全书统撰。

感谢参与本书第 1 版内容设计和编写的岳高社（山西铁道职业技术学院）、李芳（太原师范学院）、段文辉（山西省财政税务专科学校）提供的支持；感谢中国光大银行、中国工商银行、招商银行的多位行业专家为本书提供了大量的资料、案例等素材；也要特别感谢山西金融职业学院金融系 2021 级学生宋利军、赵宏伟、孙冬雪、李凯华和梁曼等在插图拍摄上给予的大力支持。另外，在编写本书的过程中，编者借鉴了一些出版物和网络资料的信息与数据，在此一并向相关作者表示感谢！

尽管我们在编写过程中力求准确、完善，但由于水平和时间有限，书中可能存在疏漏与不足之处，恳请广大读者批评指正，在此深表谢意！

编　者

2024 年 6 月

C O N T E N T S

目　录

项目1　综合柜台业务规范…………1

相关业务规范……………………………… 2
模块1　综合柜台制度规范………………3
　　任务1　银行柜台劳动组织形式及岗位
　　　　　　划分………………………………3
　　任务2　银行柜台岗位风险管理…………7
模块2　账户及相关业务管理……………11
　　任务1　银行结算账户………………11
　　任务2　银行结算账户相关业务管理…14
模块3　柜员重要物品管理………………19
　　任务1　会计专用印章管理……………19
　　任务2　会计凭证管理…………………22
　　任务3　登记簿管理……………………24
　　任务4　会计档案管理…………………25
　　任务5　银行柜员指纹身份验证系统
　　　　　　管理………………………………27
　　任务6　其他重要物品管理……………29
项目强化训练………………………………30

项目2　柜台服务及柜员技能………34

相关业务规范……………………………… 35

模块1　银行柜员服务规范………………36
　　任务1　银行柜员服务礼仪规范………36
　　任务2　银行柜面服务技巧……………43
模块2　银行柜员业务技能………………45
　　任务1　银行柜员书写规范……………45
　　任务2　人民币鉴别技能………………47
项目强化训练………………………………48

项目3　前台业务规程…………51

相关业务规范……………………………… 52
模块1　营业前准备和日终轧账…………52
　　任务1　营业前准备及交领库…………52
　　任务2　业务复核和日终轧账…………55
模块2　日常业务处理……………………56
　　任务1　日常业务处理规范……………56
　　任务2　现金收付业务…………………58
　　任务3　其他现金业务…………………62
项目强化训练………………………………66

项目4　商业银行存款业务…………71

相关业务规范……………………………… 72
模块1　单位存款业务……………………73
　　任务1　单位活期存款…………………73

任务2 单位定期存款 …………………… 74

任务3 单位通知存款 …………………… 76

任务4 单位协定存款 …………………… 77

模块2 个人储蓄存款业务 ………………… 78

任务1 个人活期储蓄存款 …………… 80

任务2 整存整取定期储蓄存款 ……… 82

任务3 零存整取定期储蓄存款和教育

储蓄 ……………………………… 83

任务4 其他储蓄存款 ………………… 86

任务5 存款计息 ……………………… 89

任务6 个人存款挂失 ………………… 91

项目强化训练 ……………………………… 94

项目5 商业银行贷款

业务 …………………… 99

相关业务规范 ……………………………… 100

模块1 人民币贷款业务 …………………… 102

任务1 一般人民币贷款业务 ………… 102

任务2 贴现业务的核算 ……………… 104

模块2 个人贷款及外汇贷款业务 ………… 105

任务1 个人贷款业务 ………………… 105

任务2 外汇贷款业务 ………………… 108

项目强化训练 ……………………………… 110

项目6 商业银行中间

业务 …………………… 113

相关业务规范 ……………………………… 114

模块1 银行卡业务 ………………………… 115

模块2 支付结算业务 ……………………… 121

任务1 支票 …………………………… 122

任务2 银行汇票 ……………………… 125

任务3 商业汇票 ……………………… 131

任务4 汇兑 …………………………… 134

模块3 代理业务 …………………………… 137

任务1 代收代付业务 ………………… 138

任务2 代理国债业务 ………………… 139

任务3 代理基金业务 ………………… 142

项目强化训练 ……………………………… 146

项目7 商业银行外汇

业务 …………………… 150

相关业务规范 ……………………………… 151

模块1 外币储蓄存款业务 ………………… 153

任务1 外币储蓄存款的开户、续存

业务 …………………………… 153

任务2 外币储蓄存款的支取、销户

业务 …………………………… 154

模块2 外币兑换业务 ……………………… 156

项目强化训练 ……………………………… 160

项目8 商业银行柜面突发

事件处理 …………… 163

相关业务规范 ……………………………… 164

模块1 抢劫事件应急处理 ………………… 165

模块2 火灾应急处理 ……………………… 166

模块3 诈骗事件应急处理 ………………… 167

模块4 其他突发事件应急处理 …………… 169

项目强化训练 ……………………………… 171

项目9 柜台业务综合

实训 …………………… 172

实训1 综合管理 …………………………… 173

任务1 日始 …………………………… 173

任务2 日终 …………………………… 173

实训2 个人业务 …………………………… 175

任务1 个人活期储蓄存款业务 ……… 175

任务 2　个人整存整取定期储蓄存款
　　　　业务 ……………………… 177
任务 3　挂失与解挂 ………………… 178
任务 4　个人综合贷款 ……………… 178
实训 3　对公业务 ……………………… 180
任务 1　基本账户开户 ……………… 180
任务 2　基本账户销户 ……………… 181
任务 3　单位活期同城网内业务 …… 181
实训 4　结算业务 ……………………… 182
任务 1　支票 ………………………… 182

任务 2　银行汇票签发 ……………… 183
实训 5　代理业务 ……………………… 185
任务 1　代理保险业务 ……………… 185
任务 2　代理国债业务 ……………… 185
任务 3　代理基金业务 ……………… 185

附录　竞赛指导 …………… 187

参考文献 ………………… 196

项目1 综合柜台业务规范

知识图谱

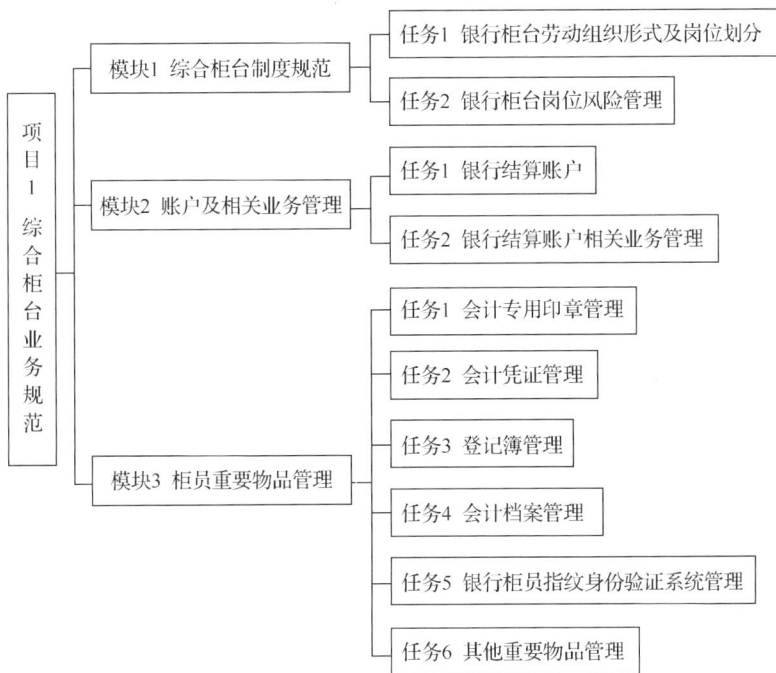

项目1 综合柜台业务规范

- 模块1 综合柜台制度规范
  - 任务1 银行柜台劳动组织形式及岗位划分
  - 任务2 银行柜台岗位风险管理
- 模块2 账户及相关业务管理
  - 任务1 银行结算账户
  - 任务2 银行结算账户相关业务管理
- 模块3 柜员重要物品管理
  - 任务1 会计专用印章管理
  - 任务2 会计凭证管理
  - 任务3 登记簿管理
  - 任务4 会计档案管理
  - 任务5 银行柜员指纹身份验证系统管理
  - 任务6 其他重要物品管理

学习目标

综合柜员制是商业银行普遍实行的前台柜员工作体制，通过本项目关于综合柜员制下各项业务制度、规范和管理等基本知识的学习，学生能够初步了解和掌握以下内容。

知识目标

（1）了解和掌握综合柜员制的业务制度及规范。

（2）了解和掌握综合柜员制的账户分类和管理。

（3）了解和掌握综合柜员制的重要物品分类及管理。

能力目标

（1）能够遵守柜员管理制度规定。

（2）能够明确商业银行柜台岗位设置及岗位分离要求的基本原则与规定。

（3）能够按照综合柜台授权管理的相关规定进行业务处理。

素养目标

（1）端正学习态度，形成良好的学风，培养正确的学习方法。

（2）树立正确的现代商业银行柜台业务经营的思想和理念。

（3）养成严谨认真的工作态度。

🔍 **案例导入**

综合柜员制与银行业柜面流程的改革

柜面是银行对外服务的窗口，与客户接触最为频繁，客户对银行服务的认同和满意很大程度上取决于柜面人员的服务效率和服务质量。国有商业银行大多数营业网点沿袭了几十年来传统柜台劳动组合形式，随着市场化程度的加深和竞争的加剧，其业务流程片段化的局限性日益显露出来，如柜面功能机械单一、柜员业务面狭窄、"按部就班"流水作业，增加了差错和事故发生的可能性，不利于柜员劳动成果的考核和劳动积极性的调动。这些弊端暴露出传统柜台劳动组合形式已不适应新的经营环境，为适应激烈的市场竞争和满足优质服务的需要，银行业必须着手对现有组织架构和交易流程进行优化，努力打造一套运作高效、过程简洁、风险可控的现代化商业银行柜面业务处理流程，从而有效提高柜面人员的服务效率和服务质量。

综合柜员制是在摒弃传统业务按种类设置营业专柜的基础上，注重研究会计、出纳、储蓄等业务中为客户创造价值的有效关联活动，重新对银行柜台劳动组合和业务流程进行整合设计，从根本上建立"客户中心型"的流程团队组织，打破银行业长期以来遵循的职能分工界限，形成集凭证受理、审核、记账、复核、现金收付及复点多种职能于一身的新型劳动组合形式，在服务成本、质量、客户满意和反应速度等方面取得重大突破。

📑 **相关业务规范**

一、业务释义

综合柜员制是国内外商业银行适用的一种主要的前台服务模式，能充分体现"以客户为中心"的服务理念，增强商业银行对外服务的整体性，并通过优化柜台劳动组合，改善人均业务量不饱和、岗位业务不平衡、工作效率较低的状况，从而达到优化资源配置、提高效率的目的。

二、综合柜员制的优点

（1）实施综合柜员制能够更高效地为客户提供服务。综合柜员制的业务办理流程减少了中间环节，缩短了客户办理业务的时间，提高了工作效率；同时，改变窗口设置可以使业务均衡分布，在一定程度上缓解了客户排队等待的现象。

（2）实施综合柜员制能够提高工作人员素质。综合柜员制要求柜台人员必须通晓会计、出纳、储蓄等多种业务，具备全面的综合业务知识和业务技能。柜台人员素质的提高既能够满足现行综合柜员制的要求，又可以为实施会计、出纳、储蓄有机整合打下坚实的基础。

（3）综合柜员制通过对会计、出纳、储蓄业务及流程进行整合和对柜台人员岗位分工进行调整，可以在一定程度上达到减员增效的目的。

三、柜员制存在的主要风险

1. 柜员能力风险

银行是全社会的现金出纳中心，现金出入频繁，特别是对公业务，单笔金额较大，综合柜员制要求柜员具备较全面的业务知识和较高的操作技能，如果柜员知识和技能不足，就有可能造成操作失误。单人为客户提供金融服务是综合柜员制的基本要求，其表现形式为单收单付，柜员与客户"一对一"，如果柜员稍有疏忽大意就会发生差错，柜员自身承担风险和银行防范业务风险的难度同时加大。

2. 因出纳机具及监控设施存在弊端而引起的风险

实行综合柜员制后，对现金的复核完全依赖于出纳机具，人们现用的钞票版别多且防伪技术复杂，这对点钞机和验钞机的性能提出了很高的要求。若出纳机具的性能不过关，将给临柜人员造成误导，给客户或银行造成经济损失。此外，银行采取的是录像监控和配备相应数量的复核员等措施。录像监控难以做到多角度、全方位监控，在监控时间上也不同程度地存在盲点，因此，在对违规违纪行为的硬件监控上存在一定的风险。

3. 业务授权风险

负责授权的主管人员虽不直接面对客户经办业务，但有授权的权力，对下主管多名柜员，如果主管人员违背道德，只需突破下线中的一点即可形成联手作案的可能。另外，授权操作也存在隐患，授权在记账柜员终端机上进行，使用记账柜员打开的界面，授权密码暴露在他人视线之下，存在泄密危险。同时，柜员之间还存在互不防范、责任心不强等问题。例如，授权是在柜员键盘上输入密码，如果在柜员面前直接输入，没有任何防范意识和措施，而且密码不按规定及时修改，就极易给有意作案的人以可乘之机。

4. 柜员道德风险

综合柜员制下的现金业务是一个手工点钞和计算机操作相结合的过程，没有专人复核，多收少付、错款错账隐瞒不报、转移现金等现象就有发生的可能。如果柜员本身素质不高，道德水准偏低，无视规章制度，就很可能利用内控管理存在的漏洞自我作案或与外界联手作案。

5. 应用程序风险

综合柜员制业务的应用程序设计，必须能够满足综合柜员受理业务的需要，满足会计、出纳、储蓄、中间业务、代收等种类繁多的业务综合处理的需要。综合柜员制是金融业务发展、金融科技进步以及金融服务创新的必然产物。在实行综合柜员制的过程中，柜员拥有较高的信息化水平是至关重要的，否则容易造成操作风险。

模块 1　综合柜台制度规范

任务1　银行柜台劳动组织形式及岗位划分

一、业务释义

银行柜台劳动组织形式是指商业银行柜台业务办理人员分工与合作的方式。长期以来，我国商业银行的柜台劳动组织形式主要是复合柜员制（也称双人临柜制）。进入 21 世纪后，各商业银行开始实行单人临柜制或综合柜员制。到目前为止，"一对一"服务的综合柜员制已成为各商业银行柜台业务操作和服务的主要形式。

二、学习活动

学习活动 1　综合柜员制操作流程

综合柜员制操作流程如图 1-1 所示。

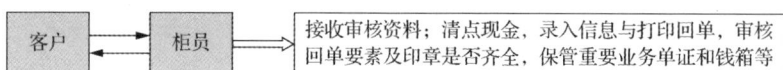

图1-1　综合柜员制操作流程

综合柜员制实行单人收款、付款、记账一手清，柜员与客户"一对一"，最大限度地减少了现金、凭证传递环节，加快了业务处理速度，提高了柜台工作效率；在柜台服务上，任何一个窗口都可以同时办理对公、对私各项业务，减少了客户的等候时间。

资料传真袋

银行业务用印机

银行利用银行业务用印机代替传统手工操作，不仅操作方便、稳定可靠，而且大大降低了人工劳动强度，提高了银行盖章效率，并可以防范印章违规使用的行为。

银行业务用印机具有以下特点。

（1）全密封设计，物理隔离印章与工作人员。防止私盖印章，每次使用需解锁后提交申请、审核，盖章操作由机器自动完成，无须人员参与。

（2）在线化管控，手机App远程控制。对于所有用章申请，管理人员均可通过手机进行操控，整个用章流程透明且高效。

（3）自主防御。银行业务用印机应用红外电子围栏技术，只要设备被带离设定的盖章区域，就会自动锁死里面的印章，同时还会及时向银行管理人员手机发出预警信息，有效保障银行印章管理安全。

学习活动2　综合柜员制的岗位设置

施行综合柜员制的营业网点应根据业务量大小，本着精干、高效的原则合理设置业务主管、综合员、综合柜员、凭证员、现金调拨员等岗位。其他岗位在明确责任制和监督制约的前提下，按要求合理设置。一般情况下，不同银行的岗位名称会有差异，但基本的工作职责是相同的。

（一）业务主管岗位职责

（1）领导和管理辖内人员工作，督促和检查柜员认真贯彻落实各项规章制度以及业务操作规程，努力提升柜员工作质量和服务水平。

（2）参与制订本单位工作计划及重大问题的决策，负责本单位工作总结，撰写财务分析报告，向本单位领导和上级会计部门报告工作。

（3）按照内部管理规定，对柜员工作范围及权限进行授权监管。掌管单位行政公章、联行专用章、钢印，掌握综合业务系统管理员密码和编押机管理员密码，确保综合业务系统的安全运行和业务活动的正常开展。

（4）落实柜员工作责任制。定期检查各柜员账务，加强现场监管，对柜员的工作情况做好检查和评价。

（5）组织柜员进行业务知识学习，开展多种形式的业务技能培训活动，负责对柜员业务知识和业务技能的定期考核工作。

（6）按制度规定处理会计、出纳工作中的重要事项和疑难问题，对发生的各类会计、出纳差错和事故及时组织追查、补救和上报工作。

（7）按规定掌管有关登记簿，并做好记录。

（8）对综合柜员签发的存款证实书进行核实并盖章确认。

（9）定期检查各柜员现金、重要凭证、有价单证保管使用情况。

（10）每日定时开关监控系统，保管好监控视频。随时对监控系统进行检查，发现问题及时解决，确保监控系统正常运行。

（11）每日营业终了，检查各柜员保管的现金、重要空白凭证、卡片账、有价单证等是否与账簿相符，账簿的登记是否合规，针对检查事项在有关登记簿上做好记录。

（12）履行会计主管日常职责，完成领导和上级管理部门交办的其他事项。

（二）综合员岗位职责

（1）协助业务主管管理联行结算业务，组织、开展业务宣传，协助组织各项规章制度的实施。

（2）编制有关会计报表，撰写分析资料。

（3）在规定权限内对临柜柜员的有关业务进行授权。

（4）负责协助业务主管对对公账户开立的审查和大额存取款进行备案。

（5）监督对公单位的开户、销户操作，账号、户名的变更和挂失，冻结与扣划是否符合有关规定。

（6）监督柜员领用、使用、出售的有价单证、重要空白凭证是否符合要求，对柜员使用的重要凭证进行二次销号，检查柜员对重要空白凭证登记簿的记载是否合规。

（7）按规定定期对辖内往来、系统内往来（准备金和借款户）、同业往来、汇差资金账户进行核对，定期与单位进行账务核对，保管有关对账单。

（8）负责综合业务网络系统日常管理，每日打印有关报表，定期装订入档，保管批量处理业务账表和有关登记簿。

（9）检查挂失、抹账、冲账、挂账、大额提现、大额汇划等是否经主管授权、签批，有关登记簿记载是否齐全。

（10）对账务处理的合规性、合法性进行全面审核。次日逐笔审查柜员记账凭证与原始凭证内容是否相符，凭证要素是否齐全，记账份数与系统记录是否一致等。

（11）审核汇票、本票、支票签发、解付、退票、挂失及电子汇兑的汇出、汇入、退汇是否符合规定，委托收款、托收承付以及承兑汇票的贴现处理手续是否合规，各种查询查复是否及时。

（12）处理其他交办事项。

（三）综合柜员岗位职责

（1）认真执行各项规章制度，规范业务操作，严格按照规程办理业务。

（2）办理储蓄业务、对公业务、银行卡业务、各类中间业务等。

（3）负责临柜业务查询、挂失、解挂、冻结、解冻等事项，并登记相关登记簿。

（4）办理主币、辅币、残币的兑换和有价证券的兑付业务。

（5）保管使用转讫章、现讫章、储蓄专用章等业务印章。

（6）随时检查现金箱、凭证箱，保持合理库存，超限额部分及时上缴入库。

（7）营业终了，按规定打印有关报表、资料，核对当日库存现金和凭证，经核实无误后签退。

（8）休班、短期离岗时，将重要空白凭证、印章全部入箱，办理相关交接手续，将款项全部交清。

（9）处理其他交办事项。

（四）凭证员岗位职责

（1）保管本网点所有空白凭证，登记、保管重要空白凭证登记簿。

（2）定期核对重要凭证的库存数，保证账、簿、实相符。

（3）根据综合柜员填写的重要空白凭证领用单，为柜员调拨凭证。

（4）处理其他交办事项。

（五）现金调拨员岗位职责

（1）保管本网点内库库存现金，掌管使用内库库存现金登记簿。

（2）营业终了，汇总各柜员的现金库存登记簿，与计算机打印的现金余额统计表核对相符后，据此登记库存现金登记簿。

（3）根据柜员填写的现金调拨单，为柜员办理库存现金的上解下拨。

（4）按规定计算库存限额，超出部分及时上缴。

（5）保管入库已收缴的假币（券），按照中国人民银行规定上缴，并办好出库、交接手续。

（6）保管抵（质）押品及有价单证，掌管使用有关登记簿，定期检查，保证账、簿、实相符。

（六）其他柜台工作人员岗位职责

银行营业厅柜台工作人员岗位还包括以下三种类别。

（1）现金柜员。其日常工作主要是从事各类现金业务的复核、零钞清点、大额现金清点等。现金柜员通常由刚参加银行工作的人员担任，该工作是继续从事其他柜台工作的基础。

（2）低柜柜员（或开放式柜台工作人员）。该岗位一般在某些较大的、业务全面的营业网点较为常见，工作人员主要经办个人消费贷款、个人住房贷款、个人理财（基金业务、银行代理保险业务）等非现金业务。此类柜员工作要求比较高，必须具备一定的个人贷款类的基本知识和业务技能，同时也要了解个人金融理财知识。

（3）大堂经理。其通常负责对银行业务进行宣传、对网点客户进行分类引导、对客户的各类业务咨询进行解答，对银行工作人员与客户之间的纠纷和矛盾进行调解与疏导等。该岗位通常由具有多年工作经验的银行员工担任，有时候由银行网点负责人兼任。

学习活动3　综合柜员制的柜员管理

（1）每个柜面窗口，综合柜员均置于监控设施的有效监控之下；监控设施能保证对当天营业全过程和安全情况进行监控录像；在监控开启前和关闭后，综合柜员不得办理临柜业务；柜员不得在监控范围外和本专柜外办理临柜业务；录像资料原则上保存1个月以上。

（2）日常营业人员2人以上，即至少有2个窗口对外营业。

（3）柜员必须经培训合格持证上岗，具有良好的政治素质和业务素质，能全面掌握相关的业务知识。

（4）实行综合柜员制网点的各岗位必须有明确的岗位职责，实施前必须将岗位责任制度细化到每个柜员。

（5）柜员使用指纹登录系统办理业务，进行授权。

（6）柜员不得在自己签到的终端上办理自己的存取款业务。

（7）建立完整的账务监督体系；综合柜员交接时必须做到当面交接、当场监交。交接时，应将所有现金、有价单证、重要空白凭证、业务印章、当日记账凭证、账册、登记簿以及未尽事宜全部办理移交，并做好交接登记。

（8）大额现金收付及转账业务、特殊业务、重要业务必须进行授权。

① 授权：柜员在定岗后将获得处理业务的基本授权，如果在办理业务中超出自身拥有的权限，则必须获得临时授权后方可办理。

② 特殊业务：凡涉及柜员信息、客户信息、账务信息、业务信息修改的交易均为特殊业务。特殊业务处理原则为柜员必须经现场管理人员复核授权后上机操作，事后监督员次日通过对授权交易清单和授权书的勾对，对特殊业务处理的合法性和有效性进行检查。

③ 重要业务：包括挂失解挂、冻结解冻、查询查复、扣划等。

（9）柜员临时离岗时必须临时签退，每日营业结束，柜员轧平账务后必须办理正式签退，如果因系统故障造成非正常签退，可由其他柜员进行强行签退。

（10）综合柜员轧账签退时的库存现金和凭证必须换人进行核查、监督上锁。

（11）对客户类账户进行抹账处理时，只能对银行员工操作失误的进行抹账，不允许应客户要求进行抹账。

（12）现金超限额时要入保险柜，并将保险柜的密码人为调整到乱码状态。

任务 2　银行柜台岗位风险管理

一、业务释义

综合柜员制风险是指实行综合柜员制的网点因劳动组合的变革导致在其业务营运过程中可能发生的各种差错、事故以及对国家资产完整性和客户正当权益的侵害。此类风险通常是因制度上的疏漏、越权交易等引起的风险，是源于内部程序不完善、人为失误、系统故障或者外部事件所引发的直接或间接损失的风险。

二、学习活动

风险来源、风险防范措施

学习活动 1　风险来源

在传统双人临柜劳动组合下，每一笔业务要经过两人办理，交叉复核，钱、账分管，互相制约。而在综合柜员制劳动组合下，由于柜员单独经办业务，取消了钱、账的分管和双人相互监督，从而增大了业务风险，这些风险主要来自以下三个方面。

（1）外部不法分子利用编造的存款凭证或以其他方式骗取银行钱款。

（2）柜员因疏忽、业务不熟练而出现差错，导致多付现金情况。

（3）综合柜台内部或者内外勾结作案。

学习活动 2　风险防范措施

（一）加强综合柜员制机构的资格认定

加强综合柜员制机构的资格认定包括对网点的资格认定、柜员素质的认定、电子计算机应用软件系统的资格认定、硬件保障的资格认定。

（二）严格实行全过程风险控制

（1）分工控制。综合柜员制的分工控制是指将业务活动划分到不同岗位，分别由不同的人员担任，各个岗位的职责不同，承担的任务不同，通过制度、规定、规程，共同构成一个有机整体，并约束各自的独立性，形成柜员的自我约束和内部互相牵制，在此基础上将责任与各自的收益挂钩。

（2）授权控制。综合柜员制的授权控制是指柜员必须获得批准和授权，才能办理有关业务。

这一措施能在各类业务风险发生之前就加以控制，使柜员严格按照所授予的权限处理业务。实行综合柜员制的网点实行综合柜员或主办柜员、业务主管二级授权。

（3）保障控制。综合柜员制的保障控制是指采取一定的措施和方法保障会计核算的正确、及时、完整、真实。

资料传真袋

银行远程授权模式

银行远程授权模式是现代银行建设流程银行的重要体现，也是实现集约运营、助力网点转型的必由之路。目前，我国各层级的银行，无论是国有大行、股份制商业银行、城市商业银行，还是信用社等，均已实施或计划推动远程授权。

银行远程授权模式是指通过现代信息化技术，在不改变银行核心业务系统交易完整性的前提下，将网点柜员需要授权的交易画面、业务凭证影像、身份证件影像、客户头像或视/音频实时传输至后台集中授权中心授权人员的终端，由后台授权人员在己方终端上审核并完成授权的一种柜台运行模式。银行实施远程集中授权，建设集中、高效、安全的业务授权中心，是改变以网点为基础的分散式授权布局，统筹配置运营资源，实现授权集约运营、风险集中控制、业务流程优化、网点功能转型的必然选择，也是现代银行建设流程银行运营模式的重要体现。

（三）加强内部控制建设

加强内部控制建设的内容如表1-1所示。

表1-1　　　　　　　　　　　加强内部控制建设的内容

项目	内容
账户管理	商业银行应严格执行账户管理的有关规定，认真审核存款人身份和账户资料的真实性、完整性和合法性，对账户开立、变更和撤销的情况定期进行检查，防止存款人出租、出借账户或利用其存款账户从事违法活动。严格管理预留签章和存款支付凭证，提高对签章、票据真伪的甄别能力，并利用计算机技术加大预留签章管理的科技含量，防止诈骗活动。对内部特种转账业务、账户异常变动等进行持续监控，发现异常情况应立即进行跟踪和分析
业务办理	商业银行应对大额存单签发、大额存款支取实行分级授权和双签制度，按规定对大额款项收付进行登记和报备，确保存款等交易信息的真实和完整。对每日营业终了的账务实施有效管理，当天的票据当天入账，对发现的错账和未提出的票据或退票应当履行内审审批、登记手续。对现金收付、资金划转、账户变更、密码挂失、解挂等柜台业务建立复核制度，确保交易记录的完整和可追溯
章证管理	商业银行应严格执行"印、押、证"三分管制度，使用和保管重要业务印章的人员不得同时保管相关的业务单证，使用和管理密押、压数机的人员不得同时使用和保管相关的印章和单证。使用和保管密押的人员应当保持相对稳定，人员变动应当经主管领导批准，并办好交接手续。人员离岗，"印、押、证"应当落锁入柜，妥善保管
现金、重要单证管理	商业银行应对现金、贵金属、重要空白凭证和有价单证实行严格的核算与管理，严格执行入库、登记、领用的手续，定期盘点查库，正确、及时处理损益
检查、监督	商业银行必须建立会计、储蓄事后监督制度，配置专人负责事后监督，实现业务与监督在空间与人员上的分离。严格执行营业机构重要岗位的请假、轮岗制度和离岗审计制度。对重要部门和重要岗位应当实施有效管理，对非营业时间进入营业场所、计算机延长开机时间等应当办理审批、登记手续
人员及指纹管理	业务人员应当具有与其岗位、职位相适应的专业资格或技能。柜台人员的名章、操作密码、身份识别卡等应当实行个人负责制，必须妥善保管、按章使用

（四）加强外部监督

1. 闭路监控

银行系统柜台及相关环境都安装了闭路监控系统，该系统主要由固定式专用监控摄像头、画面分割器、监视器、录像机等组成。安装在银行营业场所的若干个摄像探头，将柜员每天临柜操作情况及其他环境情况通过视频电视传递到画面分割器，再由画面分割器将多幅图像结合在一起传给录像设备。

对柜员的全部业务活动实施详细的、系统的全过程监控，可起到以下作用。

（1）增强柜员的责任感和严格按程序处理业务的自觉性。

（2）当柜员与客户发生经济或其他纠纷时，可以通过录像资料明辨责任。

（3）便于及时发现问题，掌握线索，查找差错事故。

2. 事后监督和运营检查

针对综合柜员制的特点，管辖行检查辅导要坚持一般检查辅导与专项检查辅导相结合，突出检查差错事故易发环节，主要检查以下内容。

（1）计算机管理的检查：包括操作员代码、密码管理、指纹管理的检查，以及数据备份管理的检查。

（2）分工管理的检查：包括是否存在违反规定的顶班、换岗现象。

（3）交接管理的检查：包括每日营业前是否办理规定的交接手续，柜员轮班时是否办理交接，营业终了时是否办理交接，人员调出时是否办理交接。

（4）操作规程的检查：包括柜员是否严格审查凭证、证件要素，要授权的业务是否取得授权，业务凭证的打印、戳记是否核对，业务要素信息与签章是否齐全规范，数额较大的存款挂失是否坚持实地核实，现金领交和内部调剂、重要单证的领交是否按规定程序办理，办理手续是否齐全。

（5）现金、重要单证的账账、账实是否相符的检查。

想一想

综合柜员制下如何对前台进行风险控制

单人或综合柜员制下，所有业务办理流程都由一个柜员操作，并且章证由该柜员保管，无疑会产生很大风险，请想一想银行可以采取哪些措施对前台进行风险控制？

动动手

专注度训练

专注度训练是银行柜台员工为减少业务差错而采取的一个重要练习项目，请同学们尝试在课堂中全身心投入教师的讲课过程或阅读某本书，看看自己保持注意力集中在同一事项上能达到的最长时间。

同步阅读

柜员挪用公款案

案情介绍：

2020年2月20日至2021年12月9日，农行某支行原职工石某，利用职务之便，采取偷支储户存款、盗用系统内往来资金等手段，挪用公款共计 820 万元，用于购买彩票。根据《中国农业银行员工违反规章制度处理暂行办法》，给予石某开除处分，并移送司法机关追究刑事责任。

支行营业室原主任张某，在对合并的光明路、中山路储蓄所系统内往来资金进行核对时，发现两处 2021 年 4 至 9 月对账单为手写的问题后，没有及时向支行领导报告，受到记大过处分；该支行原行长张某，在担任支行行长期间，对石某偷支储蓄存款、盗用系统内往来资金 820 万元案件负有责任，给予其撤职处分。同时，还对在此案中负有责任的其他领导、相关责任人员，共计 14 人进行了责任追究。

风险警示：

石某挪用公款案件的发生并不是偶然的，除石某本人的世界观、人生观、价值观出现问题以外，也与其所在支行领导严重失职、基础管理混乱、规章制度不落实、员工制度意识和防范意识淡薄、监督制约机制不到位有很大关系。

此案件的教训十分深刻，表现在以下四个方面。

教训一：岗位制约未落到实处。石某在光明路储蓄所、中山路储蓄所担任主任期间，利用职务之便，偷支储户存款 7 笔，金额达 39 万元，记账员、复核员岗位制约形同虚设，没有起到相互制约的作用。石某作为储蓄所主任和三级主管，按照规定是不能在柜台操作的，但石某利用其他人员防范意识淡薄的机会，直接进行柜台操作，导致作案连连得逞，而在此期间，岗位制约没有起到丝毫作用。

教训二：系统内往来对账不认真。在石某作案期间，该支行系统内往来对账、月末对账没有做到逐笔勾对，虽然曾发现石某手工填写对账单的问题，却未能引起警觉并及时进行处理，致使本来应该尽早揭露的问题未能及时发现。

教训三：柜台人员配备结构不合理。业务不熟悉，而且部分人员制度意识、防范意识差。石某作案期间，该行从事一线柜台业务的 35 人中有 17 人是从后台充实到柜台的，没有从事过柜台业务的有 6 人。人员配备不足，业务不熟悉，为石某作案提供了便利条件。

教训四：员工行为排查工作不彻底。石某长期担任储蓄所主任，对银行业务比较熟悉，其生活也没有奢侈现象。支行领导被石某的表面现象所蒙蔽，对其长期购买彩票的问题未能进行认真、细致的排查，这说明支行在排查员工行为方面做得相当不到位、不彻底，最终导致了严重后果。

前车之覆，后车之鉴，各级银行类金融机构和人员都要从石某的案件中汲取教训，教育全体员工树立正确的世界观、人生观和价值观，严格执行各项规章制度，特别是营业所（分理处）主任要自觉带头严格执行各项规章制度，加强管理，防止类似案件再次发生。

此外，各级银行要严格落实大要案问责制，加大"双向问责"和"双线责任追究"力度，要通过严格问责、严厉惩处遏制案件的高发态势。

大视野

金融科技对金融行业的推动和变革

20 世纪 60 年代以来，银行、证券和保险业纷纷开始用计算机来代替手工作业，标志着信息化历程的开始。20 世纪 90 年代后期随着互联网时代的到来，金融行业信息化进程得到了快速发展。从 IT 技术对金融行业的推动和变革角度来看，金融业经历了三大发展阶段。一是金融 IT 阶段。金融行业通过传统的 IT 软硬件来实现办公和业务的电子化，提高金融行业的业务效率。IT 公司并不参与金融公司的业务环节，IT 系统在金融公司体系内属于成本部门。代表性产品包括

ATM、POS 机，以及银行的核心交易系统、信贷系统、清算系统等。二是互联网金融阶段。金融行业搭建在线业务平台，通过互联网或者移动终端渠道汇集海量用户，实现金融业务中资产端、交易端、支付端、资金端等任意组合的互联互通，达到信息共享和业务融合，本质上是对传统金融渠道的变革。代表性业务包括互联网基金销售、P2P 网络借贷、互联网保险、移动支付等。三是金融科技阶段。金融业通过大数据、云计算、人工智能、区块链等最新 IT 技术，改变传统金融的信息采集来源、风险定价模型、投资决策过程、信用中介角色等，大幅提高传统金融的效率，解决传统金融的痛点。代表技术有大数据征信、智能投顾、供应链金融等。

　　随着商业银行对金融科技的探索与实践，"前台场景化、中台智能化、后台云端化"已成为未来一段时间内商业银行实现互联网转型创新的重要方向。

　　（1）前台场景化。传统金融时代，得网点者得天下。而移动互联网时代，得场景者得天下。微信、淘宝、滴滴、美团单车没有物理场所，但这些都是金融交易的入口。银行不仅要提供金融服务，更要把这些离散的场景串起来，提供一个无缝连接的金融服务支持。同时，要在各种场景中智能化挖掘客户个性化需求，迅速通过模块化组合研发并匹配相应产品，最终凭借丰富的应用场景和无处不在的银行服务入口，让支付、借贷、理财等金融服务融入零售客户的生活和工作中，嵌入对公企业的进销存、付款对账、财务管理等环节中，深入政府类客户财政收支、招投标、社保民生等服务中，将金融化于无形。"银行已经不再是一个地方，而是一种习惯。"

　　（2）中台智能化。大数据、人工智能等先进技术的突飞猛进，将快速推动银行金融服务、经营与风险管理的智能化转型。借助数据积累、模型优化和机器学习技术，将从信贷与风险管理、金融市场与投资银行、资产负债管理等多个维度实现由数据辅助支持向智能决策演进。从信贷业务看，通过数据建模自动判断代替人工专家经验判断，在国内外银行小额贷款业务中已有很多应用。AI 技术的发展，将对资产投资与交易、内控合规管理等方面产生重大变革，如摩根大通开发的金融合同解析软件 COIN，律师和贷款人员每年需要 36 万工时才能完成的工作，该软件只需几秒就能完成，并且错误率大幅降低。从风险管理看，科技金融可以帮助银行实现风险精细化定价，并在简化风控流程、强化风险监测、提高风控效率等方面具有极好的发展潜力。

　　（3）后台云端化。随着信息化的进一步发展，在科技对新业务的支持以及新应用对传统 IT 架构适配等方面出现了很多挑战。相比传统投入较大的传统计算模式，云计算提供了对大数据运算的计算能力，让计算更加便宜、更加有效、更加快捷，客观抹平了中小银行与大型银行的算力鸿沟。未来，大型银行将以私有云为主；中型金融机构极有可能通过核心系统自建私有云，外围系统采用金融行业云作为补充；小型金融机构将逐步完全转向金融行业云。同时，区块链作为分布式账簿系统，有望大幅减少多方金融交易的业务流程，降低交易成本。

模块 2　账户及相关业务管理

任务 1　银行结算账户

一、业务释义

　　银行结算账户按存款人分为单位银行结算账户和个人银行结算账户。

　　（1）存款人以单位名称开立的银行结算账户为单位银行结算账户。单位银行结算账户按用途分为基本存款账户、一般存款账户、专用存款账户、临时存款账户。

个体工商户凭营业执照以字号或经营者姓名开立的银行结算账户纳入单位银行结算账户管理。

（2）存款人凭个人身份证件以自然人名称开立的银行结算账户为个人银行结算账户。

二、主要业务规定

（1）存款人可以自主选择银行开立银行结算账户。除国家法律、行政法规和国务院规定外，任何单位和个人不得强令存款人到指定银行开立银行结算账户。

（2）账户开立必须做到受理、审核、操作三分离。

（3）存款人开立单位银行结算账户，自正式开立之日起即可使用办理付款业务，但注册验资的临时存款账户转为基本存款账户和因借款转存开立的一般存款账户除外。在账户正式生效前，开户行不得向单位出售重要空白凭证。

（4）严禁代理客户办理各类单位银行结算账户的开户、变更、销户和密码变更等。

（5）储蓄账户仅限于办理现金存取业务，不得对外办理转账结算。

（6）银行结算账户档案的保管期限为银行结算账户撤销后10年。

三、学习活动

学习活动1　单位银行结算账户

（一）分类

企业开立基本存款账户、临时存款账户和非预算单位开立专用存款账户实行备案制度；非企业开立基本存款账户、临时存款账户、预算单位开立专用存款账户实行核准制度，经中国人民银行核准后由开户银行核发开户登记证，存款人因注册验资需要开立的临时存款账户除外。

（1）基本存款账户是存款人因办理日常转账结算和现金收付需要开立的银行结算账户。单位银行结算账户的存款人只能在银行开立一个基本存款账户作为存款人的主账户。

（2）一般存款账户是存款人因借款或其他结算需要，在基本存款账户开户银行以外的银行营业机构开立的银行结算账户。该账户可以办理现金缴存，但不得办理现金支取。

（3）专用存款账户是存款人按照法律、行政法规和规章，对其特定用途资金进行专项管理和使用而开立的银行结算账户。该账户资金必须从其基本存款账户转账存入，不得办理现金收付业务。

（4）临时存款账户是存款人因临时需要并在规定期限内使用而开立的银行结算账户。该账户有效期限最长不得超过两年。临时存款账户支取现金应按照国家现金管理有关规定办理，注册验资的临时存款账户在验资期间只收不付。

（二）申请开立基本存款账户

在申请开立单位基本存款账户时，申请人应向银行出具下列证明文件。

（1）企业法人，应出具企业法人营业执照正本。

（2）非法人企业，应出具企业营业执照正本。

（3）机关和实行预算管理的事业单位，应出具政府人事部门或编制委员会的批文或登记证书和财政部门同意其开户的证明；未实行预算管理的事业单位，应出具政府人事部门或编制委员会的批文或登记证书。

（4）军队、武警团级（含）以上单位以及分散执勤的支（分）队，应出具军队军级以上单位财务部门、武警总队财务部门的开户证明。

（5）社会团体，应出具社会团体登记证书。

（6）民办非企业组织，应出具民办非企业登记证书。

（7）外地常设机构，应出具其驻地政府主管部门的批文。

（8）外国驻华机构，应出具国家有关主管部门的批文或证明；外资企业驻华代表处、办事处，应出具国家登记机关颁发的登记证。

（9）个体工商户，应出具个体工商户营业执照正本。

（10）居民委员会、村民委员会、社区委员会，应出具其主管部门的批文或证明。

（11）独立核算的附属机构，应出具其主管部门的基本存款账户开户登记证和批文。

（12）其他组织，应出具政府主管部门的批文或证明。

申请人为从事生产经营活动纳税人的，还应出具税务部门颁发的税务登记证。

（三）单位银行结算账户销户

存款人更改名称，但不改变开户银行及账号的，应在 5 个工作日内向开户银行提出银行结算账户的变更申请，并出具有关部门的证明文件。

单位的法定代表人或主要负责人、住址以及其他开户资料发生变更时，应在 5 个工作日内书面通知开户银行并提供有关证明。

银行接到存款人的变更通知后，应及时办理变更手续，并在 2 个工作日内向中国人民银行报告。

有下列情形之一的，存款人应向开户银行提出撤销银行结算账户的申请。

（1）被撤并、解散、宣告破产或关闭的。

（2）注销、被吊销营业执照的。

（3）因迁址需要变更开户银行的。

（4）其他原因需要撤销银行结算账户的。

存款人存在第（1）、第（2）项所提到的情形的，应在 5 个工作日内向开户银行提出撤销银行结算账户的申请。

学习活动 2 个人银行结算账户

（一）开户规定

个人银行结算账户是自然人因投资、消费、结算等而开立的可办理支付结算业务的存款账户。有下列情况的，可以申请开立个人银行结算账户。

（1）使用支票、信用卡等信用支付工具的。

（2）办理汇兑、定期借记、定期贷记、借记卡等结算业务的。

（二）开户证件

存款人申请开立个人银行结算账户，应向银行出具下列证明文件。

（1）中国居民，应出具居民身份证或临时身份证。

（2）中国人民解放军军人，应出具军人身份证件。

（3）中国人民武装警察，应出具武警身份证件。

（4）香港、澳门地区居民，应出具港澳居民来往内地通行证；台湾地区居民，应出具台湾居民来往大陆通行证或者其他有效旅行证件。

（5）外国公民，应出具护照。

（6）法律、法规和国家有关文件规定的其他有效证件。

银行为个人开立银行结算账户时，根据需要还可要求申请人出具户口簿、驾驶证、护照等有效证件。

任务 2　银行结算账户相关业务管理

银行结算账户的主要相关业务包括预留印鉴，客户信息管理，有权机关对账户查询、冻结、解冻和扣划。

业务一　预留印鉴

一、业务释义

企业在银行开设账户，开户时需要在银行预留印鉴，即财务章和法人代表（或是其授权的一个人）名字的印章（也称小印）。银行机构以数字化的手段进行留存。当企业需要通过银行对外支付时，先填写对外支付申请，该申请必须有如上印鉴。银行经过核对、确认对外支付申请上的印鉴与预留印鉴相符后，即可代企业进行支付。

二、主要业务规定

（1）预留印鉴卡片一式三份，一份交客户留存，一份与开户资料一并专夹保管，一份交印鉴卡管理员保管。

（2）印鉴的保管和使用必须指定专人负责，印鉴的预留、变更和收回须经坐班主任审核，并在相关业务凭证上审批同意。

（3）中午休息、临时离岗或营业终了，柜员必须将所有经管的印鉴卡片放在保险柜中。

（4）存款户挂失预留印鉴，应提交书面申请、开户登记证、营业执照及相关证明文件，经开户行业务主管审批同意后，办理签章挂失手续。新签章于挂失次日后启用，但单位客户必须在公函中注明由此引起的一切损失由单位自行负责。

（5）存款户更换印鉴，应以正式公函的形式向开户行提交变更申请，写明更换原因、新印鉴启用日期等，并加盖与原印鉴有明显区别的新印鉴；单位客户必须交回所有盖有旧印鉴的重要空白凭证，并在公函上注明凭证的种类、数量、编号等资料，同时填写作废凭证移交清单，开户行应将收回的盖有旧印鉴的重要空白凭证当面切角或打洞作废。

（6）存款户主动销户时，由柜员保管和事后监督保管使用的印鉴卡作为销户的最后一笔支付凭证的附件。

（7）长期不动户清理，余额转入"久悬未取款科目"集中管理后，原账户的印鉴卡片应收回并集中由专人保管。

三、学习活动

预留印鉴核对主要采用手工及计算机验印。

手工验印时，采用目测、折叠或拆角相结合的方式，目测签章形状、文字内容和字体，拆角或折叠时应该重叠一致。

计算机验印时，应专人、专机录入，严格操作人员密码管理，非操作人员不得进入验印系统。

业务二　客户信息管理

一、业务释义

客户信息管理是对在银行开立账户、办理各类业务的客户及银行柜员建立的档案数据库进行管理。它通过综合、完整详细地记录客户信息，为银行经营活动核算和管理提供科学、合理的决策依据。

二、主要业务规定

（1）柜员只能进行常用业务的查询。

（2）银行的账户信息通常包括账户持有人的姓名或名称、账户号码或卡号、开户行或发卡行名称、账户类型（如储蓄账户、信用卡账户等）、账户余额或信用额度、账户状态（如正常、冻结、挂失等）、账户交易记录（如存款、取款、转账、消费等信息）及安全认证信息（如密码、密保问题等）。

（3）不得随意增加或删减客户资料，严禁泄露客户信息。未经许可，不得查询、调阅客户信息。

三、学习活动

学习活动 1　客户信息的分类及内容

（1）按构成要素的不同，客户信息可分为客户基本信息和客户信息统计分析两个部分，如表 1-2 所示。

表 1-2　　　　　　　　　　客户信息按构成要素的分类及内容

客户基本信息	客户信息统计分析
客户在银行开立账户时提供的基本信息资料，日后在银行办理各类业务过程中形成的活动记录	系统对客户基本信息资料具有综合、统计、分析功能。业务人员可查询客户信息参数表来了解各种统计参数或代码的具体内容

（2）按办理业务主体不同，客户信息可分为单位信息、个人信息和银行卡档案信息。

（3）按信息记录方式不同，客户信息可分为必须输入信息和非必须输入信息，如表 1-3 所示。

表 1-3　　　　　　　　　　不同业务主体的必须输入信息

不同业务主体	必须输入信息
单位信息主要记录按照中国人民银行《人民币银行结算账户管理办法》的规定在银行开立账户的一切非个人客户的基础资料	单位名称、单位类别、代码类型、单位代码、账户属性等
个人信息是记录在银行开立账户、进行经营活动、办理资金收付的所有个人的基础资料	姓名、证件类型、证件号码、性别、出生日期、国家和地区、个人客户地址、邮编、联系电话等
银行卡档案信息由个人银行卡档案、信用卡质押品档案、抵押品档案、信用卡黑名单信息等组成	姓名、证件名称、证件号码、地址、邮编、联系电话等

学习活动 2　客户信息的管理

（一）建立

客户在银行首次办理开户时，应填写开户申请书。

1. 单位客户信息

操作柜员应对客户提交的开户（变更）资料进行审核，确认无误后通过相应程序准确录入相关资料。

2. 个人信息

新增个人信息不单独使用客户交易信息建立，而是通过储蓄开户交易自动产生。

3. 银行卡档案信息

银行卡档案信息由柜员根据审批合格的申请表、合约，建立客户档案。

（二）维护

（1）各银行对客户资料应进行动态管理，不得随意删除、修改、调整客户信息资料。

（2）修改客户信息资料时，应将修改日期、修改人、修改项目及内容等情况记录备案。

（三）查询

有权机关查询客户信息时，必须根据有关规定办理。

业务三　有权机关对账户查询、冻结、解冻和扣划

一、业务释义

有权机关是指根据有关法律、法规规定的司法机关和行政机关。有权机关可以在规定范围内对单位和个人的存款进行查询、冻结和扣划，如表1-4所示。

表1-4　　　　　　　　　　查询、冻结和扣划单位、个人存款的有权机关

单位名称	查询		冻结		扣划	
	单位	个人	单位	个人	单位	个人
人民法院	有权	有权	有权	有权	有权	有权
税务机关	有权	有权	有权	有权	有权	有权
海关	有权	有权	有权	有权	有权	有权
人民检察院	有权	有权	有权	有权	无权	无权
公安机关	有权	有权	有权	有权	无权	无权
国家安全机关	有权	有权	有权	有权	无权	无权
军队保卫部门	有权	有权	有权	有权	无权	无权
监狱	有权	有权	有权	有权	无权	无权
走私犯罪侦查机关	有权	有权	有权	有权	无权	无权
监察机关（包括军队监察机关）	有权	有权	无权	无权	无权	无权
市场监督管理机关	有权	无权	暂停结算	暂停结算	无权	无权
银行业监督管理机构	有权	无权	无权	无权	无权	无权
反洗钱行政管理部门	有权	无权	无权	无权	无权	无权
证券监督管理机关	有权	无权	无权	无权	无权	无权
审计机关	有权	无权	无权	无权	无权	无权
保险监督管理机关	有权	无权	无权	无权	无权	无权
政府财政部门	有权	无权	无权	无权	无权	无权

二、主要业务规定

（1）办理查询、冻结、解冻、扣划业务，有权机关必须持县团级（含）以上机构签发的相关通知书。已冻结的存款，其他机关要求再行冻结的，金融机构不予办理。

（2）金融机构缴存中国人民银行的存款准备金和备付金不得冻结和扣划，但对其在本机构、其他金融机构的存款及其在中国人民银行的其他存款可以冻结、划拨。

（3）有权机关对个人存款户不能提供账号的，金融机构应要求有权机关提供该个人的居民身份证号码或其他足以确定该个人存款账户的情况。

（4）两个以上有权机关对同一单位或个人的同一笔存款采取冻结或扣划时，金融机构应当协

助最先送达"协助冻结、扣划存款通知书"的有权机关。

（5）严禁执法人员接触非被执行人账户资料，扣划款项时严禁支取现金。

三、学习活动

学习活动 1　查询

（1）有权机关因查处经济违法犯罪案件，需要向银行查询企业事业单位、机关、团体与案件有关的银行存款或查阅有关的会计凭证、账簿等资料时，银行应积极配合。

（2）查询人必须出示本人工作证或执行公务证，同时出具县级（含）以上人民法院、人民检察院、公安机关签发的协助查询存款通知书，由银行行长或其他负责人签字后并指定银行有关业务部门凭此提供情况和资料，并派专人接待、登记协助查询、冻结、扣划登记簿。

（3）查询人不得借走原件，需要的资料可以抄录、复制或照相，并经银行盖章。人民法院、人民检察院、公安机关对银行提供的情况和资料应当依法保守秘密。

学习活动 2　冻结、解冻

（1）有权机关因查处经济违法犯罪案件，需要冻结企业事业单位、机关、团体与案件直接有关的一定数额的银行存款的，必须出具县级（含）以上人民法院、人民检察院、公安机关签发的协助冻结存款通知书及本人工作证或执行公务证，经银行行长（主任）签字后，银行应当立即凭此并按应冻结资金的性质，冻结当日单位银行账户上的同额存款（只能原账户冻结，不能转户），并登记协助查询、冻结、扣划登记簿。

（2）如遇被冻结单位银行账户的存款不足冻结数额时，银行应在 6 个月的冻结期内冻结该单位银行账户可以冻结的存款，直至达到需要冻结的数额。

（3）银行在受理冻结单位存款时，应审查协助冻结存款通知书填写的被冻结单位开户银行名称、户名和账号、大小写金额，发现不符的，应说明原因，退回协助冻结存款通知书。

（4）被冻结的款项在冻结期限内如需解冻，应以作出冻结决定的人民法院、人民检察院、公安机关签发的解除冻结存款通知书为凭，银行不得自行解冻。

（5）冻结单位存款的期限不超过 6 个月。冻结分为全额冻结（只收不付）与额度冻结。有特殊原因需要延长的，人民法院、人民检察院、公安机关应当在冻结期满前办理继续冻结手续。每次续冻期限最长不超过 6 个月。逾期不办理继续冻结手续的，视为自动撤销冻结。

（6）人民法院、人民检察院、公安机关冻结单位银行存款发生失误，应及时予以纠正，并向被冻结银行存款的单位作出解释。

学习活动 3　扣划

（1）有权机关对查处的经济违法犯罪案件作出不予起诉、撤销案件和结案处理的决定，在执行时，需要银行协助扣划企业事业单位、机关、团体的银行存款的，必须出具县级（含）以上人民法院、人民检察院、公安机关签发的协助扣划存款通知书（附人民法院发生法律效力的判决书、裁定书、调解书、支付令、制裁决定的副本或行政机关的行政处罚决定书副本，人民检察院的免予起诉决定书、不起诉决定书、撤销案件决定书的副本，公安机关的处理决定书、刑事案件立案报告表的副本）及本人工作证或执行公务证，银行应凭此立即扣划单位的有关存款，并登记协助查询、冻结、扣划登记簿。

（2）审查协助通知书应填写被执行单位的开户银行名称、户名和账号、大小写金额。发现不符或缺少应附的法律文书副本，以及法律文书副本有关内容与协助通知书的内容不符，应要求说明原因，退回协助通知书和所附的法律文书副本。

（3）扣划时，将扣划的存款直接划入有权机关指定的账户。有权机关要求提取现金的，金融机构不予办理。

（4）被冻结的款项不属于赃款的，冻结期间应计付利息，在扣划时其利息付给债权单位；属于赃款的，冻结期间不计付利息。如冻结有误，解除冻结时应补计冻结期间利息。对没收缴库的个人储蓄存款，不计付利息。

（5）扣划个人存款时，依据人民法院的判决书办理。执行时由当事人交出存单（折），凭存单（折）办理；如当事人拒不交出存单（折），须强制执行时，由人民法院通知银行，银行凭人民法院的判决书或者裁定书，由二级分行（城市行）或县级支行一级核对后办理，当事人的原存单（折）作废。

想一想

如何防范柜员违规查询客户信息

客户信息是银行的重要保密项目，由于办理业务的需要，柜员是可以查询客户信息的，想一想，如何防范柜员因个人需求进行的客户信息查询？

动动手

熟悉企业注册的流程

注册企业时，到银行开立人民币银行结算账户是必不可少的环节，请查询并列出注册企业的完整流程。

同步阅读

关于查询、冻结、解冻、扣划的其他问题

1. 关于异地查询、冻结、扣划的问题

作出查询、冻结、扣划决定的人民法院、人民检察院、公安机关与协助执行的银行不在同一辖区的，可以直接到协助执行的银行办理查询、冻结、扣划单位存款，不受辖区范围的限制。

2. 关于冻结、扣划军队、武警部队存款的问题

军队、武警部队一类保密单位开设的特种预算存款、特种其他存款和连队账户的存款，原则上不采取冻结或扣划等诉讼保证措施。但是，军队、武警部队的其余存款可以冻结和扣划。

3. 关于冻结、扣划专业银行、其他银行和非银行金融机构在中国人民银行存款的问题

人民法院因审理经济纠纷案件或经济犯罪案件，人民检察院、公安机关因查处经济违法犯罪案件，需要冻结、扣划专业银行、其他银行和非银行金融机构在中国人民银行的存款的，应通知被执行的银行和非银行金融机构自动履行。

4. 关于冻结、扣划单位存款遇有问题的处理原则

两家以上的人民法院、人民检察院、公安机关对同一存款冻结、扣划时，银行应根据最先收取的协助执行通知书办理冻结和扣划。在协助执行时，如对具体执行哪一个机关的冻结、扣划通知有争议，由争议的机关协商解决或者由其上级机关决定。

5. 关于各单位的协调和配合

人民法院、人民检察院、公安机关、银行要依法行使职权和履行协助义务，积极配合。遇有问题或人民法院、人民检察院、公安机关与协助执行的银行意见不一致时，不应拘留银行人员，而应提请双方的上级部门共同协商解决。银行人员违反有关法律规定，无故拒绝协助执行、擅自

转移或解冻已冻结的存款，为当事人通风报信，协助其转移、隐匿财产的，应依法承担责任。

案例分析

有权机关要求银行查询、冻结、扣划业务案例

案情介绍：

（1）曾有媒体撰写《建行和农行存在泄露储户信息风险》一文，报道这两家银行办理无卡存款业务时，可以查询他人账户的余额，有的银行甚至将他人账户的余额打印在存款的清单上。建设银行只能在同城无卡汇款时查询他人账户的余额，而农行则可以"全国联网"查询他人账户的余额，而且无须输入账户户主本人的身份证号码。

（2）栾某是经青岛市崂山区市场监督管理局核准登记的个体工商户，字号为"崂山区夏庄安乐铆焊队"，经营范围包括铆焊和管道安装。2020年10月7日，青岛市台东区市场监督管理局将栾某在当地某银行的存款冻结。冻结通知书上载明的冻结理由是：违反市场监督管理有关法规，异地经营，未办临时执照。之后，台东区市场监督管理局又分别在2021年1月6日、4月6日、7月6日、10月6日先后4次延长了冻结期限。台东区市场监督管理局实施上述行为时，均未通知栾某。2021年5月14日，栾某向台东区人民法院起诉，要求台东区市场监督管理局立即停止侵犯民权行为，赔偿经济损失7680元。台东区市场监督管理局辩称：栾某为胶南锅炉配件商店提供银行账户，进行倒卖钢材的投机倒把活动，冻结银行存款是针对栾某的投机倒把行为依法采取的行政强制措施。

（3）为了和客户保持"良好关系"，某银行佛山支行分理处竟不惜以身试法，帮助客户转移已被法院查封的财产。广州铁路运输法院法官在办理一起强制执行案时，在某银行佛山支行分理处的计算机中查明被执行人的账户中有45万元。当执行法官准备填写协助冻结存款执行通知书时，就在转眼间，银行方面已经帮助客户将款项全部转移，并拒不承认。结果，自作聪明的银行不仅要将款项一分不少地转回来，而且还被法院罚款2万元。

思考分析：

1. 案情（1）中的银行行为是否违法？侵犯了储户何种权利？

2. 案情（2）中市场监督管理局的冻结行为是否合法？是否侵犯了储户在案情（1）中体现的权利？

3. 案情（3）体现了银行在此类案件中应承担何种法律责任？

分析提示：

以上3个案情都涉及商业银行对存款人的保护，具体的知识点有以下三点。

（1）商业银行的个人银行服务原则。

（2）法律规定有权查询、冻结、扣划银行存款的部门。

（3）商业银行对存款人和其他客户负有的法律责任。

模块3　柜员重要物品管理

任务1　会计专用印章管理

一、业务释义

会计专用印章是指银行类金融机构各级行、处、所的会计结算、个人金融、银行卡、住房信贷、国际业务等部门办理本外币会计核算过程中在票据、凭证、报表、函件、证书等凭据上加盖的，由总行统一管理的会计专用印章。

会计专用印章是银行对内、对外发生责权关系，具有法律效力的重要依据。

二、主要业务规定

（1）使用会计专用印章的各级机构必须建立印章保管使用登记簿，应详细记载，并由有关人员签章。

（2）会计专用印章在使用前必须留有印模，办理登记手续，由经办人员在登记簿上签章。

（3）会计专用印章应做到"专人使用，专人保管，专人负责，章证分管"。会计专用印章和与其配套使用的重要空白凭证必须实行分管分用。

（4）各种会计专用印章必须严格按照规定的范围使用，不得错用、串用、提前、过期使用或在无真实会计记录的凭证上使用业务印章。

（5）对于超过会计专用印章经管人员处理权限的用印以及特殊业务使用的印章，须经会计主管人员审查并报银行行长（主任）审批同意后，才能加盖印章，并对有关内容进行登记备案，严禁越权使用。

（6）业务人员应妥善保管个人名章，个人名章必须由本人使用，不得交他人使用。

（7）会计人员进行岗位调换或临时离岗由他人使用会计专用印章时，必须经业务主管或总会计批准，由其监督办理交接手续，交接双方及监交人必须在印章保管使用登记簿上填列有关内容并签章。两班制会计人员在同一营业日使用同一会计专用印章，必须办理交接手续。

（8）非营业时间必须入库或入保险箱保管。

（9）会计专用印章如发生丢失，应迅速查明原因，及时逐级上报上级行，并补制新的印章。补制印章的代号应顺序编列，不得与丢失印章号码相同。丢失印章的号码作废，并由上缴人、接收人签章确认。

三、学习活动

学习活动1　印章的主要种类及使用范围（营业网点）

印章的主要种类及使用范围（营业网点）如表1-5所示。

表1-5　　　　　　　　　印章的主要种类及使用范围（营业网点）

序号	印章名称	使用范围
1	业务公章	用于对外出具存款证明、资信证明书、委托调查报告，签发单位定期存款存单、协议存款证明、余额对账单、借款人欠息通知单、业务电报、挂失回单、止付通知、证实书、假币收缴凭证及其他需要加盖业务公章的重要单证或报表。该印章按营业机构配备，由网点业务主管保管
2	存单（折）专用章	用于对外签发个人存单（折）、债券收款单等有价单证和重要单证。该印章按办理个人金融业务的柜员进行配备，通过编号进行区分
3	业务清讫章	用于所有机构、网点办理本外币现金、转账业务时，加盖在现金收付款凭证，现金支票及现金收付款其他凭证，表内、表外转账票据、凭证及回单等上。该印章按照柜员进行配置，通过编号进行区分
4	结算专用章	用于办理票据贴现、转贴现、再贴现业务；发出、收到和办理托收承付，委托收款结算凭证；发出信汇结算凭证及结算业务的查询查复等。该业务印章按办理对公结算的网点配备，由业务主办或业务主管保管

续表

序号	印章名称	使用范围
5	受理凭证专用章	用于银行受理客户提交（含本行和他行）而尚未进行转账处理的各种凭证的回单及上门服务凭证等。印章上必须刻有"收妥抵用"字样。该印章按办理相关业务的柜员配备，通过编号进行区分
6	汇票专用章	用于签发全国银行汇票、银行承兑汇票及承兑商业汇票，办理承兑汇票转贴现和再贴现时的背书等。该印章及印模卡片按办理银行汇票的营业网点配备，由业务主办或业务主管保管
7	辖内往来专用章	用于辖内往来凭证、划转清单、查询查复以及辖内现金调拨等业务凭证。该印章按营业网点进行配置，通过分签号和编号进行区分
8	现金调拨专用章	用于各营业机构与中国人民银行发行库或与本系统现金业务库办理的现金调拨业务。该印章由业务主管保管
9	转讫章	用于所有机构、网点办理本、外币涉及系统外的转账票据、凭证及回单等支付结算业务。该印章可根据业务需要按柜员进行配置，通过编号进行区分

学习活动 2　印章的管理

1. 刻制

营业网点申请刻制会计专用印章时，必须确保印章上的机构名称与中国人民银行颁发的"金融机构许可证"批准的机构名称保持一致。

2. 领取

营业网点领取会计专用印章时，实行双人签领制度。

3. 停用、上缴

各种会计专用印章停止使用后，应及时办理停用手续，填列清单连同印章按照管理级次上缴上级会计结算部门，同时要在印章保管使用登记簿上注明停止使用的日期和原因，并由上缴人、接收人签章确认。

同步阅读

部分会计专用印章和辅助印章样式如图 1-2 所示。

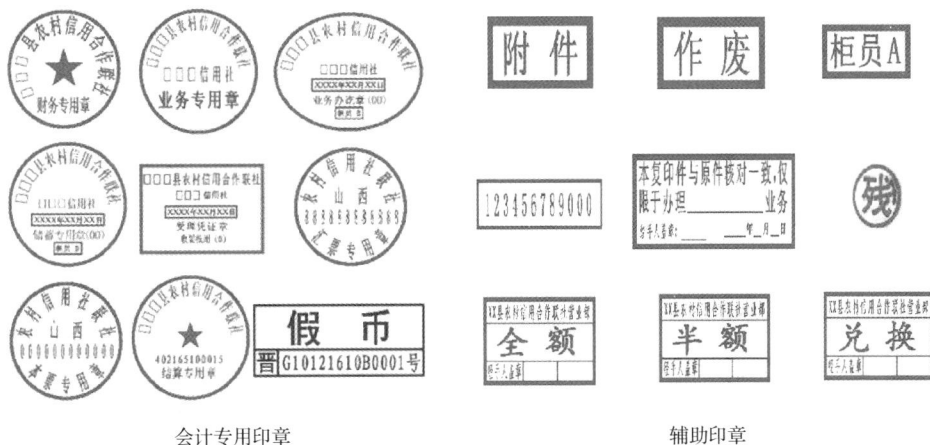

会计专用印章　　　　　　　　　　　　　　　　辅助印章

图 1-2　部分会计专用印章和辅助印章样式

任务 2 会计凭证管理

一、业务释义

会计凭证是各项业务和财务活动的原始记录，是办理业务和记账的依据。

二、主要业务规定

（1）网点之间不允许直接调剂重要空白凭证。柜员之间不得擅自调剂重要空白凭证，对交接班或确属业务临时需要的，应经业务主管授权后办理往入、往出业务。

（2）非业务人员不得领用、管理重要空白凭证。

（3）各行应严格按照规定用途使用重要空白凭证，不得将重要空白凭证移作他用，在重要空白凭证上不得预先加盖印章备用。属于计算机打印的重要空白凭证未经业务主管授权不得擅自手工填制。重要空白凭证只能套打，不得自行打印。

（4）会计凭证传递事后监督后如需要调阅、更换凭证，须经原网点会计主管和事后监督部门负责人批准，并与负责账务的有关人员一同办理。

（5）属于本行签发的重要空白凭证，必须做到"印、押、证"分管分用。填错的重要空白凭证，加盖"作废"标记后做有关科目凭证的附件。打错的银行卡应剪角或者打洞后纳入废卡管理。

（6）凡由银行签发的重要空白凭证，严禁由客户签发使用。

三、学习活动

学习活动 1 会计凭证的种类及使用

会计凭证的种类及使用如表 1-6 所示。

表 1-6 会计凭证的种类及使用

分类标准	种类	内容
业务发生时间	原始凭证	业务发生时客户所提交的凭证
	记账凭证	根据原始凭证填制，具备记账基本要素的原始凭证，如存单、支票、进账单等；既是原始凭证，又可作为记账凭证
形式	单式凭证	一项经济业务发生后，按照应借、应贷账户，分别在两张或两张以上的凭证中填制的记账凭证，如转账借方凭证、转账贷方凭证等
	复式凭证	一项经济业务发生后，在一张凭证上填制所有的有对转关系的应借、应贷账户，如外汇会计凭证等
用户对象	个人用户凭证	银行对个人用户办理存取款业务时所使用的有关凭证，如存单、存折等
	单位用户凭证	银行对单位用户办理存取款业务时所使用的凭证，如支票、汇票、电汇凭证等
使用范围	基本凭证	根据合法的原始单据或业务事实编制，凭此记账的凭证，如现金收入凭证、现金付出凭证、转账借方凭证、转账贷方凭证等
	特定凭证	根据业务的特殊需要而制定的各种专用凭证，用以代替记账凭证，如委托收款凭证、外汇结汇凭证、信用卡存取款单等
	自用凭证	各商业银行负责设计、印制的各类重要空白凭证或一般凭证，包括各种账表、凭证、资料等

续表

分类标准	种类	内容
使用对象	出售凭证	各商业银行向客户出售的各类重要空白凭证或一般凭证，如进账单、业务委托书、现金存款凭证等
	重要空白凭证	重要空白凭证是无面额，经银行或单位填写金额并签章后，即具有支付款项功能的空白凭证，如存单、存折、支票、汇票等
管理方式	一般凭证	银行作为记账凭据填用，但不具备支付效力的凭证，如进账单、储蓄存款利息清单、储蓄存取款凭证、表外科目凭证等

学习活动 2 会计凭证的管理

（一）领用

业务部门领用重要空白凭证时，应填写重要空白凭证领用单并加盖预留印鉴，经业务主管签章后向保管部门办理领用手续。业务部门应根据本行业务量的大小酌情领用重要空白凭证。原则上，营业网点一次不得领取超过两个月的用量，柜员一次不得领取超过一周的用量。非业务人员不得领用重要空白凭证。

网点柜员领用凭证必须由业务主管审批授权。网点和柜员之间的凭证发放与领用、上缴与收回必须做到逐一清点、当天发放、当天上缴、当天收回。

（二）出售

客户购买重要空白凭证，须填制收费凭证并加盖"全部预留"印鉴方可办理手续。购买一般凭证并用现金结算费用的可不加盖预留印鉴。

在出售重要空白凭证时，应验明客户身份，有预留账户密码的，应由客户自行输入账户密码予以认证，及时登记重要空白凭证登记簿并由客户签收认可。

由客户签发的重要空白凭证，应由网点指定柜员出售。严禁将重要空白凭证出售给非银行开户客户。

（三）注销与挂失

客户销户时，应将剩余的重要空白凭证全部交回开户银行登记注销，不得短缺，开户银行对客户交回的重要空白凭证应当场切角作废，并填写客户交回未用重要空白凭证清单，一式三份，由双方核点签字。

因客户自行填错等原因而作废的重要空白凭证，应由客户填写重要空白凭证销号申请书，银行凭此注销凭证号码。

各网点业务主管如发现柜员凭证丢失、缺号等现象，应立即进行凭证挂失处理，编制挂失凭证清单，并报上级行。同时要对挂失情况进行认真查处，如过后重新找回，应及时进行解挂处理；如确属丢失，应及时按规定的审批程序进行核销处理。

（四）上缴

柜员因工作职能范围变动，或因凭证停用等管理需要，须将未用的重要空白凭证及时上缴网点，不得滞留，业务主管进行监缴。

客户交回未使用和已停用的重要空白凭证应及时出具清单，上缴支行加封入库并妥善保管。网点不得长久保管待销毁凭证，柜员不得保留已停用或客户交回未用的作废凭证。

（五）检查与核对

业务人员每日营业结束后，应对重要空白凭证进行账实核对，并交叉复核，确保账实相符。

业务主管每月至少检查一次重要空白凭证的保管情况和领用手续，将库存数量、金额与表外有关账户进行核对，确保账实相符，填写查库记录，以备查考。

（六）核算

凭证管理核算包括凭证工本费核算和重要空白凭证核算，执行当天业务当天记账及日清月结制度。工本费按照凭证使用对象不同分别纳入表内相关科目核算。重要空白凭证一律以"一份一元"为记账单位，纳入表外科目，按种类分户进行核算。

任务 3　登记簿管理

一、业务释义

登记簿是记录特定业务事项和实物的重要账簿，在会计核算中起辅助作用。

二、主要业务规定

登记簿必须根据真实、合法、有效的内容记载，发现错误要及时按规定方法更正。严禁对登记簿上的一切记载进行涂改、挖补、刀刮、皮擦、使用涂改液销蚀。

三、学习活动

登记簿的种类与使用如表 1-7 所示。

表 1-7　　　　　　　　　　　　　　　　登记簿的种类与使用

序号	种类	使用范围
1	重要空白凭证登记簿	重要空白凭证登记簿	该登记簿是控制和反映重要空白凭证、柜员权限卡、银行卡空白卡、已打未发卡、没收卡、作废卡，以及网上银行开户证书及密码的领取、发放、作废等业务事项的明细账簿。用于重要空白凭证管理时，按凭证种类分户设置账簿，适用于重要空白凭证库的各项库房及柜面业务；用于银行卡业务时，按卡片类分户设置账簿；用于网上银行业务时，无须分类设置账簿，可直接用于登记。重要空白凭证及各种空白卡均纳入表外科目核算，以"一份一元"或"一张一元"为记账单位；年度终了，按分户将结余凭证的号码和数量或结余空白卡数量结转下年度进行登记，同时将已用重要空白凭证登记簿装订入库保管
		柜员重要空白凭证使用登记簿	该登记簿是记载柜员重要空白凭证的领入、使用、上缴、结存和交接等情况的序时登记簿，是控制重要空白凭证实物的重要账簿，按重要空白凭证的种类分户记载。该登记簿核算的重要空白凭证要按规定限额领用。使用时，要按顺序使用，不得跳号。该登记簿由业务柜员记载、使用、保管。年度终了，装订入库保管
2	印章保管使用登记簿	该登记簿是所有重要业务印章及有关印模的领用、使用、交接、上缴、销毁的序时登记簿，是明确责任的重要账簿，适用于记载已用和备用的所有重要业务印章和有关印模的使用情况。该登记簿要求按专业分别以一级分行、二级分行、支行、分理处、网点（按柜）设立，并按印章分别设户，根据领取或刻制的印章记载。该登记簿由业务主管登记并保管
3	挂失登记簿	该登记簿是用来记载系统电子登记簿无法记载的挂失申请及处理结果的登记簿。该登记簿适用于各类存款凭证、信用卡、贷记卡（含国际卡）、灵通卡及灵通卡密码的挂失，由受理挂失网点凭挂失止付通知书填写。该登记簿由业务主管或指定专人登记、保管，按年度装订入库保管

序号	种类		使用范围
4	柜员登记簿		该登记簿用来记载（代理业务、网上银行）柜员岗位变动及柜员其他相关信息的变化情况，是记载柜员岗位及其他信息的重要账簿。该登记簿按网点设立，按照柜员分页记载，按年结转，装订入库保管
5	重要物品交接登记簿		该登记簿是序时记载网点已用或未用的各项重要物品的领用、交接、上缴、销毁等情况的登记簿，按网点或重要物品管理部门设立，对领用各项重要物品，如密押器、密押 IC 卡、密码、钥匙、密钥、压数机等的登记、保管、使用、上缴、销毁等情况进行记载，按重要物品种类单页设置登记。该登记簿由业务主管保管、使用，按年度装订入库保管
6	凭证（资料）交接登记簿		该登记簿是记载票据、凭证和会计资料交接手续并明确责任的重要账簿，适用于银行内部、银行之间、银企之间所有票据凭证和各种报表、账簿、磁媒体等交接时记载使用，按业务岗位和交接内容分别设户记载。该登记簿由凭证资料的交出人记载并保管，根据使用情况按月、季、年装订入库保管
7	开销户登记簿		该登记簿是记载网点的各类账户开户、销户的登记簿，是反映账户管理情况的账簿。该登记簿根据需要按网点和种类设置，根据业务主管审批的开户、销户通知单记载（不含储蓄）。该登记簿由业务主管指定专人记载、保管
8	差错事故登记簿	差错事故登记簿	该登记簿由营业网点及事后监督部门设置，用于记载事后监督过程中发现的业务柜员差错事故情况。该登记簿以差错事故通知单为登记依据，事后监督部门与营业网点对应的差错记录内容应一致。该登记簿应按事后监督部门岗位设立，事后监督部门由负责监督的事后监督员登记并保管，网点可只设立一本，由负责差错事故处理人员登记并保管。该登记簿按年度结转，装订入库保管
		ATM 差错登记簿	该登记簿用于记载网点 ATM 业务差错及处理结果，对已经建立电子档案记录事后监督查询、事故情况、处理情况的分行，可以不重复登记
9	协助有权机关查询、冻结、扣划登记簿		该登记簿按网点设置，是序时记载银行协助有权机关查询、冻结、扣划、解冻企事业单位、机关、团体及个人存款或其他代保管物品情况的登记簿，是事后查阅并填报有关报表的重要账簿。办理查询、冻结、扣划款项时，要根据有权机关工作人员出示的身份证、工作证或执行公务证和县级（含）以上有关部门的正式公函及查询、冻结、扣划、解冻、存款通知书的内容，由网点负责人对登记簿进行准确记载。此登记簿是为协助有权机关进行相关业务处理的专用登记簿，由业务主管或指定专人负责记载、保管、使用，按年度结转，会同相应法律文书及正式公函等一并装订入库保管
10	人员交接登记簿		该登记簿是记载管理人员或业务人员因工作调动或其他原因离岗时，为明确责任和衔接工作所办理的交接事项和内容的记录。对于业务人员短期离岗只做印章交接的，交接情况记载印章保管使用登记簿，无须记载此登记簿。该登记簿由移交人登记，由业务主管保管。年度终了，再换新簿，旧簿装订入库保管
11	检查人员工作记录		该登记簿是用于各级检查人员对网点的日常监督检查、查库的内容、问题及处理情况的详细记录。该记录由检查人员登记，由网点负责人保管，按年度装订入库保管
12	工作日志		工作日志是记载网点日常工作中重要事项的记录，按网点设立，用于记载网点处理营业过程中发生的重要业务处理备忘、重大事项或其他需记载的重要内容。该日志由网点值班人员逐日据实记载，按年度装订入库保管
13	现金库存明细登记簿		该登记簿是记载库房库存现金完整券、未整券、残损券明细情况的登记簿。该登记簿按网点设立，记载网点营业终了库存现金明细，登记簿余额应与该网点库存现金科目余额一致。该登记簿为出纳库房使用，由管库员登记保管，按年度装订入库保管

任务 4　会计档案管理

一、业务释义

会计档案是银行各项业务活动的会计记录，也是银行的重要史料和证据，包括会计凭证、会计账簿、财务会计报告和其他应当保存的会计资料。

二、主要业务规定

会计档案的交接、调阅、移交等环节应严格按规定手续办理，经手人员均应签章以明确责任。

（1）原始凭证、票据、合同等具有法律效力的资料应保存纸质档案。各营业网点按规定受理本行开户客户、检查部门、司法部门查阅或调阅本行账户情况的请求，不得受理查询他行有关会计事项的查询。

（2）网点的业务主管每年对会计档案的管理情况至少进行一次全面检查，重点检查会计档案的保管，调阅手续是否完备，档案保管是否完整，账实是否相符，保管的条件是否符合要求。

（3）会计档案一律不准外借，严防丢失和泄密。

三、学习活动

（一）整理归档

（1）每日营业终了，各营业网点应以柜员为单位对业务处理完毕的会计凭证进行编号，按照规定的排序要求进行整理，如表1-8所示。

表1-8　　　　　　　　　　　　　　　会计档案的整理

分类	整理内容
会计凭证	凭证审核：根据会计和财务管理的有关规定与制度，对银行的来款凭证和支出凭证进行审核，查阅凭证的内容是否符合规定、单位名称是否正确、凭证号码是否齐全、日期是否正确、摘要是否清楚、金额是否正确等。 凭证汇总：根据银行的业务特点，将审核通过的凭证按照一定的方案进行汇总分类，凭证日期相近的、凭证性质相同的、凭证号码连续的整理在一起。 凭证分录：根据凭证的内容，按照银行的会计核算规定进行分录，明确记录每个账户或科目的借贷方向和金额，以确保准确无误。 账务处理：根据银行的会计核算规定和银行的业务特点，将凭证上的分录信息记录到相应的账务簿或账户中，如存款账户、贷款账户、现金账户等。 凭证归档：凭证处理完成后，将其按照程序进行归档，确保凭证的完整性、准确性和可追溯性。同时，必须按照保密要求进行存储和管理，以保障银行业务的安全性
会计报表	按日、月、季、年形成的会计账簿、报表，于办完月结、半年报和年终决算后10个工作日内，按规定分保管期限整理装订。 汇总报表应单独装订。有关报表附件，一律装订在对外、对内报表合订册的最后

（2）整理后凭证送往事后监督部门，办理交接登记手续后，进行监督处理，对会计档案进行缩微管理。

（3）未实行会计档案缩微管理的网点，业务监督完毕后，由事后监督人员装订成册返回网点，由网点入库保管。

（二）保管

（1）营业网点应对会计档案建立会计档案保管登记簿，指定专人负责管理。

（2）电子档案与纸质档案应分开保管。

（3）会计档案保管期分为永久保管和定期保管两类。当年形成的会计档案，在会计年度终了后，从次年1月1日起，暂由会计部门保管1年，期满后由本行会计档案管理部门统一保管。

（4）档案的保管形式包括纸介质、磁介质等，常见的保管形式是纸介质。

（5）会计档案的种类及保管期限。会计档案的保管期限分为限期保管和永久保管。限期保管分为 5 年和 15 年两种。关于保管期限，各省（区、市）分行如认为必要，可以延长，但不能缩短。对账务尚未清楚，需要继续查清的，可以延长。会计档案的种类及保管期限如表 1-9 所示。

表 1-9　　　　　　　　　　　　会计档案的种类及保管期限

序号	保管期限	会计档案的种类（涉及网点部分）
1	永久保管	各级银行本身及汇总全辖的决算表、全国银行统一会计报表年报和各级国库年度对账单、信贷基金账、存贷款开销户登记簿等
2	保管 15 年	总分类、明细分类核算的各种账、簿、卡、传票及附件，有关全国联行、省（区、市）辖联行专用章的领发、使用、保管和缴销情况登记簿，各级行本身汇总全辖月计表和全国银行统一会计报表季报，各级国库月报和季度对账单等
3	保管 5 年	计息科目余额表，下级行上报的月计表、决算表和国库年、季、月度对账单，密押代号使用、保管登记簿等

（三）查阅

内部查阅和外部查阅会计档案，营业网点应指定专人负责，经会计主管和档案管理部门负责人批准后办理。实行会计档案缩微管理的网点要在缩微部门预留会计主管签字样本。

1. 内部查阅

内部查阅时，应由调阅人提出申请，经会计主管和档案管理部门负责人批准，并指定档案管理人员协同查阅，但不得调离银行查阅。

2. 外部查阅

（1）公安机关、司法机关、检察机关和有关单位在处理案件或特殊需要查阅会计档案时，必须持县级（含）以上主管部门正式公文，有权机关根据需要可以抄录、复制、照相，但不得带走原件。

（2）开户单位对自身的账务有疑问需要查询银行会计档案的，该单位须凭对账单及盖有预留印鉴的公函，经该银行行长或会计主管批准，并应有专人负责陪同查阅，不得将档案交给查阅人后便放任不管。

任务 5　银行柜员指纹身份验证系统管理

一、业务释义

银行柜员指纹身份验证是指利用银行柜员指纹对各级机构的操作人员进行身份认证，实现综合业务系统登录和交易授权的安全控制。

二、主要业务规定

（1）使用银行柜员指纹身份验证系统（以下简称"指纹验证系统"）的各类人员必须在总/分行会计结算部进行指纹采集注册后，方可登录并进行其权限下的授权交易。

（2）使用指纹验证系统的柜员登录综合业务系统、办理各类授权业务及登录电子验印系统时必须按指纹方可进行操作。

（3）指纹验证系统中的机构、柜员的详细信息必须与综合业务系统中的数据信息一一对应。对于机构和柜员信息的增加、修改、删除，指纹验证系统将根据综合业务系统中数据信息的变更进行同步更新。

（4）总/分行会计结算部负责对指纹验证系统进行管理，其职责包括：负责对本辖区综合业务系统柜员管理和指纹数据的采集，负责本辖区指纹验证系统的培训工作，负责指纹验证系统中本辖区内机构网点的增加和删除。

（5）总行信息科技部负责指纹验证设备的安装、维护以及机构的整体指纹验证或非指纹验证的切换。

（6）支行职责包括：负责对拟登录综合业务系统的人员进行审查和初步审批，负责通过指纹验证系统进行系统签到、签退和授权等交易，负责指纹身份验证仪的日常保养、故障上报工作。

（7）总/分行会计结算部指纹验证系统管理人员设置至少为两人，并实行双人登录认证制度。超级管理员负责对业务管理员信息的增加、修改、删除；业务管理员负责对网点柜员信息的增加、修改、删除，并进行指纹采集和指纹选定，在对支行柜员指纹进行采集及变更或删除时必须互相授权。

（8）严禁操作人员进入综合业务系统及电子验印系统后由他人替代自己进行业务操作；所有操作人员只有在确认退出综合业务系统及电子验印系统后方可离开；如在指纹验证系统运行过程中发现异常现象，操作人员必须及时向总/分行会计结算部报告。

三、学习活动

（一）指纹采集

（1）总行业务管理员的指纹采集由总行指纹超级管理员经部门总经理审批同意进行采集。总行指纹验证系统业务人员负责采集分行指纹验证系统管理员指纹。

（2）指纹验证系统管理员根据支行提供的柜员申请表，经总/分行人力资源部、风险控制部、会计结算部审批后，负责对网点柜员进行基本信息录入及日后信息的增加、修改、删除，柜员需携带有效身份证件及其他相关证明到总/分行会计结算部进行指纹采集。

（3）指纹验证系统管理员在进行指纹采集时，要认真审查被采集人员的有效身份证件，对因特殊原因暂时中断采集时，必须退出指纹验证系统。

（4）指纹采集要求对被采集人员两个手指（左右手拇指）以上最多六个手指（左右手拇指、食指、中指）指纹进行采集。如改动须向总/分行会计结算部提出申请，由指纹验证系统管理员负责修改。

（5）若指纹验证系统出现故障，由总/分行信息科技部按紧急预案进行处理。

（6）各分行应由分行核心系统参数管理员根据员工号采集对应员工的指纹信息。凡在核心系统柜员信息中的"柜员登录方式"设置为"柜员号+指纹+密码"或"柜员号+柜员卡+指纹+密码"的柜员均须采集指纹，采集完成后要经过指纹复核方可使用。分行参数管理员核对为柜员本人后，输入柜员号、身份证号，按照系统提示通过指纹身份验证仪进行指纹采集。

（二）指纹复核

（1）采集成功的柜员指纹信息，须经另一名分行参数管理员复核，指纹信息全部复核通过后，柜员方可正常使用指纹验证系统登录或授权。

（2）分行参数管理员核对为柜员本人后，输入需要复核的柜员号，按照系统提示通过指纹身份验证仪对已采集指纹依次进行指纹复核。如同一枚指纹复核验证10次均未通过，则复核失败，系统将自动进行指纹重置，分行参数管理员需重新采集柜员指纹。

（三）指纹解锁

（1）指纹连续验证失败达到 10 次后，系统将锁定柜员号，需要进行指纹解锁。网点柜员申请指纹解锁时，柜台经理应在柜台结算管理系统的"角色审批管理"模块中提交申请，由柜员所属网点的主管或行长审批后提交分行运营管理部系统管理员审核。分行运营管理部的柜员申请时，应由集中处理中心主任、现金中心主任或系统管理员在柜台结算管理系统中提交部门负责人审批。分行部门负责人审批同意后，由系统管理员打印申请表，交由核心系统参数管理员操作。

（2）分行参数管理员依据审批后的申请表，输入被锁定的柜员号，经主管授权后解锁。遇节假日柜员申请指纹解锁时，柜员应填写申请表，交另一临柜人员复核签字后，传真给授权机构值班柜台经理。柜台经理审核无误后，经另一值班柜台经理授权后解锁。

（四）指纹检查

（1）分行运营管理部、网点柜台经理应按照《结算督导工作管理办法》《营业机构自查规定》等相关规定的要求，定期对柜员指纹使用、验证情况进行检查。

（2）检查时，检查人员首先应确认是否为柜员本人，输入被查人员的柜员号，顺序验证该柜员所有已采集指纹。检查人员应注意柜员按的手指是否与系统记录一致。检查完毕，打印指纹检查结果统计表留档保管。

（3）对于未使用指纹验证的柜员，检查人员应核实柜员是否因手指受伤、蜕皮、疾病等原因无法使用指纹验证、是否经分行运营管理部批准。如发现之前因自身生理原因未使用指纹验证的柜员手指指纹已恢复正常，应立即将其系统登录方式修改为指纹验证。

（五）指纹验证

系统登录方式设置为"柜员号+指纹+密码"的柜员，在图形前端系统签到界面输入柜员号或在提交本终端业务授权弹出授权对话框后，系统提示"请录入指纹信息，完成指纹验证"，此时柜员按指纹并输入密码后，完成系统签到或业务授权。

系统登录方式设置为"柜员号+柜员卡+指纹+密码"的柜员，在图形前端系统签到界面输入柜员号或在提交本终端业务授权弹出授权对话框后，系统提示"请刷磁条"，柜员刷卡后，系统提示"请录入指纹信息，完成指纹验证"，此时柜员按指纹并输入密码后，完成系统签到或业务授权。

任务 6 其他重要物品管理

一、业务释义

重要物品是指各类票样、票据鉴别办法、代本行有关业务部门保管的买入贴现（转贴现）票据、抵质押权证（房信、法人、消费信贷）及其他贵重物品和代客户保管的贵重物品。除票样外，所有重要物品均应封包入库保管。

二、主要业务规定

保管重要物品的网点必须建立重要物品交接登记簿，其领用、使用、上缴都必须在该登记簿上详细记载，并由有关人员签章。重要物品交接登记簿由会计主管记录和保管。

三、学习活动

学习活动 1 内部重要物品管理

内部重要物品管理应坚持"专人保管、专人负责"的原则。由委托保管部门双人封包并签章后，入出纳金库或代保管库进行保管。

学习活动 2　代客户保管的重要物品管理

代客户保管的重要物品管理可按保管箱业务章程办理。保管箱业务是银行接受客户申请，按照业务章程和协议条款以出租保管箱的形式代客户保管除违禁品以外的各类物品的一项中间业务。

想一想

重要印章和重要空白凭证如何管理

重要印章和重要空白凭证是银行前台的重要物品，想一想在每日营业终了，柜员应如何保管这两样物品？

动动手

模拟账面作废

当账面错误无法更改时，我们该如何作废该账面，请用一张纸在老师的指导下模拟作废过程。

同步思考

银行柜员违反印章管理"助人为乐"的思考

案情介绍：

某银行柜台工作人员杨某在某农业银行营业所工作，其利用职务之便偷盖有效印章，为朋友万某出具了一张金额为 20 万元的定期 1 年的存单，用于抵押贷款。万某用此存单作抵押，在银行贷款 15 万元，贷款到期后，万某没有归还，造成银行损失。

思考分析：

请从职业道德、柜台风险等角度谈谈你对此案例的思考和看法。

项目强化训练

一、判断题

1. 国家安全机关有权查询、冻结与扣划单位和个人的存款。　　　　　（　　）
2. 已被冻结的存款，其他执行机关要求再行冻结的，须征求原冻结机关意见后，再做相应处理与协助。　　　　　　　　　　　　　　　　　　　　　　　　　　　　（　　）
3. 账页记载错误无法更改的，须经会计主管同意盖章后才能撕毁。　　（　　）
4. 检查出纳库房库箱时，被查人员须陪同在场，提供账簿资料但不得参加查库。（　　）
5. 具有查询、冻结权力的机关有人民法院、海关和审计机关。　　　　（　　）
6. 会计人员对客户类账户进行抹账处理时，只能对银行员工操作失误的进行抹账，不允许应客户要求进行抹账。　　　　　　　　　　　　　　　　　　　　　　　　　（　　）
7. 重要单证在未使用前，不得事先加盖业务公章和私人名章。　　　　（　　）
8. 重要空白凭证的管理要贯彻印证分管的原则，实行专人负责管理。　（　　）
9. 库存现金发生差错，要核对账款、及时查找、及时上报，并填报错款报告单，不准以长补短，长款不报以贪污论，短款自补不报以违反制度论。　　　　　　　　　（　　）
10. 商业银行协助扣划存款时，有权机关无权要求提取现金。　　　　（　　）

二、单项选择题

1. 下列不属于会计业务中的重要业务印章的是（　　　）。
   A. 储蓄业务专用章　　　　　　　　　B. 签证章
   C. 票据清算章　　　　　　　　　　　D. 现金清讫章

2. 临时存款账户的有效期最长不得超过（　　　）年。
   A. 半　　　　　　B. 1　　　　　　C. 2　　　　　　D. 3

3. 下列关于隔年错账处理规定正确的是（　　　）。
   A. 本年错账以反方向红字冲正，上年错账以同方向蓝字冲正
   B. 本年错账以同方向蓝字冲正，上年错账以反方向红字冲正
   C. 本年错账以反方向蓝字冲正，上年错账以同方向红字冲正
   D. 本年错账以同方向红字冲正，上年错账以反方向蓝字冲正

4. 全过程风险控制不包括（　　　）。
   A. 分工控制　　　B. 授权控制　　　C. 保障控制　　　D. 操作控制

5. 重要空白凭证作废时，应由凭证经管人员切去（　　　）角，并在凭证明显处加盖"作废"戳记。
   A. 右上　　　　　B. 右下　　　　　C. 左上　　　　　D. 左下

6. 冻结单位存款的最长期限不超过（　　　）。
   A. 3个月　　　　B. 6个月　　　　C. 1年　　　　　D. 无期限

7. 下列无权扣划单位和个人的存款的机关为（　　　）。
   A. 人民法院　　　B. 税务机关　　　C. 海关　　　　　D. 人民检察院

8. 下列属于前台临柜柜员岗位职责的是（　　　）。
   A. 掌管监控设施和特殊业务授权　　　B. 编制营业日、月、季报告
   C. 核对当班收入现金和结存重要凭证　D. 稽核前一天会计业务凭证

9. 储蓄业务终了，当日所有业务凭证均在（　　　）由事后稽核员进行全面复核。
   A. 当日　　　　　B. 次日　　　　　C. 3日内　　　　D. 本周内

10. 各种业务印章使用人员临时离开岗位时，应将业务印章和个人名章（　　　）。
    A. 随身携带　　　　　　　　　　　　B. 交与内勤主任临时保管
    C. 他人代管　　　　　　　　　　　　D. 人离章收

11. （　　　）是明确银行对内对外权责关系的重要依据。
    A. 储蓄专用章　　B. 会计专用章　　C. 业务公章　　　D. 贷款专用章

12. 发生故障不能正常打印存折时，由（　　　）手工补登存折，并由（　　　）签章确认。
    A. 经办员本人，经办员本人
    B. 经办员本人，经办员与审核人员双人
    C. 经办员以外的柜员，经办员以外的柜员与审核人员双人
    D. 经办员以外的柜员，经办员以外的柜员

13. 柜员在其授权范围内，可以办理多币种、多种类的各项会计业务，承担相应经济责任的一种劳动组合形式是（　　　）。
    A. 双人临柜制　　B. 单柜员制　　　C. 储蓄柜员制　　D. 综合柜员制

14. 柜员办理一笔现金收入业务，应使用（　　　）。
    A. 结算专用章　　B. 现金付讫章　　C. 现金收讫章　　D. 票据清算专用章

15. 现金短款以个人赔付为主，现金长款（　　　）。

    A. 归个人所有   B. 归银行所有   C. 抵销现金短款   D. 归人民银行

三、多项选择题

1. 下列有权查询单位存款，但无权查询个人存款的机关为（　　　）。

    A. 监狱   B. 工商行政管理机关

    C. 证券监督管理机关   D. 走私犯罪侦查机关

2. 作为重要凭证进行管理和使用的凭证有（　　　）。

    A. 活期存折   B. 定期储蓄存单   C. 利息清单   D. 存款凭条

3. 下列关于商业银行印章管理说法正确的是（　　　）。

    A. 人在章在、人走章锁   B. 托人代管、托人签章

    C. 业务印章、名章加盖清晰   D. 可以超用途使用

4. （　　　）是储蓄业务中需要实时复核的业务。

    A. 超限额的存取款交易   B. 挂失解挂

    C. 信用卡存取业务   D. 定期开户

5. （　　　）属于重要空白凭证。

    A. 定期存单   B. 支票   C. 国库券   D. 定额存单

6. 重要单证在使用时应符合（　　　）。

    A. 重要单证在使用前必须进行清点，清点方法可以是卡大数点尾数

    B. 每班使用重要单证时，必须顺号使用，不得跳号使用

    C. 任何部门和个人不得以任何名义挪用重要单证

    D. 重要单证一般不得作教学实习或练习使用

7. 重要空白凭证的数量应该严格控制，其控制的量一般是（　　　）。

    A. 每个网点按 2 个月的使用量   B. 每个网点按半年的使用量

    C. 每个柜员按 1 周的使用量   D. 每个柜员按 15 天的使用量

8. 有下列（　　　）情况的，可以申请开立个人结算账户。

    A. 使用支票、信用卡等信用支付工具的

    B. 办理汇兑、定期借贷、定期贷记、借记卡等结算业务的

    C. 自然人可根据需要申请开立个人结算存款账户

    D. 自然人可以在已开立的储蓄账户中选择并向开户银行申请确认为个人结算存款账户

9. 下列执法机关有权查询单位和个人存款的是（　　　）。

    A. 人民政府   B. 公证机关   C. 海关   D. 人民法院

10. 下列对作废的重要空白凭证操作正确的是（　　　）。

    A. 不得损毁   B. 剪角   C. 加盖作废章   D. 专夹保管

四、简答题

1. 简述综合柜员制的优点及其主要风险。

2. 综合柜员岗的风险防范措施有哪些？

3. 简述单位结算账户的种类及各自含义。

4. 如何妥善使用和管理重要空白凭证？

5. 如何妥善使用和保管权限卡？

五、案例分析

农行某支行行长挪用公款炒股、购买彩票

案情介绍：

2020年1月至2021年11月，王××利用担任农行某支行行长职务的便利条件，通过伙同支行汽车信贷部经理李×指使员工违规编造虚假存单、虚增存款、挪用汽车贷款保证金等手段作案，涉及金额5 179万元，用于炒股、购买彩票等。王××、李×已于2021年12月2日被移送司法机关追究刑事责任。根据《中国农业银行员工违反规章制度处理暂行办法》和"四个一律"的规定，给予王××、李×开除处分。

该支行计财信息部经理刘××在发现王××擅自从柜员现金箱拿走17万元之后，不抵制，也不向上级行报告，还按照王××的指令，指示柜员虚增存款8笔，共293.68万元；该支行计财信息部坐班主任王×，计财信息部员工毛×、石×在知道王××从柜员现金箱拿款的事后，不抵制、不报告；计财信息部柜员李×，按照王××和刘××授意，空库77万元，虚增存款18万元。根据《中国农业银行员工违反规章制度处理暂行办法》和"四个一律"的规定，分别给予刘××、王×、石×、毛×、李×等开除处分。同时对在此案中负有责任的其他有关领导、相关责任人员33人也进行了责任追究。

思考分析：

请根据以上案情分别从银行柜台岗位各级人员道德、责任及制度建设、执行等方面对柜台岗位的风险进行分析，并从一名柜员的角度对如何防范柜台风险发表自己的见解。

项目 2 柜台服务及柜员技能

🔍 知识图谱

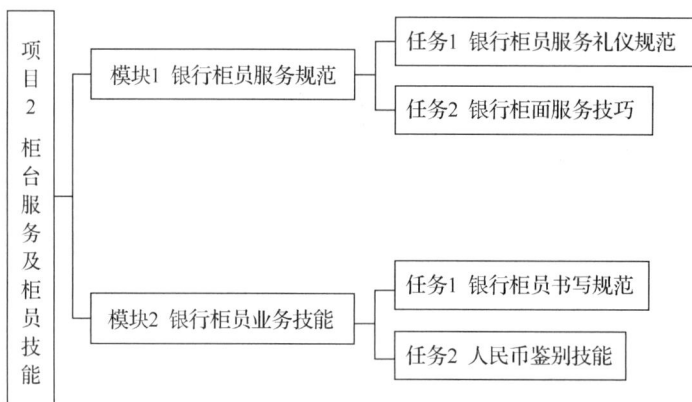

项目2 柜台服务及柜员技能
- 模块1 银行柜员服务规范
  - 任务1 银行柜员服务礼仪规范
  - 任务2 银行柜面服务技巧
- 模块2 银行柜员业务技能
  - 任务1 银行柜员书写规范
  - 任务2 人民币鉴别技能

✍ 学习目标

提高商业银行柜面人员服务水平和业务技能是加强临柜员工职业道德建设、规范员工工作行为、提高员工整体素质与服务水平的重要内容和环节。通过本项目有关银行柜员服务规范、业务技能等内容的学习，学生能够较好地熟悉和掌握以下内容。

知识目标
（1）熟悉和掌握银行柜员服务礼仪规范。
（2）熟悉和掌握银行柜员书写规范。

能力目标
（1）能够按照银行柜员服务礼仪规范进行相关操作。
（2）能够准确识别假币并按照规范流程进行收缴。

素养目标
（1）具有爱岗敬业的职业精神，培养良好的人际沟通能力。
（2）培养求真务实的工作态度，树立严谨细致的工作作风。

🔍 案例导入

柜员耐心服务，赢得客户点赞

"您好，请坐，请问您需要办理什么业务？"一个周五下午，海南一家银行对公柜员迎来一位想开立一个外币结算账户的客户。

"你帮我看看这些材料是否齐全？"了解客户需求后，柜员下意识看了一眼时间，已过下午4点。开立外币结算账户是一个审核手续较为烦琐且耗时的业务，柜员立即打起了十二分精神。

业务办理过程中，客户发现遗漏了一项重要的开户材料，在征得柜员意见后，客户急忙联系单位将遗漏材料送来。此时就要临近营业结束了，客户显得十分着急。"您别急，今天肯定能帮您把业务办理完。"柜员见状连忙安抚，并加快办理业务。

夜幕降临，营业部的大门已经关上，开户工作终于进入尾声。或许是长时间未添加印油，在为客户的资料加盖印章时，柜员发现印痕不清晰，便取出柜面专用的光敏印油为客户的印章加注。没想到这印章有些漏油，柜员小心翼翼地为客户的文件盖上章，生怕让文件沾染上红色的印油，却全然不顾自己手上已被染上成片红彤彤的"印记"。

"非常抱歉让您等待了这么久，请带好您的随身物品，再见！"送走客户后，柜员的精神仍不能松懈，还有许多柜面的日常收尾工作等着她。

终于无差错地完成了工作，回到家，柜员发现同事们都在工作群为她点赞。原来，下午那位客户在朋友圈公开感谢她并为银行点赞的截图被同事们发到群里。

微小的柜面互动，传递着爱、理解和温暖，让客户感到友爱、温馨。

相关业务规范

一、业务释义

服务是指服务主体（服务人员）为直接满足服务客体（客户）的需求，通过一定的方式、方法和手段进行的劳动。

服务的基本特征如下。

（1）服务是一种无形的劳动，不生产有形产品，具有不可储藏性。

（2）实施过程和消费过程同时进行，服务的生产和消费具有不可分离性。

（3）服务能直接满足客户的某种需求，没有中间转换环节，因此，每一项服务工作、每一个服务过程都必须达到服务质量要求，才能实现客户满意。银行客户服务原则——以客户为中心。

二、银行客户服务理念

在深入贯彻"以客户为中心"的服务理念过程中，柜面人员要忠于职守、爱岗敬业、精诚合作、密切配合、诚信亲和、尊重客户，求真务实、不断创新。具体表现在以下六个方面。

（1）真诚服务：热情接待客户，使用文明用语。

（2）文明服务：坚持微笑服务，提倡使用普通话，做到"来有迎声，问有答声，走有送声"。

（3）规范服务：严格按照相关业务规章及操作流程，准确、快速地办理业务。

（4）优先服务：当解决客户服务需求与处理行内事务发生冲突时，应先解决客户服务需求，然后处理行内事务。

（5）品牌服务：努力提高业务技能和综合素质，树立品牌服务意识。

（6）安全服务：保证客户信息及资金安全，维护客户合法权益。

想一想

在银行柜面服务中，你是否认可以下说法？

（1）客户永远是对的。

（2）优质服务应该贯穿始终。

三、优质文明服务

1. 柜面人员实现优质服务的途径

（1）提高自身业务素质是实现优质服务的基础和前提。

（2）树立良好的职业道德观念是实现优质服务的关键。

（3）掌握服务方法、服务技巧是实现优质服务的保证。

2. 站立服务和微笑服务

实行站立服务和微笑服务是商业银行为实现优质服务对柜面人员提出的具体工作要求。

（1）站立服务是指站立迎接客户和站立送别客户。站立的姿态要符合礼仪规范。通过站立服务体现银行员工对客户的尊重，反映银行员工良好的精神风貌。站立服务的频率要根据柜台高度和业务繁忙程度灵活掌握。

（2）微笑服务是指员工在接待客户时对客户表现出自然的、亲切的面部表情。通过微笑服务，客户可以感受到银行员工的友善，从而与银行员工自然地进行情感沟通，这样可以为银行开展服务营销奠定基础。

四、银行职员职业道德

（1）忠于职守、爱岗敬业。柜面人员要具有强烈的工作责任心，爱行爱岗、兢兢业业，严格执行相关操作规程，塑造银行良好的企业形象。

（2）精诚合作、密切配合。柜面人员要牢固树立全局观念和整体意识，服从大局，密切配合相关部门及人员的工作，为银行的业务发展勇于奉献。

（3）诚信亲和、尊重客户。柜面人员要讲信用、守承诺，对客户的合法权益要高度负责，树立客户至上、信用第一的服务意识，提高职业技能，提升工作效率；要讲究服务技巧，提高服务质量。

（4）求真务实、不断创新。柜面人员要以求真务实的态度，扎扎实实地开展工作，改进服务手段，开展服务创新，实现一流服务。

模块1　银行柜员服务规范

任务1　银行柜员服务礼仪规范

一、业务释义

银行柜员服务礼仪是指在银行柜台业务活动中进行的，带有金融行业特点的行为、语言及交往礼节。

二、学习活动

学习活动1　营业场所和设施要求

（1）讲究环境卫生。地面、柜面、桌面、玻璃要整洁、明亮，营业设施要整齐排放、洁净舒适、方便客户，并逐步达到规范化。

（2）营业场所之外，必须悬挂银行行名和行徽、营业单位名称、对外营业时间牌。

（3）办理业务的提示性标志要明显，文字要规范、易于辨认。

（4）营业场所内要设置日历牌、业务标志牌、安民告示牌、利率牌、业务品种牌及便于监督的意见簿（箱）。

（5）营业场所内配备必要的服务用品用具，如桌椅、沙发、笔墨、点验钞机、老花镜等。

（6）营业场所内外的宣传栏（牌）设置要规范，内容要准确，装潢要美观。

学习活动 2　职业形象

（一）仪容

1. 干净整洁

（1）注意修饰体表毛发：男性柜员不要蓄胡须，要养成每日剃须的习惯。

（2）保持手部卫生：手是与外界接触最多的一个部位，最容易沾染脏东西，所以必须勤洗手，还要经常修剪手指甲，手指甲的长度以不长过手指指尖为宜。

（3）注意口腔卫生：口腔要做到无异味、无异物。

（4）服务号牌规范佩戴：柜面人员上岗必须规范佩戴或摆放统一的服务标志牌，根据业务需要设立的大堂经理（或大厅值班、咨询人员）须佩戴明显标志。

2. 头发

男性柜员不留长发，不剃光头，发型轮廓要分明。女性柜员可留各式短发，发型自然；留长发应束起盘于脑后，佩戴发饰；若有刘海，应保持在眉毛上方。

（二）仪表

统一着装，保持整洁。营业网点柜面人员要统一着装并做到以下四点。

（1）保持服装、鞋袜的洁净得体和整齐。

（2）衣、裤口袋尽量不装物品，以免变形，影响美观。

（3）男性柜员西服与衬衫要相配，内衣尽量单薄，系好领带；应穿深色皮鞋，鞋面一定要整洁光亮，着深色袜子。

（4）女性柜员着装要避免过分杂乱、过分鲜艳、过分暴露、过分透视、过分短小、过分紧身；不得佩戴过多或过于耀眼的饰物，每只手最多只能佩戴一枚戒指，饰物设计要简单；不得浓妆艳抹，不涂有色指甲油；应穿黑色或白色皮鞋，袜子应与制服颜色相称，避免露出袜口。

（三）仪态礼仪

1. 站姿

（1）头正：头正颈直，两眼平视前方，嘴微闭，下颌微向后收；表情自然，稍带微笑。

（2）肩平：两肩平正，微微放松，稍向后张。

（3）臂垂：两臂自然下垂，手指自然弯曲，中指对准裤缝。

（4）躯挺：胸部挺起，腹部往里收，腰部正直，臀部向内、向上收紧。

（5）腿并：两腿立直并贴紧，膝盖放松，大腿稍收紧上提；身体重心放在脚掌前部，身体重心应尽量提高。女性柜员站立时，两脚应呈"V"字形，脚跟靠拢。

柜员站姿如图 2-1 所示。

图 2-1 柜员站姿

2. 坐姿

坐姿——文雅、端庄、稳重、大方。

（1）挺直上身，头部端正，目视前方或交谈对象。两手自然放在双膝上或椅子扶手上，正坐时，双手应掌心向下，叠放在大腿上，也可以一左一右扶住座位两侧的扶手；侧坐时，双手叠放或相握，放在身体侧向的大腿上。

（2）临柜受理业务时，手臂可自然放在柜台上，但不准趴在柜台上。

男性柜员坐姿如图 2-2 所示，女性柜员坐姿如图 2-3 所示。

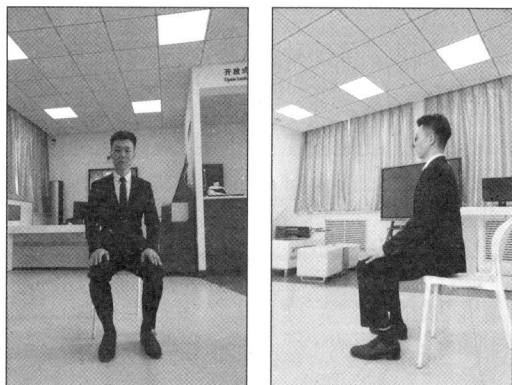

图 2-2 男性柜员坐姿

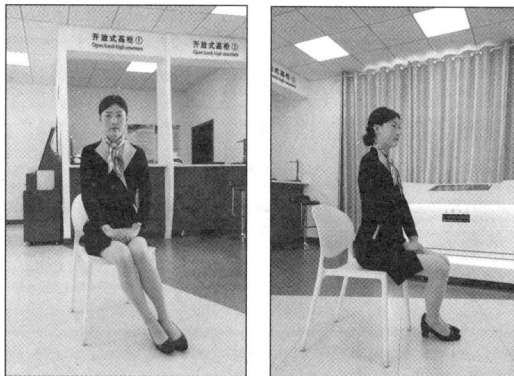

图 2-3 女性柜员坐姿

3. 走姿

走姿——从容、稳直、轻盈。

（1）规范的走姿。

① 头正肩平。

② 步位直、步幅适当、步速平稳。

（2）禁忌的走姿。

① 方向不定。在行走时，方向不明确，忽左忽右。

② 瞻前顾后。行走时，左顾右盼，反复回头注视身后及身体乱晃不止。

③ 速度多变。行走时，忽快忽慢，或突然快步奔跑，或突然止步不前。

④ 声响过大。在行走时，用力过猛，脚步声太响，影响别人。

⑤ "八字"步态。在行走时，两脚脚尖向内侧伸是"内八字"，两脚脚尖向外侧伸是"外八字"，这两种步态都不雅。

4. 手势

（1）指引手势：左手或右手五指并拢，手掌微微向上倾斜，以肘部为轴，向所指方向伸出手臂。指示方向时，上身需侧向客户，待客户清楚后放下手臂。

注意：不宜用食指指向客户。

（2）请坐手势：左手或右手屈臂向前抬起，以肘部为轴，向座位方向伸出手臂，请客户落座。

注意：不宜用手指指点客户。

柜员手势示范如图 2-4 所示。

图 2-4　柜员手势示范

同步训练

站姿、坐姿和蹲姿项目训练

实训目标

帮助学生掌握站姿、坐姿和蹲姿的基本概念和不同场合下的站姿、坐姿和蹲姿，并纠正一些不良的站姿、坐姿和蹲姿。

实训内容

（1）站姿：抬头，目视前方，挺胸直腰，肩平，双臂自然下垂，收腹，双腿并拢直立，两脚尖呈"V"字形，身体重心放到两脚中间；也可两脚分开，比肩略窄，双手合起放在腹前或背后。

（2）坐姿：柜员一般从椅子的左侧入座，紧靠椅背，挺直端正，双手舒展或轻握于膝盖上，双脚平行，间隔一个拳头的距离。

（3）蹲姿：一脚在前，一脚在后，两腿向下蹲，前脚全着地，小腿基本垂直于地面，后脚脚跟提起，脚掌着地，臀部向下。

安排学生进行相关仪态规范的训练，详细说明柜员站姿、坐姿和蹲姿训练中应注意的事项。

实训要求

（1）要求教师帮助学生熟悉柜员的仪态礼仪规范。

（2）要求学生利用平时节假日自觉训练相关仪态。

实训步骤

（1）熟悉站姿训练的基本规范。

（2）熟悉坐姿训练的基本规范。

（3）熟悉蹲姿训练的基本规范。

教学建议

分组进行基础训练，由教师随机抽出每组中的 1～2 名学生，各组间进行交互式对抗演练评比，以参加对抗演练学生的成绩作为小组的综合成绩。

学习活动3　语言规范

语言规范包括用语规范，以诚待人，语调适中，语气平和，语言亲切，提倡讲普通话。

（一）文明用语

银行员工在工作和公共场合中经常使用的文明用语有：请！您好！欢迎（您）光临！请稍等！对不起！请提意见！谢谢！欢迎再来！再见！

一般来说，不管目的是什么，只要劳驾客户，都要在语言前面加个"请"字；不管什么原因，凡是没有满足客户合理要求，都要说一句"对不起"；不管目的如何，只要客户满足了员工提出的要求，都要说一声"谢谢"。

（二）柜员礼仪服务用语

（1）请您在这里签名。

（2）请您到×号柜台办理业务。

（3）请您用黑色签字笔填写开户申请表。

（4）您的申请表×项填写有误，请重填一张。

（5）您的现金有误，请重新点一下好吗？

（6）请您慢慢回想密码，不要着急。

（7）请出示您的身份证。谢谢您的合作。

（8）××先生/女士，请收好您的现金或银行卡。

（9）请稍等，我马上重新给您计算一下利息。

（10）对不起，现在机器有故障，请稍等。

（三）禁语

1. 储户询问利率时

禁止说：墙上贴着呢，你不会看吗？不是告诉你了吗，怎么还不明白。有完没完。

2. 办理储蓄业务时

禁止说：存不存（取不取），要存（取）快点。钱太乱，整好再存。哎，喊你没听见。没零钱，自己去换。

3. 客户刚办理存（取）款业务，又要求办理取（存）款业务时

禁止说：刚存（取）怎么又取（存）钱。以后想好了再存（取）。净找麻烦。

4. 客户办理提前支取时，存单与身份证上的姓名不一致时

禁止说：你自己写错了怨谁。

5. 储户对利息提出疑问时

禁止说：利息是计算机计算出来的，还能错。银行还能坑你吗？不信，找人去算。

6. 业务忙时

禁止说：急什么，看不见我正忙着吗。

7. 临近下班时

禁止说：结账了，不办了。怎么不早点来。

8. 机器（线路）出现故障时

禁止说：我有什么办法，又不是我让它坏的。我也不知道什么时间能修好。到别的支行取钱吧。明天再来吧。

学习活动 4 电话礼仪

打电话时，双方虽然相互看不见，但是闻其声可知其人。因此，通话时一定要客气礼貌，坚持用"您好"开头，"请"字在其中，"谢谢""不客气"结尾，嗓音要清晰，音量要适中，语速要恰当，通过声音在对方心里树立良好的形象。打电话是为了争取时间，提高信息交流的效率，因此交谈时应力求达意简洁，语言清晰准确，以避免误听。

（1）打电话过程中绝对不能吃东西，即使是懒散的姿势，对方也能够"听"得出来。如果你打电话的时候，躺在椅子上，对方听你的声音就是懒散、无精打采的；若坐姿端正，所发出的声音也会亲切悦耳，充满活力。打电话时，即使看不见对方，也要当作对方就在眼前，尽可能注意自己的姿势。

（2）迅速接听电话。

（3）挂电话前应该重复一次电话中的重要事项，再次明确之后，向对方说"谢谢""再见"之类的礼貌用语。另外，要等到对方挂断电话后，再放下话筒。放话筒时，一定要轻轻放下。

（4）除了电话礼貌用语，对客户打来的咨询电话，应该用简洁、准确、通俗的语言回答客户，让客户抓住要点。切忌随便使用银行的一些术语，让别人莫名其妙；也不要故弄玄虚，让客户不知所云。这就要求从事这项业务的银行员工，既要有熟练的银行业务知识，还要有一定的语言表达能力和服务技巧。

学习活动 5 服务纪律

（1）遵纪守法，保守秘密。不得违反国家法律、法规及有关金融规章制度，替客户保守秘密，维护客户权益。

（2）对外服务准时满点。严格按照对外公示的时间营业，未经批准不得中途或提前停止营业。

营业期间因故离柜而中断服务，必须摆放"暂停服务"柜台指示牌，向客户明示并引导客户在其他柜台办理业务，以防客户在无人柜台前等待。

（3）听取意见虚心谦和。接受客户批评和听取意见时，要表示感谢，不要争辩。自己无法解决时，要请示领导解答处理；在工作中要顾全大局，谦和礼让，求得理解，禁止与客户争吵。

（4）利用间隙轧账。柜员轧账必须在柜台无客户的情况下进行，严禁出现柜员为轧账或处理内部事务，而随意摆放"暂停服务"柜台指示牌停办业务的现象，特殊情况必须征得网点负责人的同意。

（5）点验现金不离视线。点验现金应在客户视线及监控设备范围内进行。现金离柜前必须提醒客户在柜台前清点，避免发生纠纷。

（6）发现差错及时说明。当出现客户交款差错时，应将现金全部交还客户请其清点，长款立即退还客户，短款应主动帮助客户查找现金不足的原因。

（7）遗失物品主动归还。发现客户遗失物品，应主动当面归还；若不能当面归还，应妥善保管并积极与客户联系，将物品归还客户。

（8）办理业务客户优先。柜面服务应坚持"先外后内、先急后缓"的原则，办理业务时如有电话打来，必须办完业务后再接电话，缩短客户等候时间；如有特殊情况必须先接电话的，须征得客户的同意；接听、拨打电话要长话短说、言简意赅，私人电话不超过两分钟。

（9）工作时间不涉他务。柜面人员营业时间不准擅自离岗、串岗、聊天、大声喧哗等与工作无关的事务。

（10）不准以任何方式和借口怠慢、顶撞、刁难、打骂客户。不得利用工作之便为单位和个人谋取不正当利益。

资料传真袋

《中国银行业柜面服务规范》带来的柜面服务变革

《中国银行业柜面服务规范》是我国银行业第一个针对柜面服务制定的规范性文件。2009年7月7日，中国银行业协会以银协发〔2009〕50号印发《中国银行业柜面服务规范》（以下简称《规范》）。《规范》分总则、组织管理、服务环境、服务标准、服务操作、服务培训、投诉处理、附则共八章三十七条。《规范》的推广落实，在很大程度上提升了银行柜面服务的能力和水平，有效提高了服务效率，提高了客户满意度，对树立银行业文明规范服务整体形象起到了非常重要的作用。下面通过《规范》出台前后的服务对比来感受柜面服务的变革。

情形1

《规范》出台前：一些客户到银行柜台办理业务时，偶尔会遇到工作人员一只手接存折，另一只手在操作计算机鼠标或键盘，或者是工作人员在清点完钞票以后，直接将钞票从里面甩到防弹玻璃外面的情况。

《规范》出台后：交接钞、单、卡、折或有关证件时，要双手自然交接，还要给予必要的提示，对需要帮助的客户指导填单；点验现金应在客户视线及监控设备范围内进行；发现假币时，应向客户说明判定为假币的依据，按规定履行假币没收手续。

情形2

《规范》出台前：一些老年客户到银行柜台办理业务时，由于各种单据上面的字号较小，再加上视力不好，往往要请旁人帮忙。

《规范》出台后：营业网点要合理配置客户服务设施及无障碍设施，可提供点（验）钞设备、书写用具、老花镜、等候座椅、防滑垫等服务设施；要提供书写整齐规范的单据填写范例，还要在网点醒目位置放置意见（评价）簿（箱）。

情形 3

《规范》出台前：许多客户在银行办理业务时，都遇到过这样的情况——客户在窗口前排着长队等候办理业务，窗口里面的工作人员突然说"这个窗口要轧账了，请到其他窗口办理"。

《规范》出台后：柜员轧账须在柜台无客户的情况下进行，不应出现柜员为轧账或处理内部事务而随意停办业务现象，特殊情况须征得网点负责人的同意；在营业期间，柜员因故离柜而中断服务须及时明示，避免客户在无人柜台前等待。

情形 4

《规范》出台前：一些不习惯用普通话交流的客户，在银行办理业务时，可能遇到过工作人员执着地说普通话，而自己又听不清楚的情况，弄得双方要花很长时间进行沟通。

《规范》出台后：服务语言要以普通话为主，若遇到使用方言的客户，要以普通话首问，然后根据客户回答情况调整用语，要坚持使用"您好""请""谢谢""对不起""再见"等文明用语；还要倡导掌握外语、哑语等服务语言，实现语言无障碍服务。

情形 5

《规范》出台前：一些客户在银行办业务时，遇到不懂的事情都习惯找大堂工作人员帮忙解决，一旦大堂人员不在，只得排队向柜台工作人员咨询。

《规范》出台后：大堂服务人员临时离开岗位时，应安排其他人员替岗。对于办理一定金额以下取款、特定缴费、查询、转账等业务的客户，应引导其到自助服务区，必要时指导客户了解、掌握并自行完成自助交易。

任务 2　银行柜面服务技巧

学习活动

学习活动 1　柜面客户服务的基本技巧

临柜服务中经常会碰到一些问题，在处理这些问题时要讲究服务技巧，灵活应对，维护银行的信誉、形象。

（1）先向客户说"对不起"，对客户的问题表示理解，但这并不表示是柜面人员的错误。如果是银行的问题，要向客户致以歉意。如果不是银行的问题，不要随便承认错误，也不要随便做出承诺。

（2）要尊重客户，即使客户错了，也不要批评、指责客户，更不要与客户争论我对你错，着眼点是如何化解矛盾、问题，有理让三分。

（3）要措辞得当，语气平和。即使客户发火吵闹，也要冷静应对，不要感情用事。

（4）要注意听取客户的意见，让客户把话说完，让客户感到银行工作人员是诚恳的。对客户提出的不合理要求，应做好解说工作，不要随便许诺，以免被动。

（5）碰到问题时，如员工业务忙或处理不好，应让基层网点负责人先处理。

同步训练

银行柜台服务典型问题的服务技巧训练

实训目标

银行柜台服务遇到的问题有很多，情况也很复杂，柜员面对这些问题不能紧张，也不必慌乱，而应该妥善处理。

实训内容

当柜员遇到下列一些典型问题时，请思考并做有针对性的练习。

（1）遇到假币。

（2）在办理业务中客户缺少相应证件。

（3）计算机发生故障。

（4）碰到素质低的客户。

（5）碰到客户忘记密码。

（6）遇到老人不会输入密码。

实训要求

（1）学生分组进行讨论，针对典型问题进行分析，设计应对策略，进行情景模拟练习。

（2）小组选择代表抽取典型问题中的一类进行情景演练。

学习活动2　分类服务和优质客户的识别

分类服务的目的是识别优质客户、引导优质客户，根据客户的需求提供不同的金融服务，争取更加优质的客户资源，创造更加良好的经营效益。

优质客户可以分为核心优质客户和中高端优质客户，还可以分为现有优质客户、现有潜质客户、待争取优质客户。

优质客户服务的总流程分为识别引导、接触营销、业务处理、客户关系维护四个部分，其中的识别引导是基础性工作。

优质客户的识别可参考下列渠道。

（1）大额存取现金或汇款。

（2）大额外汇汇款或转账。

（3）大额存款的挂失。

（4）大额贷款业务及还款。

（5）开大额存款证明。

（6）上门购买基金、大额国库券等投资产品或保险产品。

（7）开立理财账户或对理财业务、高端业务提出咨询。

（8）开设或使用保管箱业务。

（9）客户出示金卡或VIP卡。

识别优质客户后，应及时为其提供差别化服务，但要注意不与普通客户服务发生冲突，要坚持对普通客户提供友好、亲切的服务。

同步讨论

银行是否应该进行分类服务

新技术不断融入金融领域，对原有的商业银行管理理念及管理方式带来巨大冲击，银行业面临巨大的竞争压力。各银行都在提升服务上下功夫，从厅堂环境到员工服务规范，从服务内容到服务品质，都发生了很大变化。随着社会的不断进步，人们对银行服务尤其柜面服务的要求越来越高。

那么，银行是否应该进行客户分类服务？金融科技的发展对原有优质客户的识别又将产生怎样的影响？

模块2　银行柜员业务技能

任务1　银行柜员书写规范

商业银行各种文件、资料、凭证的填写都有比较统一的规定和要求，规范柜员书写技能不仅是业务活动的需要，也是提高服务质量的要求。

学习活动

学习活动1　阿拉伯数字的书写

（1）阿拉伯数字应当一个一个地写，不能连笔写。数字的排列要整齐，数字之间的空隙应均匀，不宜过大。

（2）账表、凭证上阿拉伯数字的规范写法如图2-5所示。

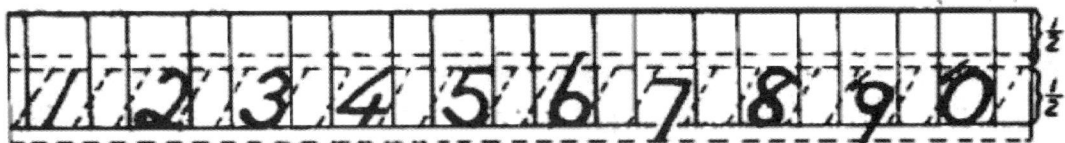

图2-5　阿拉伯数字的规范写法

① 阿拉伯数字在书写时应有一定的斜度。倾斜角度应以笔顺书写方便、好看、易认为准，不宜过大，也不宜过小，数字的中心斜线与底平线呈大约60°的夹角。

② 书写阿拉伯数字时，一般要求数字的高度占凭证横格高度的1/2为宜。

③ 书写阿拉伯数字时，要注意紧靠横格底线，使上方留出一定空位，以便需要进行更正时可以再次书写。

④ 为了防止涂改，对有竖画的数字的写法应有明显区别，如"4""6""7""9"的竖画应偏左，"1"应写在中间。此外，"6"的竖画应上提为一般数字的1/4，"7""9"的竖画应下拉出格至一般数字的1/4。

（3）在书写过程中，如果发现数字错误应及时订正。在订正时，要先把错误的数字用横线完全划掉，然后再把正确的数字填写在长方格的上半部。

学习活动2　中文大写数字的书写

1. 中文大写数字的书写

中文大写金额数字，如零、壹、贰、叁、肆、伍、陆、柒、捌、玖、拾、佰、仟、万、亿等，一律用正楷或者行书体书写，不得用〇、一、二、三、四、五、六、七、八、九、十等简化字代替，不得任意自造简化字。在实际工作中，还发现一些不规范的简化大写数字，如以"另"代替"零"，以"两什"代替"贰拾"等。

大写金额数字到"元"或者"角"为止的，在"元"或者"角"字之后应当写"整"字或者"正"字；大写金额数字中有"分"的，"分"字后面不写"整"字或者"正"字。例如，人民币

35 680 元，大写金额数字应为"人民币叁万伍仟陆佰捌拾元整"；又如，人民币 471.90 元，大写金额数字应为"人民币肆佰柒拾壹元玖角整"；再如，人民币 2 308.66 元，大写金额数字应为"人民币贰仟叁佰零捌元陆角陆分"。

2."零"字的写法

（1）阿拉伯小写金额数字中间有"0"时，中文大写金额要写"零"字；阿拉伯小写金额数字中间连续有几个"0"时，中文大写金额中可以只写一个"零"字。

例如，人民币 105 846 元，应写成"人民币壹拾万零伍仟捌佰肆拾陆元整"；人民币 1 000 846 元，应写成"人民币壹佰万零捌佰肆拾陆元整"。

（2）阿拉伯金额数字万位或元位是"0"，或者数字中间连续有几个"0"，万位、元位也是"0"，但千位、角位不是"0"时，中文大写金额中可以只写一个"零"字，也可以不写"零"字。例如，人民币 301 860.96 元，可以写成"人民币叁拾万壹仟捌佰陆拾元零玖角陆分"，也可以写成"人民币叁拾万壹仟捌佰陆拾元玖角陆分"。

阿拉伯金额数字角位是"0"，但分位不是"0"时，中文大写金额"元"后面应写"零"字。例如，人民币 105 846.08 元，应写成"人民币壹拾万零伍仟捌佰肆拾陆元零捌分"。

（3）在连写几个"0"时，一定要单个写，不能将几个"0"连在一起写完。

3.货币名称的书写

大写金额数字前未印有货币名称的，应当加填货币名称，货币名称与金额数字之间不得留有空白。在需要填写大写金额数字的原始凭证上，如果有关货币名称事先未能印好，在填写时应加填有关的货币名称，然后在其后紧接着填写大写金额数字，如人民币 186 497 元，应当写成"人民币壹拾捌万陆仟肆佰玖拾柒元整"，不能分开写成"人民币 壹拾捌万陆仟肆佰玖拾柒元整"。

学习活动 3 日期的书写

票据的出票日期必须使用中文大写数字书写。如使用小写数字填写的，银行不予受理；大写日期未按要求规范填写的，银行可以受理，但由此造成损失的，由出票人自行承担。

为防止变造票据的出票日期，应按照以下要求书写。

1.月的写法规定

1 月、2 月、10 月前加"零"，如 1 月应写为"零壹月"，10 月应写为"零壹拾月"。

11 月、12 月前加"壹"，如 11 月应写为"壹拾壹月"。

2.日的写法规定

1 日至 10 日、20 日、30 日前加"零"，如 6 日应写为"零陆日"，20 日应写为"零贰拾日"；

11 日至 19 日前加"壹"，如 16 日应写为"壹拾陆日"。

同步练习

数字和日期书写

1.写出以下金额的中文大写样式

¥684 364.65 　　　　　　　　　　¥8 628 651.00

¥5 358 712 699.10 　　　　　　　　¥75 269 841.06

¥6 884 235.65 　　　　　　　　　　¥68 521 387.12

2. 写出下列日期的中文大写样式

2024 年 6 月 8 日 2023 年 2 月 6 日

2022 年 7 月 16 日 2019 年 10 月 1 日

2018 年 11 月 20 日 2022 年 1 月 31 日

任务2 人民币鉴别技能

商业银行柜员每日要接触大量现金，能鉴别出现金的真假是对其最基本的技能要求，也是其取得反假币上岗资格证的关键要素。

学习活动 货币鉴别方法

一看：迎光观察人民币的水印、红蓝彩色纤维、阴阳互补对印图案和安全线。真币的各种颜色光泽鲜亮，图案轮廓清晰，层次分明，立体感强，印制精细，迎光透视时，可看到正面右侧有一条上下贯通的黑色金属线。

二摸：真币采用了凹凸版印刷技术，用手触摸票面时，能够感受到票面上的凹印部位线条的明显凹凸感，而假币基本上无凹凸感或者凹凸感不明显。

三听：真币所使用的纸张经过特殊处理，用手抖动或者弹纸张时会发出清脆的声音，而假币发出的声音是沉闷的。

四测：借助放大镜观察票面线条清晰度，观察胶印、凹凸缩微文字，用紫外线灯照射票面，可以观察票面纸张和油墨的荧光反应。

资料传真袋

关于假币，你知道多少

为规范货币鉴别及假币收缴、鉴定行为，保护货币持有人的合法权益，2019 年 10 月 16 日，中国人民银行印发《中国人民银行货币鉴别及假币收缴、鉴定管理办法》，自 2020 年 4 月 1 日起开始实施。

1. 什么是假币

不由国家（地区）货币当局发行，仿照货币外观或者理化特性，足以使公众误辨并可能行使货币职能的媒介称为假币。

2. 假币的种类

假币包括伪造币和变造币。伪造币是指仿照真币的图案、形状、色彩等，采用各种手段制作的假币。变造币是指在真币的基础上，利用挖补、揭层、涂改、拼凑、移位、重印等多种方法制作，改变真币原形态的假币。

3. 个人收到假币怎么办

及时主动上缴持有的假币是公众应尽的义务和责任。公众无论何种原因取得假币，当得知持有的是假币实物时，应主动上缴至公安机关、人民银行或银行业金融机构，否则就构成明知是假币而持有的违规行为。

4. 金融机构在履行货币鉴别义务时应当采取的措施

（1）确保在用现金机具的鉴别能力符合国家和行业标准。

（2）负责组织开展机构内反假货币知识与技能培训，定期对办理货币收付、清分业务的人员的反假货币水平进行评估，确保其具备判断和挑剔假币的专业能力。

（3）按照中国人民银行有关规定，采集、存储人民币和主要外币冠字号码。

同步训练

第五套人民币防伪特征及识别方法

实训目标

该项目的实训帮助学生掌握现行流通的 2019 年版 50 元、20 元、10 元、1 元和 2020 年版 5 元纸币的主要防伪特征。

实训内容

（1）2019 年版 50 元主要防伪特征分析。

（2）2019 年版 20 元主要防伪特征分析。

（3）2019 年版 10 元主要防伪特征分析。

（4）2019 年版 1 元主要防伪特征分析。

（5）2020 年版 5 元主要防伪特征分析。

实训要求

（1）学生通过查资料，了解 2019 年版 50 元、20 元、10 元、1 元和 2020 年版 5 元纸币的主要防伪特征。

（2）能够准确分析主要防伪特征，掌握以上货币的识别方法。

项目强化训练

一、判断题

1. 对于经常惠顾的客户，在主动称呼客户时，要加上客户的姓氏或职务，以示对客户的熟记和尊重。　　　　　　　　　　　　　　　　　　　　　　　　　　（　　）

2. 女柜员不得佩戴戒指。　　　　　　　　　　　　　　　　　　　　　（　　）

3. 男柜员不得留长发、胡须，但可适当佩戴饰物。　　　　　　　　　　（　　）

4. 当设备发生故障不能办理业务时，应说"非常抱歉，请耐心等待"。　（　　）

5. 应避免在客户面前打哈欠、咳嗽、打喷嚏，难以控制时，应适当遮掩。（　　）

6. 上班时间，不得聊天、吃东西，但可以在空闲时看有关业务方面的书。（　　）

7. 柜员遇老人或其他有困难的客户不方便填写凭证时，可以在其他柜员监督下代填。（　　）

8. 接待客户时应注意仪容整洁，发式庄重，不得染头发和涂指甲。　　（　　）

9. 对于个别客户的失礼表现和无理要求，可以不予理睬。　　　　　　　（　　）

10. 小写金额数字￥100 200.00 元，规范的汉字大写金额数字为"拾万零贰佰元整"。（　　）

二、单项选择题

1. 银行客户服务的原则是（　　）。

    A. 让客户满意　　　　　　　　　　　B. 以客户为中心

    C. 满足客户的需要　　　　　　　　　D. 客户永远是对的

2. 对于个别客户的失礼表现和无理要求，要婉转拒绝地说"（　　）"。

    A. 无法满足您的要求　　　　　　　　B. 对不起，银行无此先例

    C. 对不起，很抱歉　　　　　　　　　D. 请找我们领导

3. 上班时间，应在（　　　）佩戴总行统一制发的工号牌。

    A. 胸前   B. 服装左前上方   C. 左衣领上   D. 右上衣领

4. 营业过程中，柜台最低保留（　　　）个柜员在岗。

    A. 1   B. 2   C. 3   D. 4

5. 下列大写金额数字中书写正确的是（　　　）。

    A. 壹仟零贰拾元三角陆分整   B. 捌佰零伍元壹角整

    C. 玖万元   D. 拾伍元整

6. 示意客户时，要用（　　　）的手势。

    A. 手心向上、五指并拢   B. 单指

    C. 手心向下   D. 双指

7. 人民币的最小货币单位是（　　　）。

    A. 元   B. 角   C. 分   D. 厘

8. 柜员当班空闲时，可以（　　　）。

    A. 与领导聊天   B. 清点现金   C. 吃饭   D. 学习新业务教材

9. 下列大写金额数字中书写正确的是（　　　）。

    A. ￥1 008.60 人民币壹千零捌元陆角零分   B. ￥15.00 人民币拾伍元整

    C. ￥315.00 人民币叁佰壹拾伍元整   D. ￥1 001.60 人民币壹仟壹元陆角整

10. 下列票据中日期书写正确的是（　　　）。

    A. 贰零壹九年壹拾贰月贰拾陆日   B. 贰零贰叁年零壹拾月贰拾陆日

    C. 贰零贰叁年零壹月贰日   D. 贰零贰叁年零叁月零陆日

11. 2005 年版第五套人民币 100 元纸币的光变面额数字的颜色变化是由（　　　）。

    A. 绿变金   B. 金变绿   C. 蓝变黄   D. 绿变蓝

12. 提高自身业务素质是实现优质服务的（　　　）。

    A. 关键   B. 保证   C. 原则   D. 基础

三、多项选择题

1. 下列属于柜台人员应掌握的服务技能的是（　　　）。

    A. 柜面知识的全面了解   B. 操作技能的熟练掌握

    C. 处理业务高效准确   D. 持证上岗定期考核

2. 银行前台综合柜员必须取得（　　　）认证后方可上岗。

    A. 会计上岗证   B. 保险从业人员上岗证书

    C. 反假币工作人员资格证   D. 银行从业人员资格证

3. 储蓄机构可以通过（　　　）吸引储户参储。

    A. 送礼品   B. 储蓄创新   C. 提高利率   D. 提高服务

4. 银行客户需求主要有（　　　）。

    A. 服务功能需求   B. 服务价值需求   C. 精神愉悦需求   D. 成本减少需求

5. 下列关于柜员的职业形象表述正确的有（　　　）。

    A. 柜员上岗时可自由着装

    B. 柜员不得化妆

    C. 柜员不得文身

    D. 柜员上岗时应精神饱满，不能趴在柜台上

6. 鉴别真假人民币的基本方法为（　　）。

    A. 手感鉴别　　　　　　　　　　B. 听声鉴别

    C. 根据防伪标记鉴别　　　　　　D. 通过花纹鉴别

7. 下列关于中文大写金额数字的描述正确的是（　　）。

    A. 中文大写金额数字到"元"为止的，在"元"之后，应写"整"（或"正"）字。在"角"之后可以不写"整"（或"正"）字。大写金额数字有"分"的，"分"字后面不写"整"（或"正"）字

    B. 中文大写金额数字前应标明"人民币"字样，大写金额数字有"分"的，"分"字后面不写"整"（或"正"）字

    C. 中文大写金额数字前应标明"人民币"字样，大写金额数字应紧接"人民币"字样填写，不得留有空白。大写金额数字前未印"人民币"字样的，应加填"人民币"三个字

    D. 在票据大写金额栏内不得预印固定的"万""仟""佰""拾""元""角""分"字样

8. 《中华人民共和国人民币管理条例》所称的人民币包括（　　）。

    A. 纸币　　　　B. 代币券　　　　C. 硬币　　　　D. 电子货币

9. 单位和个人持有假币，应当及时上缴到（　　）。

    A. 中国人民银行　　　　　　　　B. 办理货币存取款和业务的金融机构

    C. 公安机关　　　　　　　　　　D. 司法机关

四、简答题

1. 简述柜面人员实现优质服务的主要途径。

2. 在办理业务中客户缺少相应证件怎么办？

3. 客服人员的基本素质有哪些？

4. 优质文明服务的意义是什么？

项目 3　前台业务规程

🔍 知识图谱

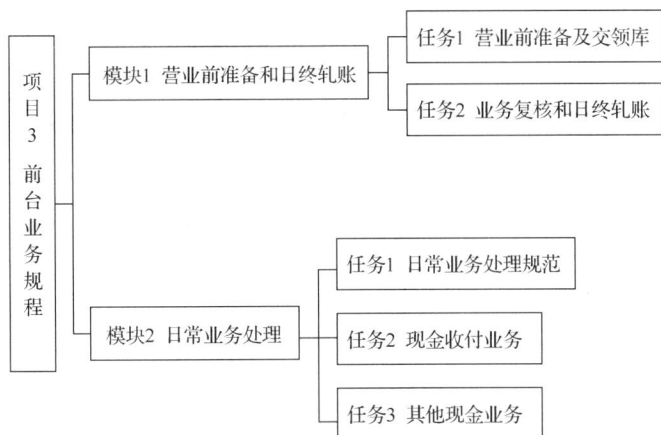

项目3 前台业务规程
├── 模块1　营业前准备和日终轧账
│   ├── 任务1　营业前准备及交领库
│   └── 任务2　业务复核和日终轧账
└── 模块2　日常业务处理
    ├── 任务1　日常业务处理规范
    ├── 任务2　现金收付业务
    └── 任务3　其他现金业务

📚 学习目标

　　商业银行前台业务的流程及规章制度是银行柜员提高业务水平与降低业务风险必须掌握的重要内容。学生通过对银行前台业务规程的学习，能够初步了解和掌握以下内容。

知识目标

（1）熟悉银行柜面营业前准备工作内容及处理流程。

（2）熟悉银行柜面日终轧账工作内容及处理流程。

能力目标

（1）能按管理要求规范办理柜员签到、库箱交接、领解现金、业务复核及日终轧账等。

（2）能按日常业务处理规范进行一般业务处理、特殊业务处理、错账业务处理、现金收付业务办理及其他现金业务办理。

素养目标

（1）具备严谨认真的工作态度。

（2）培养团队合作精神。

（3）强化廉洁自律的思想意识。

🔍 案例导入

银行柜员违反业务规程案例

　　客户王某上午 10 时到某网点柜台办理银行卡取款业务，取款金额为 5 万元。柜员张某要求客户出示身份证件后使用取款交易办理业务。张某配款后将现金递给柜员李某，告知李某客户取款金额为 15 万元，李某复核现金正确。张某打印取款凭条交客户签字，然后将现金及银行卡、身份证件递给客户，同时将客户签字后的取款凭条递给李某，要求其加盖复核名章，李某取出名章随即加盖。日终张某结账时，发现短款 10 万元。经查找传票及调阅监控视频，发现为客户王某办理的取款业务打印金额为 5 万元，实际付款 15 万元，柜员在办理业务时取款金额录入错误导致出现短款。事后联系客户王某追回短款 10 万元。

📑 相关业务规范

一、业务释义

综合柜员制业务规程是指商业银行在柜台业务各项活动中运用经验积累和科学研究等方法制定的业务流程、业务处理办法及规定。

二、业务规程的内容

综合柜员制业务规程的主要内容即为网点每日的基本流程及相应业务规范。网点每日工作流程如图 3-1 所示。

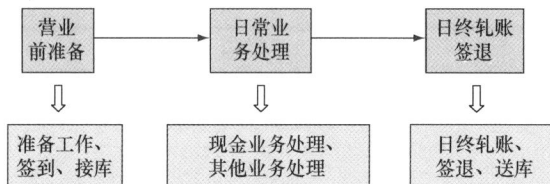

图 3-1 网点每日工作流程

商业银行网点的工作以日为单元，主要执行以下三个部分的内容。

（1）营业前准备：包括柜员到达网点后的准备工作，主机及终端的签到，库车到达，接收库箱。这是网点一日工作的开始，各项工作准备的好坏直接影响网点工作质量的好坏及效率的高低。

（2）日常业务处理：划分为前台涉及的普通业务处理规范和涉及现金的业务处理规范部分，它是柜员每日主要的工作内容。在长期的实践中，各商业银行对前台各项工作环节的具体规定和业务处理规程在各自整理与相互借鉴中已较为相似，对业务的处理效率、风险的控制已形成一整套的理论与实践体系。

（3）日终轧账签退：包括日终前台业务的复核轧账，主机及终端的签退，库车到达，送交库箱。这是网点一日工作的最后环节，是总结一日工作质量、进行风险防范的重要环节。

模块 1　营业前准备和日终轧账

任务 1　营业前准备及交领库

一、主要业务规定

（1）网点人员每日应提前到达网点，具体提前多长时间可根据库车到达时间与银行规定确定。

（2）主机签到由具有相应权限的主管或其他人员进行。

（3）现金、库箱移交必须由双人当面办妥交接手续，交接不成捆钞券须及时复点。

（4）办理现金业务的柜员应以"事权划分"为原则，在规定权限范围内操作。

（5）网点现金区域必须做到：柜员操作柜台间设置隔离设施，现金操作实行全方位监控。

（6）网点钱箱必须由网点业务主办级（含）以上的柜员设专岗，由其负责当日网点现金、钱箱的管理，并负责监管柜员的库存现金、大额收付款业务，还可兼办授权操作、兼任网点重要空白凭证内库管理员等不直接对外服务的工作。

（7）网点内现金库箱、领解现金封包、柜员现金零包的开启、装袋和交接必须在监控视线范围内进行，现金库箱、领解现金封包的开装必须由网点业务主管参加，双人会同；日终柜员的零星钞券必须入袋加封，钱箱的钞券必须装入有内胆的库箱。寄库箱应做到"二锁一封签"（两把锁、一次性封签），封签上所有项目应填写齐全。

（8）网点柜员日终人民币零包余额不得超过 2 万元，人民币零包每日应随机交叉发放，换人使用。如网点日常发放的现金零包在 2 个以下（含 2 个），则应在营业结束时，换人复点（人员交叉），双人打数装袋。对于柜员当日不动用的现金零包，应指定柜员在中午前完成清点。网点营业结束后，外币零包必须全部交清，由钱箱管理员复点后，双人会同打数装袋入箱保管。

（9）办理现金业务的柜员领取钱箱后，必须逐张清点核对钱箱中的库存现金；受理现金业务时，应认真审查现金业务凭证的合法性、有效性，要坚决贯彻"三清"（客户认清、钞券点清、一笔一清）原则，认真反假、剔残；所有现金业务必须当日入账，所有业务凭证必须联机打印，并加盖业务清讫章，方为有效凭证。

（10）网点办理现金调入业务必须使用辖内往来专用章，网点领解现金业务由钱箱管理员申请，并负责办理现金调拨的账务处理，且须经网点业务主管审核，网点营业期间钱箱管理员保管的库存现金和当日不动用的现金零包必须双人会同入保险柜保管。保险柜钥匙（或密码）由钱箱管理员、指定柜员双人分别保管，现金出入库必须双人会同经复核后方可办理。

二、学习活动

学习活动 1　营业前准备

网点人员每日应提前到达网点，做好以下营业前的准备工作。

（1）打扫营业柜台内的卫生，清洁和整理各类工作用具与设备。

（2）整理并补充各类存取款凭条、宣传资料等。

（3）检查各类便民服务措施是否齐全，检查利率牌、日历及相关工具的内容是否正确。

（4）检查自身着装并挂好工号牌，检查随身携带物品用具是否符合制度要求。

（5）检查安全防护器具是否正常完好。

（6）完成上述工作后，柜员在业务处理各级系统上签到注册。

学习活动 2　库箱开启与封装

（1）库车到达后，柜员与送库人员协同完成接送库，并办理相关交接手续。在库箱进入柜台内后，柜员要进行库箱开启工作，具体流程如图 3-2 所示。

（2）在每日营业完毕，网点人员要进行库箱封装与送库工作，具体流程如图 3-3 所示。

库箱检查	→	款项卡点	→	金额核对	→	凭证处理
⇩		⇩		⇩		⇩
柜员拉收并检查库箱封箱、锁具完好，办妥交接		两柜员会同开箱，共同点捆卡把、清点零头、加计总数		柜员交叉核对库箱与尾箱金额，并与尾箱余额核对		核对重要单证，尾箱余额表上加盖名章，余额表随当日传票装订

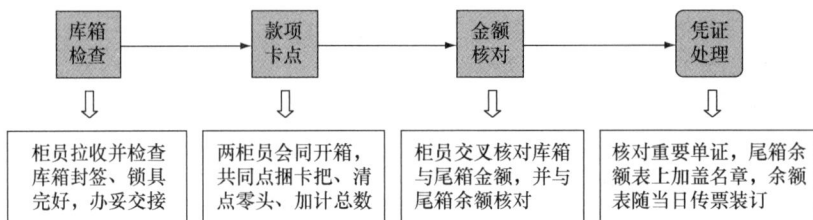

图 3-2　库箱开启工作流程

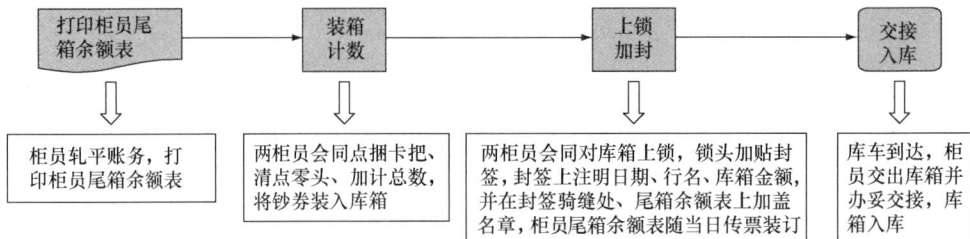

打印柜员尾箱余额表	→	装箱计数	→	上锁加封	→	交接入库
⇩		⇩		⇩		⇩
柜员轧平账务，打印柜员尾箱余额表		两柜员会同点捆卡把、清点零头、加计总数，将钞券装入库箱		两柜员会同对库箱上锁，锁头加贴封签，封签上注明日期、行名、库箱金额，并在封签骑缝处、尾箱余额表上加盖名章，柜员尾箱余额表随当日传票装订		库车到达，柜员交出库箱并办妥交接，库箱入库

图 3-3　库箱封装与送库工作流程

学习活动 3　领解现金

柜员领解现金业务是柜员通过比较自己尾箱现金余额与规定限额，并结合当前款项收付的预期，在尾箱现金充足时向管库员上缴现金，在尾箱现金不足时向管库员领用现金的业务。该业务可根据上级部门有关规定、网点习惯及实际情况在工作时间里随时进行。当库管员保存的网点现金大库不足时，也可向上一级相关出纳部门领解现金。

（1）领用现金流程如图 3-4 所示。

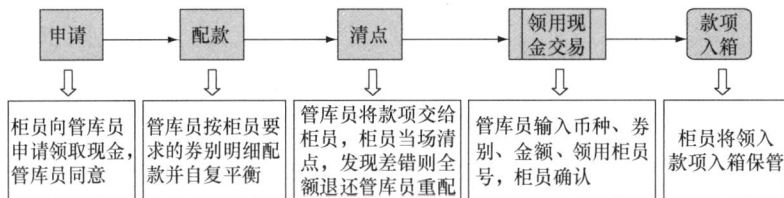

申请	→	配款	→	清点	→	领用现金交易	→	款项入箱
⇩		⇩		⇩		⇩		⇩
柜员向管库员申请领取现金，管库员同意		管库员按柜员要求的券别明细配款并自复平衡		管库员将款项交给柜员，柜员当场清点，发现差错则全额退还管库员重配		管库员输入币种、券别、金额、领用柜员号，柜员确认		柜员将领入款项入箱保管

图 3-4　领用现金流程

（2）上解现金流程如图 3-5 所示。

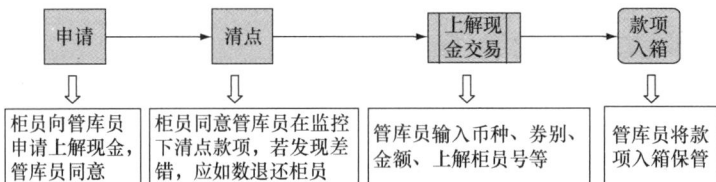

申请	→	清点	→	上解现金交易	→	款项入箱
⇩		⇩		⇩		⇩
柜员向管库员申请上解现金，管库员同意		柜员同意管库员在监控下清点款项，若发现差错，应如数退还柜员		管库员输入币种、券别、金额、上解柜员号等		管库员将款项入箱保管

图 3-5　上解现金流程

想一想

领解现金

早晨接到库后，网点人员是否需要将库箱中的现金全部清点一遍？（提示：从效率、安全的角度进行思考）

动动手

模拟银行网点接库训练

在网上查找与银行网点接送库时相关的规程、注意事项及案例，设计一个银行网点接库时的场景模拟实训。

任务 2　业务复核和日终轧账

一、业务释义

业务复核是对前台的业务进行复查和核对，是严密操作程序、加强制约机制、确保资金安全的重要一环。按照发生的时间不同，业务复核包括即时复核、日终轧账复核和事后稽核人员对网点办理业务的全面复核。按照实施的环境不同，业务复核有现场审核和集中授权审核两种。

日终轧账是每日营业完毕，对柜员所做的一系列涉及现金、凭证、业务传票等当日办理的所有业务情况进行审查复核的工作。

二、主要业务规定

（1）大额业务、重要业务、特殊业务必须进行即时复核并授权。

（2）进行复核后，复核人员应在相应单据、凭证、账簿上签章确认。

（3）负责复核的人员必须认真负责地履行复核职责，除按照制度规定程序和内容进行复核外，还可根据所复核业务的不同类型，灵活地确定需要复核的其他内容。

（4）如复核的业务出现差错，所造成的经济损失及相关责任由复核人员与初审人员共同承担。

（5）办理现金业务的柜员（含钱箱管理员）应认真执行中午和营业终了的轧账制度，做到日账日清。

（6）柜员发生现金差错（含虚错、误收假币），必须及时向网点负责人报告，并按权限逐级上报，挂账控制，长款不得侵吞，短款不得自补不报，不得以长补短。对于当日追回的现金差错，必须挂账处理。

三、学习活动

学习活动 1　业务复核

业务复核是前台或相关工作人员根据相关规定或业务办理情况的需要在营业中进行的审核工作，主要包括以下内容。

（一）柜员自查

1. 现金复核

当业务中出现涉及现金的业务差错、经济纠纷或规整已办理业务的情形时，前台柜员要对库存现金进行复点与核对。

2. 凭证复核

凭证复核是指柜员对凭证的使用情况进行自我检查，主要检查已使用凭证的记账日期与经济业务发生的时间是否吻合，有无延误、积压和其他问题；确定会计分录是否正确，同一会计事项借贷方金额是否相等；按照结算办法规定由银行填制的凭证，其种类、金额以及赔偿金等有关栏目是否正确、齐全；提出票据是否及时、正确，是否有延误、积压现象；印鉴是否相符；办理业务传票与所用凭证张数及相应附件张数是否相符；审核是否有与规章不符的其他问题。

（二）根据规定进行的实时复核与非实时复核

（1）前台柜员对超限额的存取款交易、特殊业务、重要业务进行实时复核。

（2）非实时复核的业务及凭证要在当日由综合柜员复核完毕，审核业务内容、业务处理是否正确，凭证使用是否符合规定，印章是否齐全。

学习活动 2　日终轧账

日终轧账流程如图 3-6 所示。

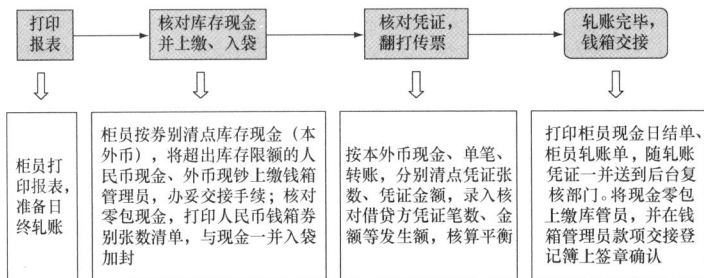

打印报表	→	核对库存现金并上缴、入袋	→	核对凭证，翻打传票	→	轧账完毕，钱箱交接
⇩		⇩		⇩		⇩
柜员打印报表，准备日终轧账		柜员按券别清点库存现金（本外币），将超出库存限额的人民币现金、外币现钞上缴钱箱管理员，办妥交接手续；核对零包现金，打印人民币钱箱券别张数清单，与现金一并入袋加封		按本外币现金、单笔、转账，分别清点凭证张数、凭证金额，录入核对借贷方凭证笔数、金额等发生额，核算平衡		打印柜员现金日结单、柜员轧账单，随轧账凭证一并送到后台复核部门。将现金零包上缴库管员，并在钱箱管理员款项交接登记簿上签章确认

图 3-6　日终轧账流程

想一想

业务复核重点关注的要素

业务复核包括即时复核、日终轧账复核和事后稽核，是银行业务风险防范的重要业务环节。思考复核时应重点关注哪些要素？

动动手

翻打传票训练

复核和轧账时，翻打传票是银行前台岗位的一项重要技能，准备好计算器或计算机数字小键盘，请按照以下要求进行翻打传票训练。

训练步骤及要求。

（1）数字盲打。食指对应 1、4、7 数字键，中指对应 2、5、8 数字键，无名指对应 3、6、9 数字键。从基本键位 4、5、6 开始练习，再延展到其他键位。

（2）找页。熟悉传票，快速准确地找到每题的起始页。教师报起始页数，学生快速翻找。

（3）翻页。左手连贯、快速、准确翻页；注意票页不宜翻得过高，角度适宜，以能看清数据为准，左手翻页应保持连贯。

模块 2　日常业务处理

任务 1　日常业务处理规范

一、日常业务处理流程

办理前台业务是银行柜员日常的主要工作，这里以现金存取款为例，较完整地展示前台业务的办理过程，如图 3-7 所示。

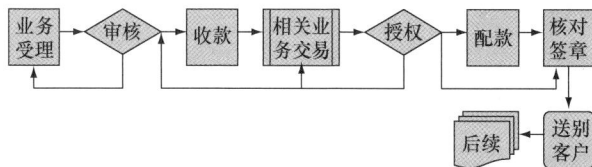

图 3-7　前台业务办理过程

二、学习活动

学习活动 1　一般业务处理

（1）柜员必须根据每笔业务的类型和核算要求选择正确的交易码进行记账处理。

（2）柜员必须根据合法、有效的原始凭证按照系统操作规定输入业务信息。

（3）业务处理顺序：现金收入，先收款后记账；现金支出，先记账后付款。

（4）具体业务的处理必须有账有据，经审核后，一般业务先记账后监督（复核），超过柜员操作限额的须经授权。

（5）柜员不得擅自取消和中断记账交易中打印的凭证，对柜面记账后产生的凭证、回单或文本要进行妥善保管，并按不同用途及时进行分发处理。

（6）账务处理实行审核授权制度，操作人员各自在授权范围内进行账务处理。凡系统设定须经授权才能办理的业务，必须经主管人员审核授权后才能办理，严禁越职越权进行账务处理。

学习活动 2　特殊业务处理

（1）特殊业务内容：凡涉及柜员信息、客户信息、账务信息、业务信息修改的交易均为特殊业务。

（2）特殊业务处理要求：柜员须经现场管理人员审核授权后上机操作，事后监督次日通过对授权交易清单和授权书的核对，对特殊业务处理的合法性和有效性进行检查。

学习活动 3　错账业务处理

柜员业务操作中的常见错误主要包括：① 多付、少付现金；② 输入、登记数据和信息时，数字或汉字发生错误（计算机或账簿的）；③ 交易方向做反；④ 印章漏盖或错盖；⑤ 提前盖章；⑥ 客户缺少资料而办理业务；⑦ 遗漏必要的传票或票据。

当发生涉及账务的差错时，应按以下规定处理。

1. 当日、隔日与隔年的错账处理

（1）当日错账处理规定：当日输入的账务数据发生错误时，应经业务主管授权由柜员根据柜员流水号进行抹账。

（2）系统内跨机构抹账交易由原业务发起行写明情况，接收行在书面情况上签字认可后，经办行方可进行冲账处理。

（3）当日现金差错未能查明错账原因的，经会计主管授权使用现金错账交易进行处理，并登记现金出纳长短款登记簿。

（4）隔日错账处理规定：隔日错账、跨年错账的冲正必须填制错账冲正传票，经会计主管审批后，方可由柜员使用冲补账交易进行处理，柜员在输入错账冲正传票时必须输入冲账内容和错账日期。

（5）本年错账以同方向红字冲正，上年错账以反方向蓝字冲正。

2. 手工记账的错账处理

（1）画线更正法。画线更正法是指用画线进行更正的方法，适用于记账后结账前。如果发现账簿记录有错误，而记账凭证无错误，即纯属笔误造成登账时文字或数字出现的错误，应用画线更正法更正。

具体做法是：首先将错误的文字或数字全部用红线进行画销，然后在画线上方用蓝字填写正确的记录，最后经办人应在画线的一端盖章以明确责任。使用画线更正法时应注意以下几个问题：在画线时，如果是文字错误，可只画错误部分；如果是数字错误，应将全部数字画销，不得只画错误数字。画线时必须注意使原来的错误字迹仍可辨认。

（2）红字冲销法。红字冲销法是用红字冲销或冲减原记录数，以更正或调整账簿差错记录的一种方法。这种方法适用于记账后发现由于记账凭证错误而导致记账错误的情况。红字记录表示对原记录的冲减。

（3）补充登记法。补充登记法是用补记差额更正账簿记录错误的一种方法，主要适用于记账依据的会计凭证金额有错误，并且错误金额小于应记的金额，导致账簿记录金额少记且会计科目及记账方向均无错误的情况。

具体做法是：填写一张记账凭证，其会计科目、借贷方向与原始记账凭证一致，但金额为少记金额，在摘要中注明补记××号记账凭证少记的金额，并据以记账。

（4）账页记载错误无法更正时，不得撕毁，须经业务主管同意，另换账页记载，经业务主办复核并在错误账页上交叉红线注销，由经办柜员、业务主办、业务主管盖章证明。注销的账页另行保管，待装订账页时要附于该户账页之后备查。

3. 计算机错账处理

（1）如果发生存单（折）打印歪斜、重叠或跳格时，应收回原存单（折），另换新存单（折）打印。

（2）当日发生差错，要经业务主管授权后由柜员用反交易进行冲正。现金业务冲正须同时清点现金，个人现金及转账业务冲正须经客户确认。

任务 2　现金收付业务

一、主要业务规定

（1）现金收、付款遵循：先收款后记账，先记账后付款。抵现业务先进行现金收、付记账轧差，后办理现金实物收付；现金收付按券别操作，必须做到当面确认、交接清楚、责任分明、有据可查。

（2）办理现金业务的柜员，必须每天午间、日终两次结平现金，中途离岗，钱、章、证入箱加锁；柜员在营业时间内离开营业网点，必须由业务主管或主办监督轧账上交钱箱后方可离开。

（3）现金业务冲账：按反交易配款，当日反交易必须与正交易要素一致。授权人员必须审核反交易差错的真实性，监督反交易账实同步冲正，必要时在反交易结束后进行柜员轧账，清点钱箱，核对账实。

（4）现金轧账：柜员午间、营业终了分别轧账，清点箱内现金本外币、有价证券实物；管库员在大宗款项出入库、查库结束及交接班期间，随时核对当时库存，坚持账实核对。

（5）办理现金业务必须坚持"日清日结"，中午停止营业时要进行账款核对。

二、学习活动

学习活动1　现金收款

现金收款业务流程如图3-8所示。

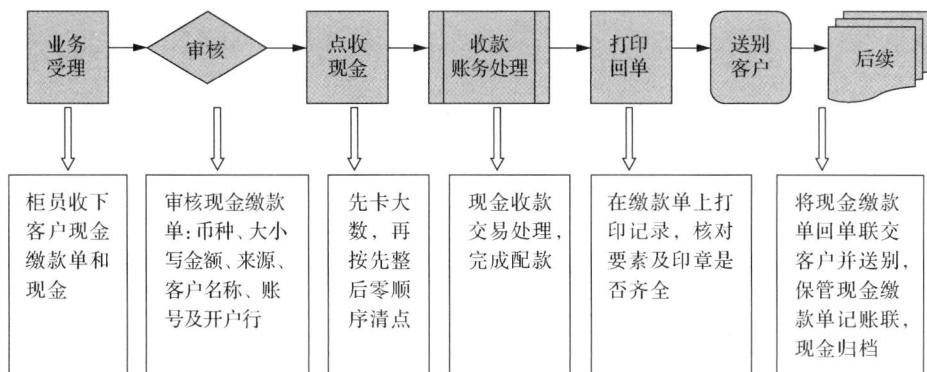

图3-8　现金收款业务流程

学习活动2　现金缴款差错

现金缴款差错处理流程如图3-9所示。

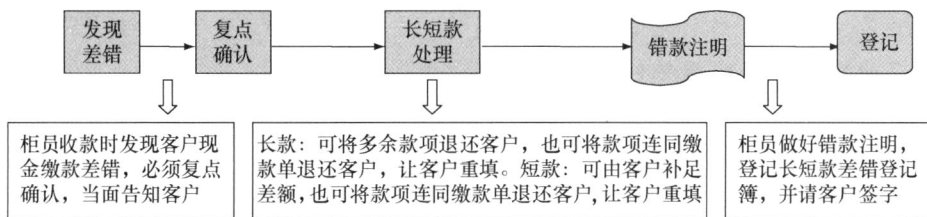

图3-9　现金缴款差错处理流程

学习活动3　现金付款

现金付款业务流程如图3-10所示。

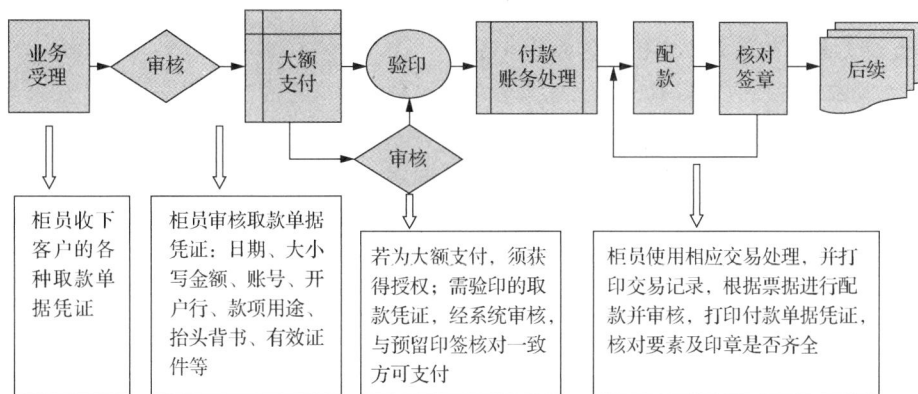

图3-10　现金付款业务流程

同步思考

银行柜员多付现金后如何处理

案情介绍：

某日上午10时左右，被告人闫×手持一张金额为1 000元、存期为1年但尚未到期的存单进行提前支取，在检验身份证无误后，办理了支取手续。付款过程中，柜员因工作失误，应付1 000元，实际却支付了10 000元，现请求闫×返还不当得利9 000元及所产生的利息。

闫×称，支取日曾到该行营业部取过1 000元，但原告并未多付，没有多拿9 000元，故不予返还。

思考分析：

银行柜台所遇到的差错情况很多，有的也很复杂，多付现金是其中之一。柜员在发现多付客户现金时，应如何妥善处理？

资料传真袋

关于金融机构大额交易和可疑交易的报告制度

1．定义

大额交易报告制度，是指支付金额在规定金额以上的交易，不论是否异常，都要向中国人民银行或者国家外汇管理局报告的制度。根据《金融机构反洗钱规定》，无论是存、取，还是支付结算，无论是单位还是个人，无论是本币还是外币，凡是一定限额以上的金融交易都要由金融机构按照规定的程序向中国人民银行或者国家外汇管理局报告。大额交易报告制度对客户权利不会产生任何损害，因为金融机构将大额交易情况报告后，中国人民银行或者国家外汇管理局经过分析，会根据有关法律、行政法规的规定对合法的交易信息采取保密措施，对犯罪分子能够起到有效的震慑作用。

可疑交易报告制度，是指当金融机构按照中国人民银行规定的有关指标，或者金融机构经判断认为与其进行交易客户的款项可能来自犯罪活动时，必须迅速向中国人民银行或者国家外汇管理局报告的制度。特别需要指出的是，可疑交易报告制度尽管是指金融机构发现可疑交易后向中国人民银行或者国家外汇管理局报告的制度，但并不影响和妨碍金融机构在对可疑交易进行审查，发现涉嫌犯罪时，及时向当地公安部门报告义务的履行。

2．大额交易和可疑交易报告信息资料保存

金融机构应当按照完整准确、安全保密的原则，将大额交易和可疑交易报告、反映交易分析和内部处理情况的工作记录、交易监测标准的评估和完善等相关工作记录、恐怖活动名单回溯性调查的相关工作记录等资料自生成之日起至少保存5年。

3．保密要求

金融机构及其工作人员应严格执行反洗钱保密规定，对在大额交易和可疑交易报告管理工作中获得的客户身份资料和交易信息，以及监测、分析、报告可疑交易的有关情况进行保密，严控知悉范围，不得违反规定向任何单位和个人提供。

4．大额交易报告工作要求

大额交易报告工作以反洗钱监控系统报送为主、人工新增为辅。报告标准要求如下。

（1）现金大额交易。当日单笔或者累计交易人民币5万元以上（含5万元）、外币等值1万美元以上（含 1 万美元）的现金缴存、现金支取、现金结售汇、现钞兑换、现金汇款、现金票据解付及其他形式的现金收支。

（2）单位大额交易。非自然人客户银行账户与其他的银行账户（包括本行或他行的其他客户的银行账户，以及同一客户在本行境外机构和他行的银行账户）发生当日单笔或者累计交易人民币 200 万元以上（含 200 万元）、外币等值 20 万美元以上（含 20 万美元）的款项划转。非自然人包括法人、其他组织和个体工商户。

（3）个人大额交易。自然人客户银行账户与其他的银行账户发生当日单笔或者累计交易人民币 50 万元以上（含 50 万元）、外币等值 10 万美元以上（含 10 万美元）的境内款项划转。

（4）跨境大额交易。自然人客户银行账户与其他的银行账户发生当日单笔或者累计交易人民币 20 万元以上（含 20 万元）、外币等值 1 万美元以上（含 1 万美元）的跨境款项划转。

累计交易金额以客户为单位，按资金收入或者支出单边累计并报告。中国人民银行另有规定的除外。

想一想

柜员在收付现金时应注意哪些方面

收付现金环节是银行前台发生错误或引起客户纠纷较多的一个环节。在现金收付时，柜员应在哪些方面做好准备并采取哪些操作以防范风险的发生？

动动手

模拟出错账面作废过程

当账面错误无法更改时，我们如何作废该账面？请用一张纸在老师的指导下模拟作废过程。

同步思考

综合柜台岗位风险的警示

针对刚刚学习银行综合柜台业务的学生，综合柜台业务办理是首先要关注的重点环节之一。风险常常是在不经意间产生的，学生在学习各项业务办理方法的同时，要树立风险意识。

案情介绍：

某日下午，原告童某到楼下某银行办理存款业务。童某将携带的 8 万元现金放进柜台交易槽内，银行工作人员分两次将其中的 7 万元拿进柜台，余下 1 万元因紧贴交易槽壁未被发现。童某被银行工作人员告知只有 7 万元后，未检查钱是否在交易槽内便立即离开营业厅回车上寻找但未果。其后经调取监控录像才发现当时交易槽内尚有 1 万元现金，童某离开后现金被一男子偷走。此后公安部门予以立案侦查，迄今尚未结案。童某与银行协商未果后将银行告上法院，法院判决由银行赔付。

思考分析：

针对以上案例，请从一名银行柜员的角度分析和思考柜员在工作中除了细心办理业务，还有哪些环节需要引起重视和警惕？

分析提示：

可以从柜台布局、柜员职责、柜台服务等角度进行思考。

任务3 其他现金业务

票币兑换、假币收缴和现金整点业务是现金收付业务的延伸，也是柜员日常工作中经常操作的现金业务。

学习活动

学习活动1 票币兑换

（一）主要业务规定

（1）残损票币兑换应按《中国人民银行残缺污损人民币兑换办法》办理。

（2）票币兑换基本规定如下。

① 票面剩余四分之三（含四分之三）以上，其图案、文字能按原样连接的残缺、污损人民币，金融机构应向持有人按原面额全额兑换。

② 票面剩余二分之一（含二分之一）至四分之三以下，其图案、文字能按原样连接的残缺、污损人民币，金融机构应向持有人按原面额的一半兑换。

③ 纸币呈正十字形缺少四分之一的残缺、污损人民币，按原面额的一半兑换。

（3）客户兑换残票币时，柜员应当着客户面在残损票币上加盖"全额"或"半额"戳记。

（4）对于大宗火烧、虫蛀、鼠咬、霉烂票币，须由持币人所在单位（或当地派出所）出具证明，经业务主管签批（必要时报请中国人民银行确认签批）后，予以兑换。证明材料附于残损票币后，如有多种券别，应附于金额最多的券别背后，其他券别附清单说明。

（5）停止流通的人民币，按当地中国人民银行相关规定办理。

（二）票币兑换流程

票币兑换流程如图3-11所示。

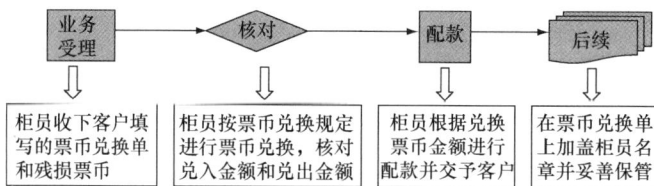

图3-11 票币兑换流程

案例分析

残币兑换案例

案情介绍：

2023年12月7日下午，市民邓先生到某银行要求兑换一张2005年版、面值10元的残缺人民币。该行工作人员拒绝为其兑换，并称这张残缺的人民币不能兑换且无法使用，原因是该网点的规模比较小，很难界定该张人民币的残缺程度，并劝他去规模较大的网点兑换。

邓先生在查阅相关法规后得知银行有义务兑换残缺的人民币，于12月8日到中国人民银行当地支行投诉该网点。中国人民银行当地支行通过调查和查看当天的监控视频，得出邓先生投诉事实确凿。

处理结果：

中国人民银行当地支行给予该网点警告处分，并给予 2 000 元的经济处罚；分别给予业务主管和直接责任人记过处分。

思考分析：

1. 该银行网点拒绝兑换残币的做法是否正确？

2. 中国人民银行在残币兑换方面的规定是怎样的？

分析提示：

银行拒绝受理残币兑换业务属于违规行为。《中国人民银行残缺污损人民币兑换办法》明确规定："凡办理人民币存取款业务的金融机构应无偿为公众兑换残缺、污损人民币，不得拒绝兑换。"金融机构不能因规模大小等任何原因拒绝为客户办理残缺、污损人民币兑换业务，更不能将客户劝去其他银行进行兑换。

学习活动 2　假币收缴

（一）主要业务规定

（1）只有办理货币存、取款和外币兑换业务的金融机构有权收缴假币。商场、证券、保险、彩票经营等其他机构没有收缴假币的权力。

（2）办理假币收缴业务的人员，应持有反假货币上岗资格证书。银行里不是每个工作人员都可以收缴假币，被收缴人有权要求工作人员出示证件。

（3）临柜人员发现假币时，应由两名出纳人员与持有人当面办理。

（4）鉴定假币只能通过手工或用放大镜的方式，不能以机具鉴别为准。

（5）收缴的假币不得再交予持有人，工作人员应当着持有人面在收缴的假币上加盖"假币"戳记，并向持有人开具假币收缴凭证，同时登记假币收缴登记簿。

（6）收缴的假币要装入专用袋中，并在专用袋上标明币种、券别、面额、数量、冠字号码等，同时加盖收缴和复核人员名章。

（7）收缴假币时应向持有人告知其应有的权利，包括以下两个方面。

① 持有人如对被没收的货币真伪有异议的，可在 3 个工作日内向中国人民银行当地分支机构或中国人民银行授权的鉴定机构申请鉴定。

② 持有人如对假币收缴程序有异议的，可在 60 个工作日内向中国人民银行当地分支机构申请行政复议或依法提起行政诉讼。

（8）假币要入库或使用专用保险箱保管，并于每季季末将收缴的假币上缴中国人民银行。

（9）柜员在收缴假币过程中有下列情形之一的，应立即报告当地中国人民银行分支机构和公安机关，提供有关线索。

① 一次性发现假人民币 5 张（枚）以上、假外币 10 张（枚）以上的。

② 属于利用新的造假手段制造假币的。

③ 有制造贩卖假币线索的。

④ 持有人不配合收缴行为的。

（10）金融机构有下列行为之一，但尚未构成犯罪的，由中国人民银行给予警告、罚款处分，同时，责成金融机构对相关主管人员和其他直接责任人给予相应纪律处分。

① 发现假币而不收缴的。

② 未按照规定程序收缴假币的。

③ 应向中国人民银行和公安机关报告而不报告的。

④ 截留或私自处理收缴的假币，或使已收缴的假币重新流入市场的。

（二）假币收缴流程

假币收缴流程如图 3-12 所示。

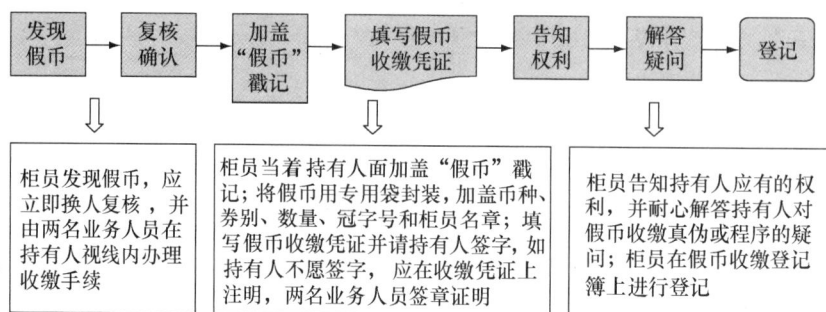

图 3-12　假币收缴流程

同步训练

残币兑换、假币收缴

实训目标

该实训帮助学生通过模拟实物加深对残币兑换规定和假币收缴程序的掌握程度，同时培养学生的服务态度和技能技巧，并在演练中提升自己的演讲解说水平、思路创新、行为创新和展示自我的能力。

实训内容

由 4 组学生（每个小组由 3～5 名学生组成）上台模拟各自设计的不同银行柜面场景，分别进行残币兑换和假币收缴的演练。

其中，两组演示不同样品的残币模型，并分别对各项规定进行解说；另外两组学生演示假币收缴的程序，并向大家解释各步骤的关键点。

每组完成后，由教师进行更正或补充。

实训要求

（1）本节课前要求教师指定实训小组和成员。

（2）实训成员在课前进行残币内容的预习和模拟场景的设计。

考核方式

教师根据实训学生的综合实训效果（场景设计、内容展示、语言水平和技巧、服务技能等），结合其他非参训学生的意见对各参训学生进行评分，作为本学期期末该名学生的平时分评定标准之一。

案例分析

假币收缴案例

【案例 1】

小李大学毕业后，于 2022 年 6 月在某银行求职，并顺利被录用为储蓄柜员。7 月 4 日，小李刚上班的第一项工作内容就是为张先生办理存款。对假币略有所知的小李发现其中一张 100 元纸币像是假币，于是将假币交给储蓄主管。储蓄主管将该 100 元纸币拿到二楼办公室，和同事仔细辨别后，确认是假币，于是盖上"假币"章戳，并开具了假币收缴凭证。盖好章，储蓄主管回到柜台将凭证交给张先生，张先生悻悻离去。

思考分析：请指出上述案例中的操作是否违反假币收缴程序，为什么？

【案例 2】

2022 年 7 月 15 日，某银行国际业务部小张为客户办理美元存款时，发现一张 100 美元假币，当即在钞票正、背两面加盖"假币"章戳，填制中国人民银行统一印制的中英文对照版假币收缴凭证，同时请储蓄主管复核签章。随后将假币收缴凭证交客户签字，并告知客户享有的权利。

思考分析：请指出上述案例中的操作是否违反假币收缴程序，为什么？

【案例 3】

2021 年 10 月 8 日，某货币真伪鉴定机构工作人员小刘接到李女士电话，要求鉴定其 9 月 30 日被某银行收缴的一张 100 元假币。小刘将假币券别、张数、冠字号码、收缴机构等做了详细的记录。10 月 11 日（10 月 9 日、10 日为双休日），小刘出差回来后通知收缴单位送达待鉴定货币，并于当日按规定程序进行了鉴定。

思考分析：请指出上述案例中的操作是否违反假币鉴定程序，为什么？

【案例 4】

张先生到某银行存款，储蓄柜员小李发现其中有一张 50 元纸币像是假币，她马上请来储蓄主管。两人经过仔细辨别后，确认该张 50 元纸币是从未见过的假币种类，于是当着张先生的面盖上"假币"章，开具了假币收缴凭证。盖好章，小李将凭证交给张先生签字，并告知其权利。张先生虽予以配合，但仍不服气，又递进一张 50 元纸币要求换出假币去中国人民银行鉴定。小李和储蓄主管商量片刻，确认递进来的 50 元纸币是真币后，将假币交还张先生。

思考分析：请指出上述案例中的操作是否违反假币收缴程序，为什么？

学习活动 3　现金整点

（一）主要业务规定

1. 柜员在收付、整点人民币时，要随时挑出损伤人民币

（1）待整点钞券和未整点钞券必须整点。

（2）整点后，现金达到点准、挑净、蹾齐、捆紧、盖章清楚的标准。

2. 损伤人民币标准

（1）纸币票面缺少面积在 20 平方毫米以上。

（2）纸币票面裂口 2 处以上，长度每处超过 5 毫米；裂口 1 处，长度超过 10 毫米。

（3）纸币票面存在纸质绵软，起皱较明显，脱色、变色、变形，不能保持票面防伪功能等情形之一。

（4）纸币票面污渍、涂写字迹面积超过 2 平方厘米，或者不超过 2 平方厘米但遮盖了防伪特征。

（5）硬币有穿孔、裂口、变形、磨损、氧化。币面文字、面额数字、图案模糊不清。

（二）现金整点流程

1. 接收款项

收到整点款，看券别、点捆、卡把、加计总数，一笔一清，交接严密，责任分明。

（1）拆捆前看券别、卡把，逐把逐张清点；清点细数时做到一笔（捆、把）一清。一笔（捆、把）票币未点清前，不得将原封签（原纸张）扔掉；一笔款项未点清前，不得清点其他款项。

（2）逐张清点票币时，要查看票面，防止混入假币和夹版。清点票币时，发现残券应予挑出，复点无误后，用纸条扎把，加盖整点员名章。

（3）对外币现钞进行清点时，应注意是否存在误收的币种、残币、假钞等，把各种货币按币种、版别、券别分开整理，复点无误后，用纸条扎把，加盖整点员名章。

2. 清点细数

以面额大小按序清点。如在清点中发现差错，则按以下方法处理。

（1）封包款错款处理：整点封包款发现错款或假币，经复核员证实后，整点员在原捆腰条上注明长款或短款，假币的券别、张数、金额和日期，加盖整点员名章，登记差错事故登记簿，按封包收款协议规定，及时退还长款、收回短款、收缴假币或送验可疑货币，禁止寄库或空库。

（2）整点款项错款处理：整点员发现错款或假币，应立即通知当事人确认后，长退短补，并登记差错事故登记簿，双方签章备查。如有疑问，应及时轧账核对，经查找确为错款的，按出纳错款处理办法办理。

3. 捆扎票币

（1）检查票币是否够把或够捆，券别是否一致，整点员名章是否清楚。

（2）每把钞票的腰签必须扎在钞票中间统一位置，确保整捆钞票腰签整齐划一；凡经整理的票币，均应逐把在同一侧面加盖带行号的经手人名章。

（3）整点无误的票币，标准捆扎，分券别每100张为1把、10把为1捆。扎捆时，第1把票券应正面朝上，第10把票券应背面朝下，并用线绳双"十"字捆扎。每捆须在绳头结扣处封签，注明行名、券别、金额、封捆日期，并加盖封捆员、复核员名章。

（4）硬币按不同面额分类，同面额币100枚（50枚也可）为1卷，10卷为1捆，每把（卷）须盖带行号的经手人名章。

（5）回笼券及损伤券应将新、旧版的钞票分清；损伤券要分开扎把，并在票币两头用纸条捆扎分开成捆。

🖐 同步练习

捆扎票币

练习目标：训练学生票币扎把和打捆的技能。

练习方式和内容：每个学生进行票币扎把和打捆的练习。

练习要求：课前要为每个学生准备练钞券、扎把条和打捆绳。

📝 项目强化训练

一、判断题

1. 现金的收、付应坚持日清日结，每天必须进行一次日终现金轧账，做到账款、账实相符。

（　　）

2. 柜员可以将盖章齐全的整捆、整把现金直接对外支付，但付出外币时应逐张清点，不得整捆付出。 （ ）

3. 纸币票面裂口 2 处以上，长度每处超过 5 毫米，或者裂口 1 处，长度超过 10 毫米，符合损伤人民币标准。 （ ）

4. 一次性发现当事人 10 张（枚）以上[含 10 张（枚）]假币，应立即报告当地公安机关。 （ ）

5. 凡发现挖补、拼凑、揭去一面以及有意损坏、涂抹等被破坏的人民币，原则上均应没收。经追查如确系误收的，可按残缺人民币兑换办法给予兑换。 （ ）

6. 凡办理人民币存取款业务的金融机构均应无偿为公众兑换残缺、污损人民币，不得拒绝兑换。 （ ）

7. 柜员发现假币并收缴后，假币持有人对收缴程序有异议的，可在 7 个工作日内向中国人民银行当地分支机构申请行政复议或依法提起行政诉讼。 （ ）

8. 纸币呈正十字形缺少四分之一的残缺、污损人民币，按原面额全额兑换。 （ ）

9. 库存现金发生差错，要核对账款、及时查找、及时上报，并填报错款报告单，不允许以长补短，长款不报以贪污论处，短款自补不报以违反制度论处。 （ ）

10. 残缺人民币的处理包括残缺人民币的兑换和损伤人民币的挑剔两项。 （ ）

二、单项选择题

1. 下列业务处理方式正确的是（ ）。

A. 现金收入与付出，均须先收付现金，后记账

B. 资金划收，先记账后收报

C. 资金划付，先记账后发报

D. 转账业务，先记贷后记借

2. 每日营业结束，先由柜员轧账，再由（ ）进行总轧账后进行签退。

A. 后台综合柜员 B. 业务主管 C. 事后稽核员 D. 其他柜员

3. 柜员发现假币并收缴后，假币持有人对收缴程序有异议的，可在（ ）个工作日内向中国人民银行当地分支机构申请行政复议或依法提起行政诉讼。

A. 3 B. 7 C. 30 D. 60

4. 柜员发现假币并收缴后，假币持有人对货币真伪有异议的，可在（ ）个工作日内向中国人民银行当地分支机构或人民银行授权的鉴定机构申请鉴定。

A. 3 B. 7 C. 30 D. 60

5. 收款中发现现金有误，应立即向缴款人说明情况，待确认后，可采取按原缴款单金额多退少补，也可由（ ）重新填制现金缴款单。

A. 大堂经理 B. 临柜柜员 C. 库管员 D. 缴款人

6. 营业开始前现金柜员领取现金尾箱时，应仔细检查箱体、箱锁是否完好无损，如有可疑之处，应报告（ ）。

A. 库管员 B. 分行保卫处 C. 分行会计部 D. 会计主管

7. 库管员应将开启金库门的钥匙存放于（ ）中，不得随身携带或委托他人代管。

A. 专用保险柜 B. 上锁抽屉 C. 尾箱 D. 抽屉

8. 出纳员收到现金时，按款项、券别顺序点收，首先应做的是（ ）。

A. 点捆、卡把   B. 点尾数

C. 核对总数   D. 与现金收款凭证核对

9. 现金收款时，出纳员清点过程中发现有误，首先应做的是（   ）。

A. 重新清点   B. 返回款项   C. 向客户声明   D. 要求客户补足现金

10. 出纳员按照现金付款凭证进行付款时，首先应做的是（   ）。

A. 提醒客户当面清点   B. 收回对号单或号牌

C. 将款项交客户   D. 问清户名、取款金额

11. 关于票币兑换，下列做法错误的是（   ）。

A. 先收款后兑付   B. 兑换单由客户填写

C. 兑换单由出纳员填写   D. 兑换单由出纳员留存备查

12. 关于整点现金，下列操作错误的是（   ）。

A. 每把钞票的上端和右端要墩齐   B. 纸币每一百张为一把，每捆十把

C. 残损币挑净，符合"七成新"标准   D. 扎把的腰条应在票面的1/2处

13. 对于需要收缴的假币（纸币），应当在（   ）位置加盖"假币"章戳。

A. 随意   B. 正面

C. 正面水印窗和背面中间位置   D. 左上角或右上角

三、多项选择题

1. 下列人民币可半额兑换的有（   ）。

A. 能辨别面额，票面剩余四分之三，其余图案、文字能照原样连接的

B. 能辨别面额，票面剩余二分之一，其余图案、文字能照原样连接的

C. 纸币呈十字形缺少四分之一，其余图案、文字能照原样连接的

D. 故意挖补的票币

2. 柜面业务复核包括（   ）。

A. 柜员即时复核   B. 客户即时复核

C. 柜员日终轧账前复核   D. 事后稽核人员的全面复核

3. 柜员在收缴假币过程中（   ），应当立即报告当地公安机关。

A. 一次性发现假人民币10张（枚）以上、假外币10张（枚）以上的

B. 属于利用新的造假手段制造假币的

C. 有制造贩卖假币线索的

D. 持有人不配合收缴行为的

4. 柜员现金箱管理中要求柜员应在（   ）轧点现金尾箱。

A. 营业开始时   B. 临时离岗时   C. 中午休息前   D. 营业终了时

5. 现金收付款业务要做到"三清"，是指（   ）。

A. 收款当面点清   B. 钞券当面交清   C. 内外必须分清   D. 金额当面问清

6. 不予兑换的残缺人民币有（   ）。

A. 票面残缺二分之一以上的

B. 票面污损严重不能辨别真假的

C. 拼凑但票面完整的

D. 纸币呈正十字形缺少四分之一，其余图案、文字能照原样连接的

7. 下列关于损伤人民币标准说法正确的是（   ）。

    A. 纸币票面缺少面积在 10 平方毫米以上

    B. 纸币票面裂口 2 处以上、长度每处超过 5 毫米

    C. 纸币票面脱色，不能保持票面防伪功能

    D. 纸币票面涂写字迹面积超过 2 平方厘米

8. 柜员上解现金业务时，管库员使用上解现金交易处理，输入（   ）等要素，柜员确认。

    A. 币种   B. 券别   C. 金额   D. 上解柜员号

9. 下列有关假币收缴、鉴定管理说法正确的是（   ）。

    A. 对假人民币应当面加盖"假币"字样的章戳

    B. 持有人不配合收缴行为的，应立即向当地公安机关报告

    C. 假币持有人对假币真伪存有异议，可在 2 个工作日内提出书面鉴定申请

    D. 办理假币收缴业务的人员，应取得反假货币上岗资格证书

10. 居民可以到（   ）兑换残损人民币。

    A. 中国人民银行   B. 中国银行   C. 信用社   D. 商业银行

四、简答题

1. 假币持有人被没收假币后有哪些权利？

2. 网点柜台人员营业前准备工作有哪些？

3. 兑换残币的标准有哪些？

4. 如何挑拣残损人民币？

5. 现金收、付款遵循的原则是什么？

五、请做出下列业务的流程图并对主要环节予以说明

1. 柜员领用和上缴现金业务。

2. 现金交款差错处理业务。

3. 假币收缴业务。

六、案例分析

【案例一】现金离柜后发现问题，银行不负责任

    某储户上午到银行取款，经办人员完成账务处理，将现金和存折一起交储户，并请储户当面点清。储户当时未提出异议便离开柜台。当日下午，储户返回银行，称上午所取的现金少了一张，要求银行给个说法。

【案例二】中途离岗造成现金短款

    某储户到柜台要求存入人民币 6 000 元，柜员接过现金还未清点，就因有电话找他而离开柜台。等他接完电话回来清点现金时，发现只有 5 900 元，便告知客户。这时客户提出异议，称当时给的钱是够数的，正因为柜员半途离开而短款，经过一番争执，最终由柜员赔付这 100 元。

【案例三】客户办理业务造成现金短款

    甲储户到柜台存入人民币 55 000 元。他先交给经办人员 50 000 元，另外 5 000 元还在他手中清点。经办人员接过现金后进行了清点，并等待甲储户交来其他的现金。此时有乙储户来办理取款业务，经办人员为减少乙储户的等待时间，就先为乙储户办理了取款业务，并从甲储户已交来的现金中拿出一部分付给乙储户。乙储户走后，经办人员向甲储户索要未交来的现金。甲储户称，所有现金都已交给经办人员，经办人员短缺的款项可能是多付给乙储户了。双方争执不下，经办人员就和甲储户一起调阅监控录像。结果由于监控录像不清楚，不能给银行方面提供有力证据，

甲储户的态度就越发强硬起来。最终由经办人员赔付短款。

【案例四】如何没收假钞

某储户到银行办理存款，经办人员清点现金时发现了一张假钞，并向客户讲明。储户显出很不信任的样子，非要经办人员将假钞交给他查看，没有经验的经办人员就将假钞交给储户。储户随即将假钞放进自己的另一叠钞票里，然后放进口袋。经办人员怎么也要不回来，最后就找保卫人员出面做储户的工作。储户就将钱拿出给经办人员辨认哪张是假钞。其实，储户已经借机将假钞给了他同来的伙伴，弄得银行人员也无可奈何。

思考分析：

现金收付因其特殊性而具有较大的风险。上述 4 个案例都涉及现金收付业务，请分别指出以上案例中柜员的失误之处及正确的工作规范。

项目 4　商业银行存款业务

🔍 知识图谱

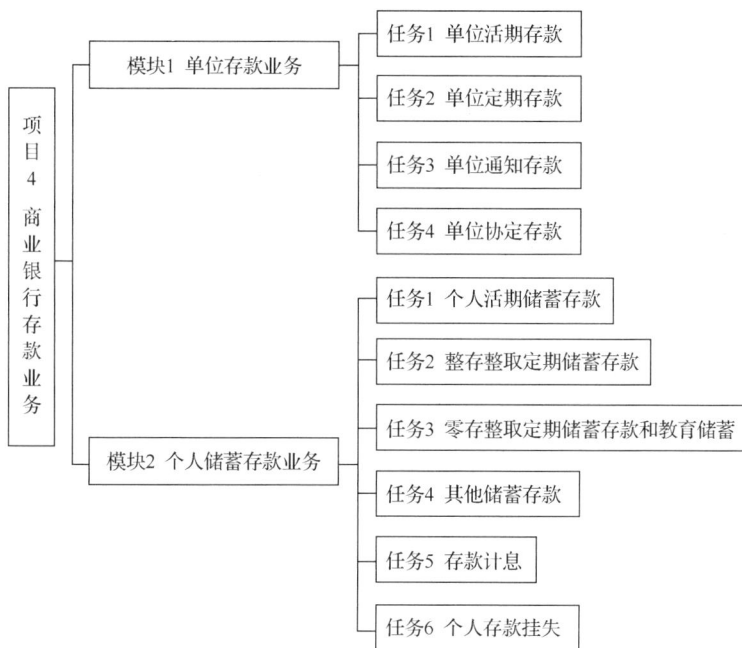

✍ 学习目标

存款是商业银行基本的业务之一，没有存款就没有贷款。存款业务是银行柜员经常办理的业务，因此，通过本项目的学习，学生能够初步了解和掌握以下内容。

知识目标

（1）熟悉存款业务的分类和特征。

（2）掌握各项存款业务的办理流程和操作要点。

（3）熟悉存款的计息方法和挂失方法。

能力目标

（1）能按具体业务操作流程规范办理单位存款开户、支取、续存和销户。

（2）能按具体业务操作流程规范办理个人储蓄存款开户、支取、续存和销户。

素养目标

（1）具备严谨认真的工作态度。

（2）树立耐心细致的工作作风。

🔍 **案例导入**

金融机构存款余额创新高

存款指存款人在保留所有权的条件下，把使用权暂时转让给银行或其他金融机构的资金或货币，是最基本也是最重要的金融行为或活动，也是银行最重要的信贷资金来源。2024年2月29日，国家统计局发布的《中华人民共和国2023年国民经济和社会发展统计公报》显示：2023年年末全部金融机构本外币各项存款余额289.9万亿元，比年初增加25.4万亿元，其中人民币各项存款余额284.3万亿元，增加25.7万亿元。

📑 **相关业务规范**

一、业务释义

存款是存款人基于对银行的信任而将资金存入银行，并可以随时或按约定时间支取款项的一种信用行为。存款是银行对存款人的负债，是银行最主要的资金来源。

存款业务是银行的传统业务。从产生时间来看，存款业务的出现早于银行。中国在唐代就出现了专门收受和保管钱财的柜坊，存户可凭类似支票的"贴"或其他信物支钱。中世纪（5世纪后期至15世纪中期）在欧洲出现的货币兑换商也接受顾客存钱，属钱财保管性质，不支付利息，是商业银行存款业务的萌芽。随着银行和其他金融机构的出现，银行的存款业务得到了迅速发展。

二、主要业务规定

（1）单位存款是指企业、事业、机关、部队和社会团体等单位在金融机构办理的人民币存款。

（2）除经中国人民银行批准办理单位存款业务的金融机构外，其他任何单位和个人不得办理此项业务。

（3）财政拨款、预算内资金及银行贷款不得作为单位定期存款存入金融机构。

（4）任何单位和个人不得将公款以个人名义转为储蓄存款。

（5）任何个人不得将私款以单位名义存入金融机构，任何单位不得将个人或其他单位的款项以本单位名义存入金融机构。

三、存款的分类

存款的分类如表4-1所示。

表4-1　　　　　　　　　存款的分类

类型	存款主体		外汇
	单位	城乡居民	
活期	单位活期	个人活期	外汇活期
定期	单位定期	普通定期	外汇定期
		零存整取	
		教育储蓄	
通知	1天通知期	1天通知期	无
	7天通知期	7天通知期	
其他	单位协定存款	定活两便	无
		存本取息	

模块 1　单位存款业务

任务 1　单位活期存款

一、业务释义

单位活期存款是指商业银行吸收企业、事业、机关、部队、社会团体及其他经济实体存入的可随时取用的存款形式。

单位银行结算账户是单位客户在银行开立的办理资金收付结算的人民币活期存款账户。单位银行结算账户按用途分为基本存款账户、一般存款账户、临时存款账户和专用存款账户。

单位活期存款具有以下特点。

（1）存取款灵活方便，自由支配。

（2）适用于单位日常收支和存放暂时闲置资金的需要。

二、主要业务规定

（1）金融机构对单位活期存款实行账户管理。

（2）单位活期存款每季末月20日按结息日利率计算利息。

（3）单位存款按实际存入的款项入账，银行不予垫款。

三、学习活动

学习活动 1　开户

单位活期存款的开户流程如图 4-1 所示。

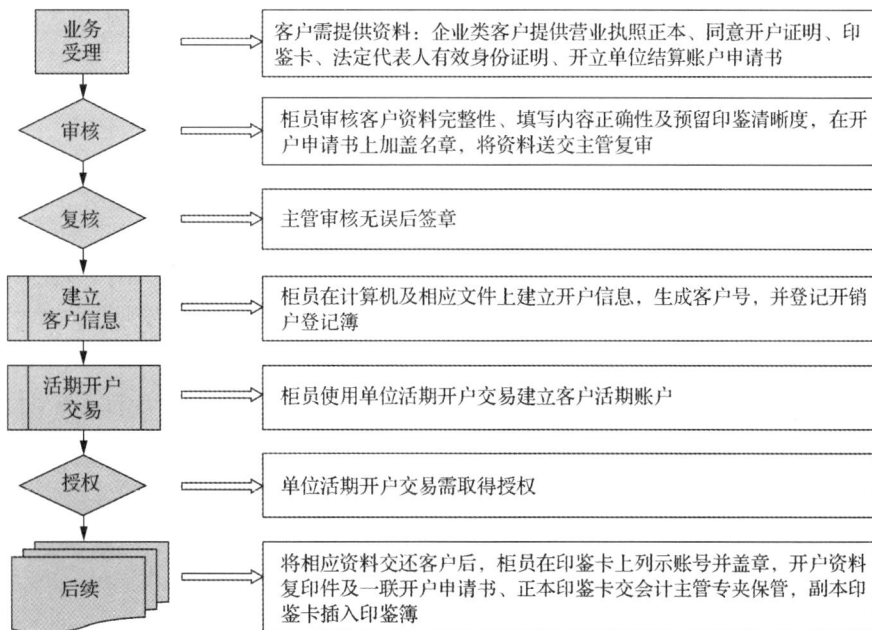

注：非企业类客户在正式开户前还需报中国人民银行进行核准。

图 4-1　单位活期存款的开户流程

学习活动 2　转账

单位活期存款的转账流程如图 4-2 所示。

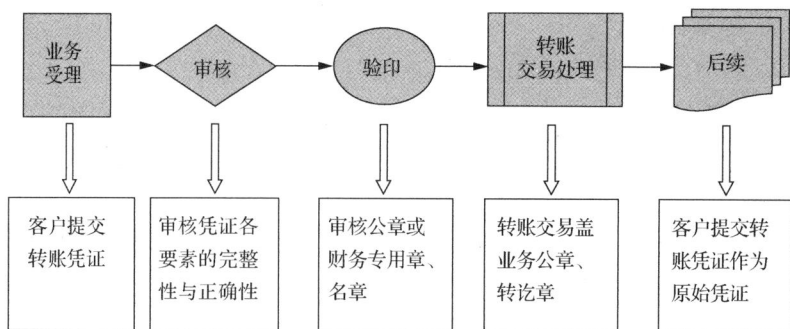

图 4-2　单位活期存款的转账流程

学习活动 3　销户

单位活期存款的销户流程如图 4-3 所示。

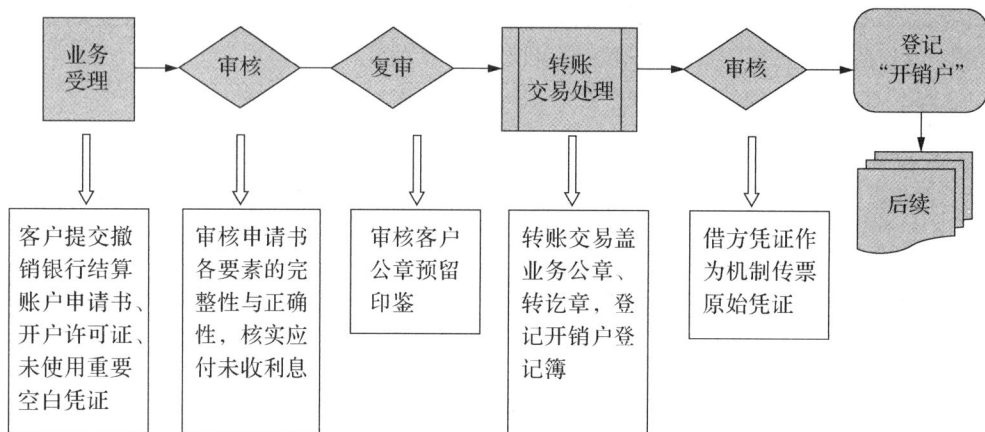

图 4-3　单位活期存款的销户流程

学习活动 4　计息

活期存款账户统一按中国人民银行规定的计息范围和利率计息。单位活期存款按结息日挂牌公告的活期存款利率计息。每季末月 20 日为计息日，利息于次日入账，遇存款账户结清时同时计息。利息收入无须缴纳利息收入所得税。

利息由计算机自动计算，于计息日批量产生并打印存款账户利息清单。利息清单核对后作为存款账户计息凭证，存款账户中被冻结的款项属于赃款的，冻结期间不计利息；不属于赃款的，冻结期间应计付利息。

任务 2　单位定期存款

一、业务释义

单位定期存款是指商业银行吸收客户单位长期闲置资金并约定提取期限，到期支付本息的一种存款形式。

二、主要业务规定

（1）单位定期存款的起存金额为 1 万元，多存不限，通常采用一本通账户管理。

（2）单位定期存款的期限分为 3 个月、半年、1 年、2 年、3 年、5 年 6 个档次。

（3）单位定期存款按存入日利率计提，计提日为每季末月 20 日。

（4）单位定期存款可以全部或部分提前支取，但只能提前支取一次。

（5）存款单位支取单位定期存款只能以转账方式将存款转入其基本存款账户，不得将单位定期存款用于结算或从定期存款账户中提取现金。

三、学习活动

学习活动 1　开户

单位定期存款的开户流程如图 4-4 所示。

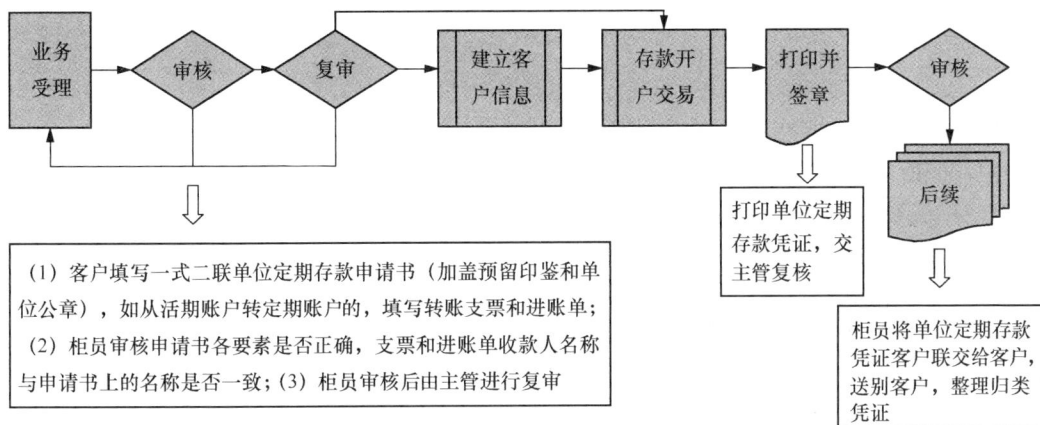

图 4-4　单位定期存款的开户流程

学习活动 2　销户

单位定期存款的销户流程如图 4-5 所示。

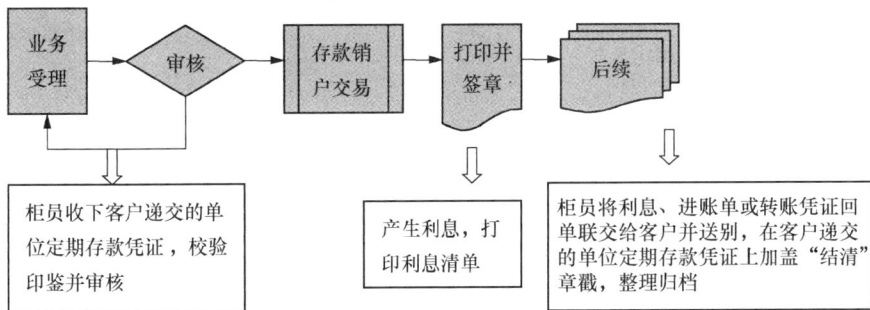

图 4-5　单位定期存款的销户流程

学习活动 3　计息

（1）存款到期按存入日挂牌公告的定期存款利率计付利息，其间遇利率调整，不分段计息。到期日如遇节假日，可在节假日前最后一个营业日支取，并扣除相应提前天数的利息。

（2）单位定期存款到期不取，逾期部分按支取日挂牌公告的活期存款利率计付利息。

任务3　单位通知存款

一、业务释义

单位通知存款是指存款人在存入款项时不约定存期，支取时提前通知银行，约定支取存款日期和金额方能支取的存款形式。

二、主要业务规定

单位通知存款在存入时需要注意以下事项。

（1）人民币最低起存金额50万元，最低支取金额10万元。外币最低起存金额与最低支取金额均为50万美元或其他等值外币。

（2）单位通知存款为记名式存款，存款凭证须注明"1天通知存款"或"7天通知存款"字样。

（3）单位通知存款存入时，存单或存款凭证上不注明存期和利率，金融机构按支取日挂牌公告的相应利率和实际存期计息，利随本清。

单位通知存款在支取时需要注意以下事项。

（1）单位通知存款的实际取款网点应与通知时约定的取款网点一致。

（2）单位通知存款部分支取时，留存部分高于最低起存金额的，按留存金额、原起存日期、原约定通知存款品种出具新的存款证实书，原证实书收回；留存部分低于最低起存金额的，予以清户，按清户日挂牌公告的活期存款利率计息或根据存款人意愿转为其他存款。

三、学习活动

学习活动1　开户

单位通知存款的开户流程如图4-6所示。

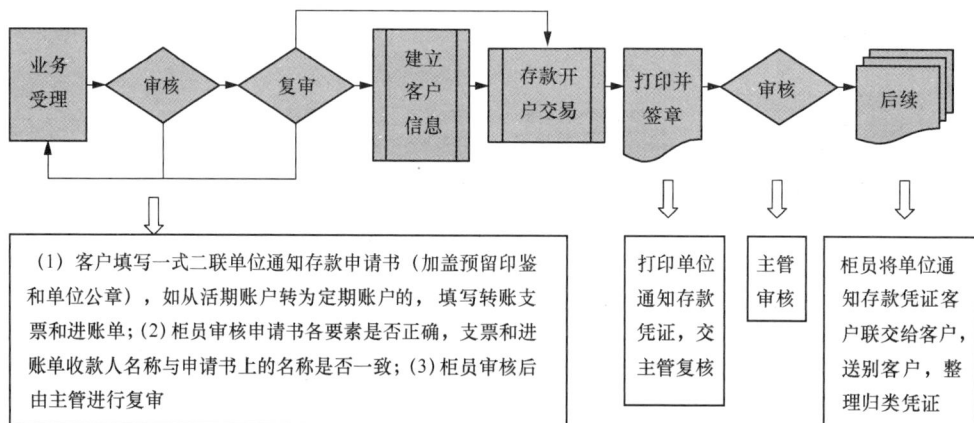

图4-6　单位通知存款的开户流程

学习活动2　通知

单位通知存款的通知流程如图4-7所示。

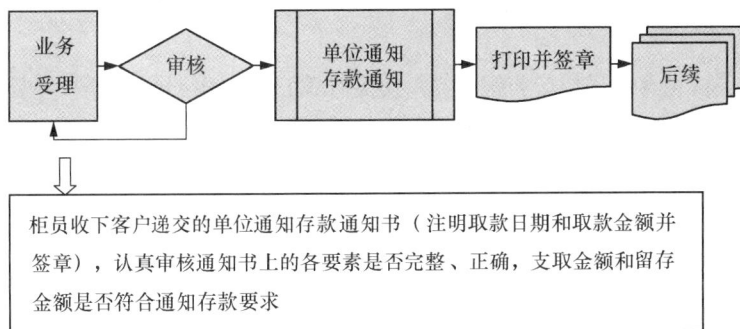

图 4-7 单位通知存款的通知流程

学习活动 3 取款

单位通知存款的取款流程如图 4-8 所示。

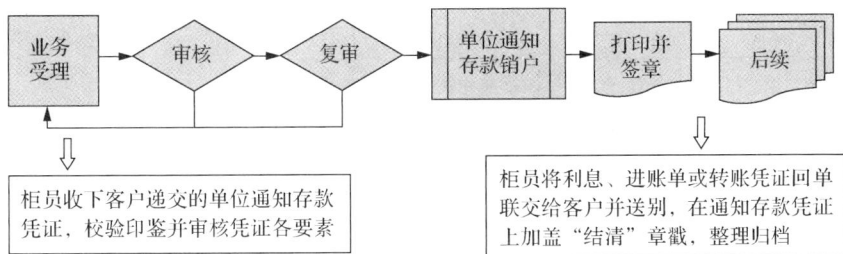

注：对于单位通知存款部分支取的情形，若支取后剩余金额低于单位通知存款最低起存金额，应全部办理支取；若支取后剩余金额高于或等于单位通知存款最低起存金额，应重新向客户出具单位通知存款凭证并与客户办理签收手续。

图 4-8 单位通知存款的取款流程

学习活动 4 计息

支取单位通知存款时，按下列情况计息。

（1）实际存期不足通知期限的，按活期存款利率计息。

（2）未提前通知而支取的，支取部分按活期存款利率计息。

（3）已办理通知手续而提前支取或逾期支取的，支取部分按活期存款利率计息。

（4）支取金额超过约定金额的，超过部分按活期存款利率计息。

（5）支取金额不足约定金额的，不足部分按照活期存款利率计息。

（6）支取金额低于最低通知金额 10 万元的，按活期存款利率计息。

（7）已办理通知手续而不支取或在通知期限内取消通知的，通知期限内不计息。

任务 4 单位协定存款

一、业务释义

单位协定存款是指开户单位与银行签订协定存款合同，约定期限并商定其结算账户须保留的基本存款额度，由银行对基本存款额度内的存款按结息日或支取日活期存款利率计息，超过基本存款额度部分的存款，按结息日或支取日中国人民银行公布的高于活期存款但低于 6 个月定期存款利率的协定存款利率给付利息的一种存款种类。

二、主要业务规定

单位开立单位协定存款账户应与银行签订协定存款合同，约定合同期限，规定基本存款额度。合同期限最长为1年，到期任何一方若未提出终止或修改，则自动延期。

三、学习活动

学习活动1 开户

单位协定存款的开户流程如图4-9所示。

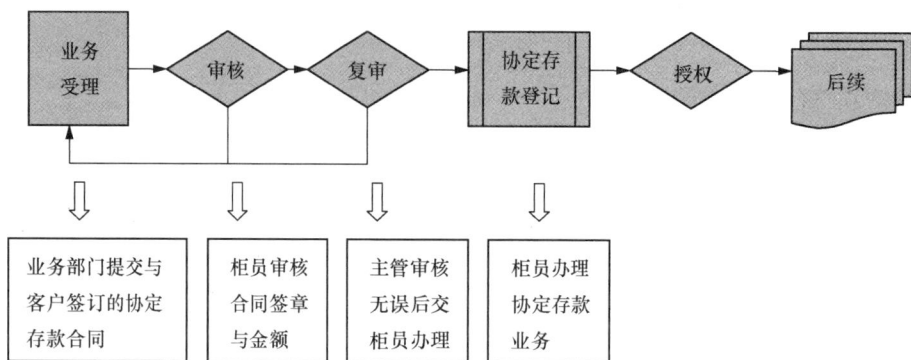

图4-9 单位协定存款的开户流程

学习活动2 取消

单位协定存款的取消流程如图4-10所示。

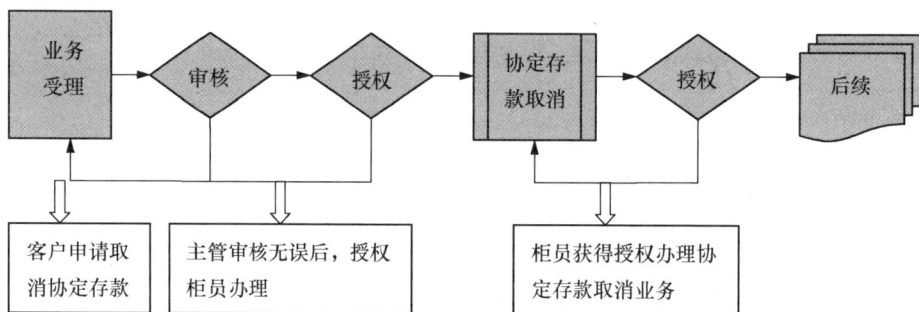

图4-10 单位协定存款的取消流程

学习活动3 计息

单位协定存款按季结息，在结息期内，单位协定存款结算账户内的每日余额低于最低留存额的部分，按活期存款利率计息；高于或等于最低留存额的部分，按单位协定存款利率计息。

模块2 个人储蓄存款业务

一、业务释义

（一）储蓄

储蓄是指居民个人将手中待用或节余的货币有条件地存入储蓄机构的一种信用活动。储蓄机构是指经中国人民银行或其分支机构批准的银行、信用社及邮政企业依法办理个人储蓄业务的机构。

（二）我国实行保护和鼓励的储蓄政策

居民个人在储蓄机构合法的储蓄存款受国家保护，任何单位和个人都不得侵犯。其保护内容如下。

（1）承认居民个人对储蓄存款的占有权。

（2）尊重居民个人对储蓄存款的使用权。

（3）尊重居民个人对储蓄存款的处置权。

（三）储蓄的原则

储蓄的原则是存款自愿、取款自由、存款有息、为储户保密。

二、主要业务规定

开立个人储蓄存款账户时，必须遵照国家颁布的《个人存款账户实名制规定》的要求；客户必须出示本人的有效身份证件，代理开户的应同时出示代理人的有效身份证件；对于大额储蓄存取款业务（人民币 5 万元以上或等值 1 万美元）及定期类储蓄存款的提前支取，客户均应出示存款人、代理人的有效身份证件。

（1）柜员必须认真审核凭证要素，保证存单（折）与凭证上的账号、户名、金额相符。

（2）一般业务当面复核，提前支取、挂失、解挂等特殊业务必须经有权人当场复核并授权。

（3）大额存取款业务（人民币 5 万元以上或等值 1 万美元）、无折存款等特殊业务必须经有权人当场复核并授权。

（4）业务差错须进行冲销的，经复核并由业务主管审核批准后方可办理。

（5）手工计息的储蓄品种，柜员计算应付利息并经复核后方可支付。

（6）办理储蓄业务必须坚持"逐笔清"的原则。

三、存款利率

中国人民银行决定，从 2015 年 10 月 24 日起，对商业银行和农村合作金融机构等不再设置存款利率浮动上限。2024 年 10 月 18 日，中国工商银行人民币存款挂牌利率如表 4-2 所示。

表 4-2　　　　　　　　　　　人民币存款挂牌利率

日期：2024 年 10 月 18 日

项目	年利率/%
一、城乡居民及单位存款	
（一）活期	0.10
（二）定期	
1. 整存整取	
3 个月	0.80
6 个月	1.00

续表

项目	年利率/%
1 年	1.10
2 年	1.20
3 年	1.50
5 年	1.55
2. 零存整取、整存零取、存本取息	
1 年	0.80
3 年	1.00
5 年	1.00
3. 定活两便	按一年以内定期整存整取同档次利率打 6 折
二、协定存款	0.20
三、通知存款	
1 天	0.10
7 天	0.45

任务 1　个人活期储蓄存款

一、业务释义

个人活期储蓄存款是指不固定存期，随时可以存取的一种储蓄存款。

二、主要业务规定

（1）开立个人活期储蓄存款账户时，必须遵照国家颁布的《个人存款账户实名制规定》的要求。

（2）个人活期储蓄存款 1 元起存。

（3）个人活期储蓄存款账户只能办理现金存取业务和同名账户转账业务。

（4）个人活期储蓄存款办理无折续存业务用于冲正及其他经批准的业务时，必须注意核对客户姓名与账号姓名相一致。

（5）个人活期储蓄存款每季末月20日结息，利息于次日入账。

三、学习活动

学习活动 1　开户

个人活期储蓄存款的开户流程如图 4-11 所示。

学习活动 2　存取款

个人活期储蓄存款的存取款流程如图 4-12 所示。

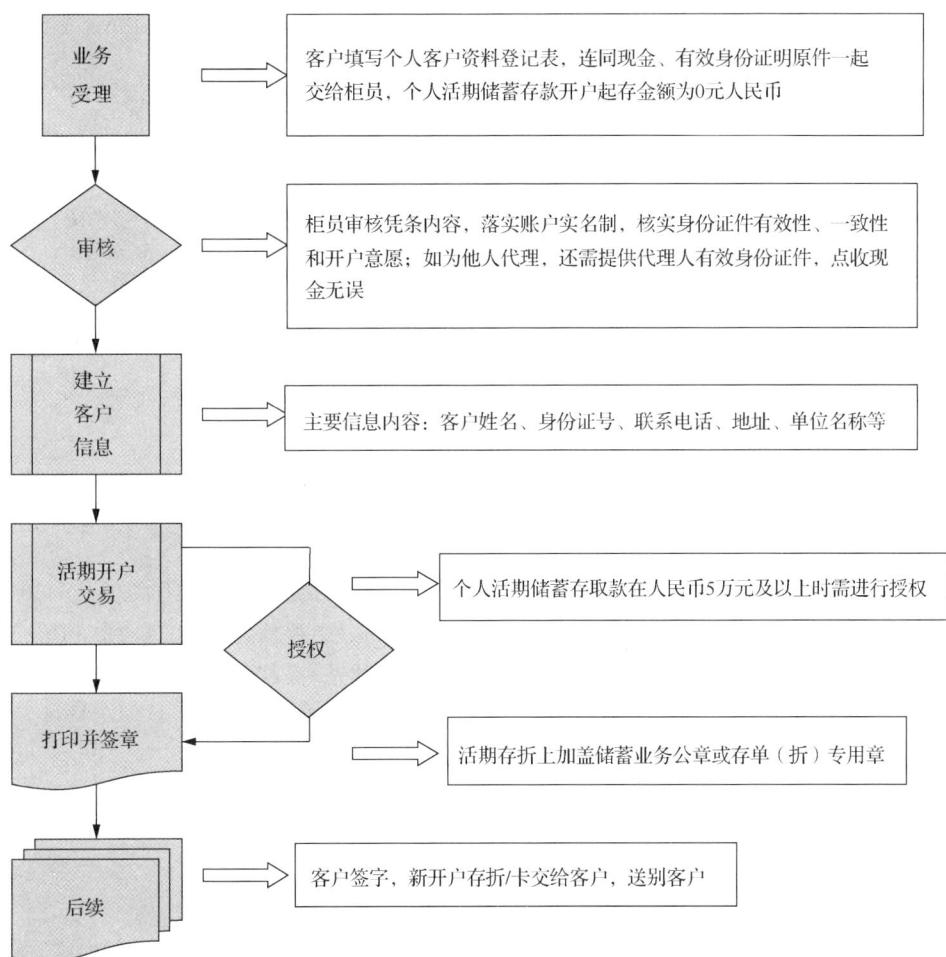

图 4-11　个人活期储蓄存款的开户流程

业务受理 → 客户填写个人客户资料登记表，连同现金、有效身份证明原件一起交给柜员，个人活期储蓄存款开户起存金额为0元人民币

审核 → 柜员审核凭条内容，落实账户实名制，核实身份证件有效性、一致性和开户意愿；如为他人代理，还需提供代理人有效身份证件，点收现金无误

建立客户信息 → 主要信息内容：客户姓名、身份证号、联系电话、地址、单位名称等

活期开户交易／授权 → 个人活期储蓄存取款在人民币5万元及以上时需进行授权

打印并签章 → 活期存折上加盖储蓄业务公章或存单（折）专用章

后续 → 客户签字，新开户存折/卡交给客户，送别客户

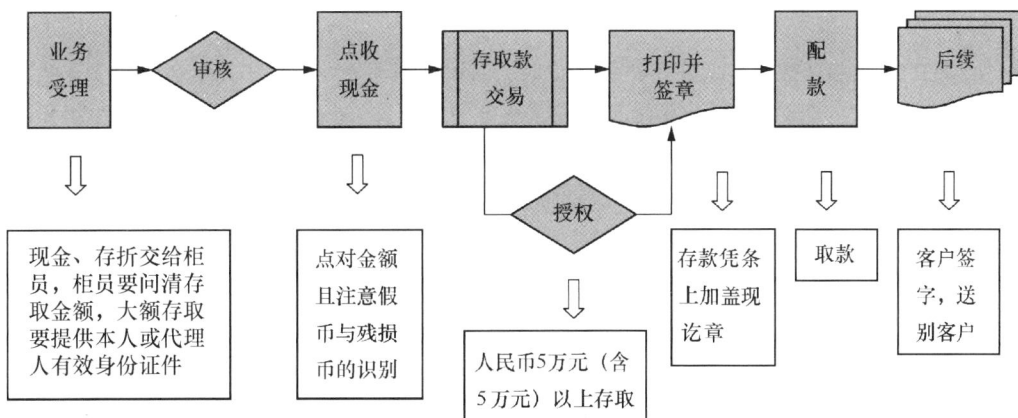

图 4-12　个人活期储蓄存款的存取款流程

业务受理 → 现金、存折交给柜员，柜员要问清存取金额，大额存取要提供本人或代理人有效身份证件

审核

点收现金 → 点对金额且注意假币与残损币的识别

存取款交易／授权 → 人民币5万元（含5万元）以上存取

打印并签章 → 存款凭条上加盖现讫章

配款 → 取款

后续 → 客户签字，送别客户

学习活动3　销户

个人活期储蓄存款的销户流程如图4-13所示。

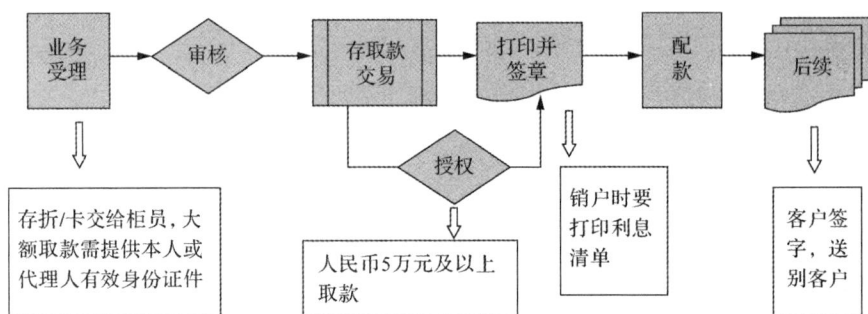

注：存折/卡销户，存折剪角收回作为附件，银行卡破坏芯片及磁条作废。

图 4-13　个人活期储蓄存款的销户流程

学习活动 4　计息

个人活期储蓄存款利息按存入日的对应月对应日计算日期，其中，按每月 30 日、每年 360 日计算利息。例如：

1 月 1 日存入，2 月 1 日的计算利息天数为 30 日，利息=存款金额×活期存款利率×30/360。

1 月 15 日存入，2 月 18 日的计算利息天数为 33 日，利息=存款金额×活期存款利率×33/360。

1 月 15 日存入，2 月 10 日的计算利息天数为 25 日，利息=存款金额×活期存款利率×25/360。

个人活期存款按季结息，按结息日挂牌活期利率计息，每季末月的 20 日为结息日。未到结息日清户时，按清户日挂牌公告的活期利率计息到清户前一日止。

任务 2　整存整取定期储蓄存款

一、业务释义

整存整取定期储蓄存款是指在开户时将本金一次存入，由储蓄机构发给客户存单，到期客户凭存单支取存款本金和利息的一种定期储蓄存款形式。

二、主要业务规定

（1）客户开立整存整取定期储蓄存款账户时，必须遵照《个人存款账户实名制规定》的要求。

（2）整存整取定期储蓄存款 50 元起存，存期分为 3 个月、6 个月、1 年、2 年、3 年和 5 年。

（3）整存整取定期储蓄存款可由客户约定转存期，到期后按约定的转存期无限次自动转存；若客户未约定转存期的，在存款期内按原定利率计息，逾期按支取日活期挂牌利率计息。

（4）客户如急需用钱，全部或部分提前支取存款，必须凭存单和存款人的有效身份证件办理。若委托他人代理，则由委托人携带本人及存款人有效身份证件办理。

（5）整存整取定期储蓄存款只能部分提前支取一次。

三、学习活动

学习活动 1　开户

整存整取定期储蓄存款的开户流程如图 4-14 所示。

学习活动 2　提前或部分支取

整存整取定期储蓄存款的提前或部分支取流程如图 4-15 所示。

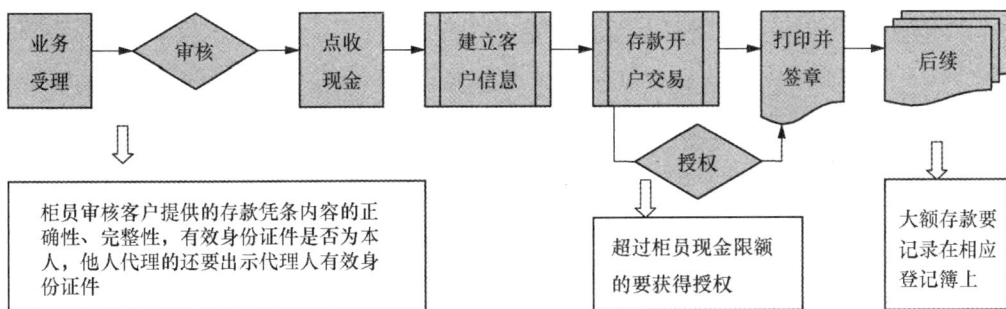

图 4-14　整存整取定期储蓄存款的开户流程

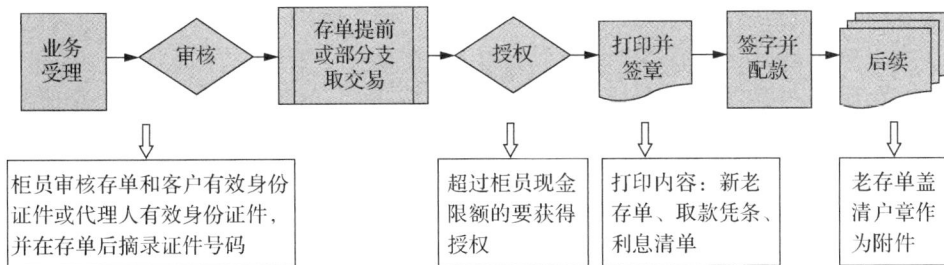

注：如部分支取交易产生新存单，老存单加盖清户章作为附件，新存单加盖业务章交给客户。

图 4-15　整存整取定期储蓄存款的提前或部分支取流程

学习活动 3　销户

整存整取定期储蓄存款的销户流程如图 4-16 所示。

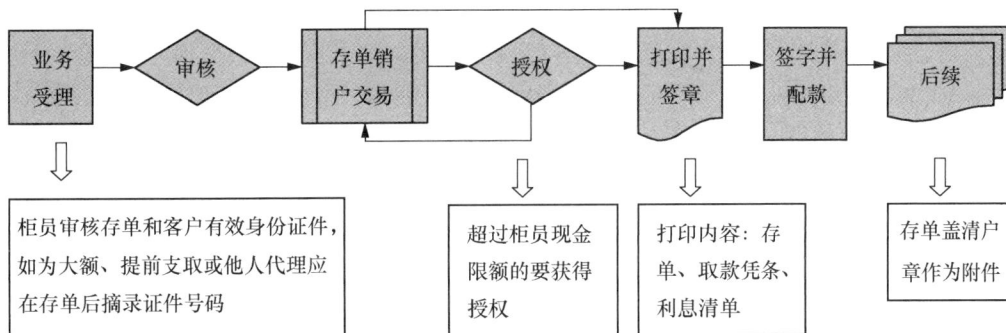

图 4-16　整存整取定期储蓄存款的销户流程

学习活动 4　计息

整存整取定期储蓄存款到期支取，其间不论利率是否调整，均按存单开户日挂牌公告的相应定期储蓄存款利率计付利息。逾期支取时，其超过原定存期的部分，按支取日挂牌公告的活期储蓄存款利率计付利息。若提前支取，按支取日挂牌公告的活期储蓄存款利率计付利息。

任务 3　零存整取定期储蓄存款和教育储蓄

一、业务释义

零存整取定期储蓄存款是指由客户在存款时约定存期，在存期内每月存入固定的金额，到期一次支取本金和利息的一种定期储蓄存款业务。它是定期储蓄基本存款形式之一。

教育储蓄是指客户以储蓄存款方式，为子女接受非义务教育（指九年义务教育之外的全日制高中、大中专、大学本科、硕士和博士研究生）积蓄资金，是零存整取定期储蓄存款的一种形式。

二、主要业务规定

（一）零存整取定期储蓄存款

（1）开立零存整取定期储蓄存款账户时，必须遵照国家颁布的《个人存款账户实名制规定》的要求。

（2）零存整取定期储蓄存款5元起存，存期分为1年、3年、5年。

（3）零存整取定期储蓄存款无折续存业务用于冲正及其他经批准的业务。

（4）零存整取定期储蓄存款金额由客户自定，每月以约定的固定金额存入。在存期内若中途漏存一次，应在次月补齐；未补存或漏存次数在一次以上的，视同违约，存折上打印违约标志，对违约后存入的部分，支取时按活期利率计息。

（5）零存整取定期储蓄提前支取时，只能全额支取，不能部分提前支取。

（二）教育储蓄

（1）开立教育储蓄存款账户时，必须遵照国家颁布的《个人存款账户实名制规定》的要求。

（2）教育储蓄存款50元起存。本金合计的最高限额为2万元。可选择按月方式存入，也可根据自身情况与银行网点协商存入次数（不少于2次）和金额（本金最高不超过2万元）。

（3）存期分为1年、3年、6年。

（4）教育储蓄存款无折续存业务用于冲正及其他经批准的业务。

（5）教育储蓄销户时，客户凭存折和学校开出的录取通知书或正在接受非义务教育的学生身份证明一次支取本金和利息。支付本金和利息后，应在证明原件上加盖"已享受一次利率优惠"等字样的印章。每份证明可以享受一次利率优惠，若客户不能提供证明，存款不享受利率优惠，按正常个人零存整取业务办理。

（6）逾期支取时，其超过原定存期的部分，按支取日活期储蓄存款利率计付利息。

（7）教育储蓄提前支取时，只能全额支取，不能部分提前支取。

三、学习活动

学习活动1　开户

零存整取定期储蓄/教育储蓄的开户流程如图4-17所示。

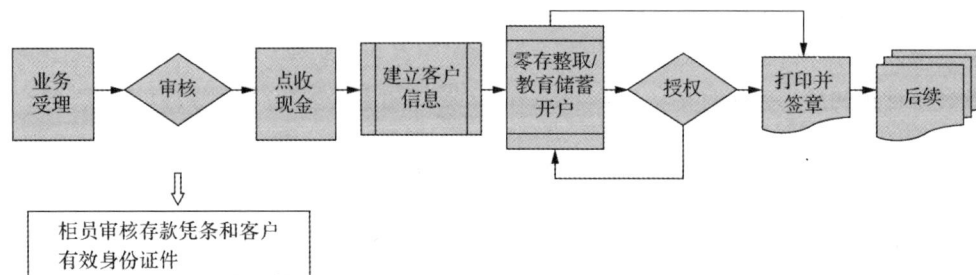

图4-17　零存整取定期储蓄/教育储蓄的开户流程

学习活动 2 存款

零存整取定期储蓄/教育储蓄的存款流程如图 4-18 所示。

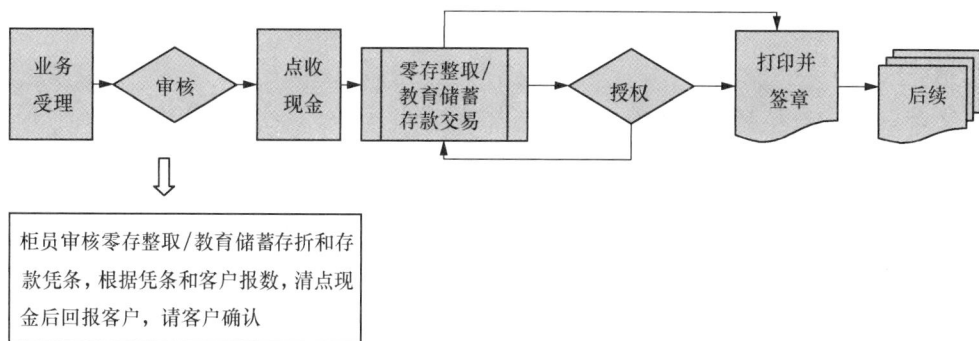

图 4-18 零存整取定期储蓄/教育储蓄的存款流程

学习活动 3 销户

零存整取定期储蓄/教育储蓄的销户流程如图 4-19 所示。

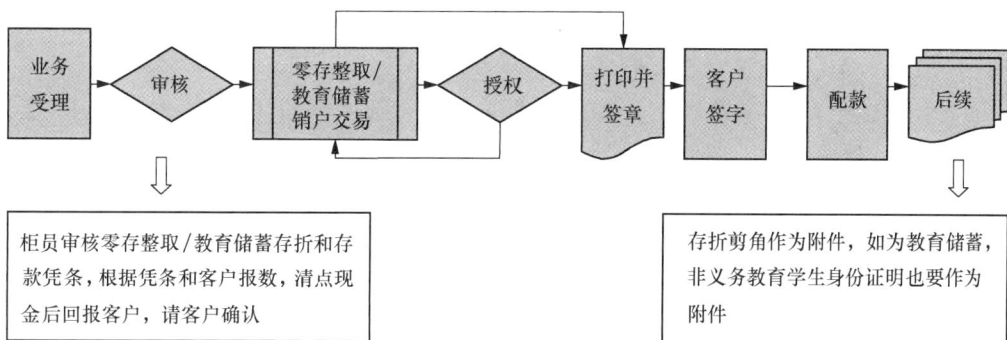

图 4-19 零存整取定期储蓄/教育储蓄的销户流程

学习活动 4 计息

（一）零存整取定期储蓄存款

（1）零存整取定期储蓄存款采取"日积数"计息法，开户和续存时，积数为发生额乘以存入日至存款到期日的实际天数。到期时，存款的累计积数乘以开户日利率即为到期利息。

（2）零存整取定期储蓄存款中途如有漏存，应在次月补存；未补存者，视为违约，对违约后存入的部分，支取时按活期储蓄存款利率计息。

（3）零存整取定期储蓄存款提前支取，按支取日公告的活期利率计息。逾期支取的，逾期部分以支取日活期利率计息。

（二）教育储蓄

教育储蓄存款支取时，凡能提供学校出具的非义务教育学生身份证明者，其存款可享受所规定相应档次的优惠利率，即 1 年、3 年期按开户日挂牌公告的 1 年、3 年整存整取定期储蓄存款利率计付利息，6 年期按开户日公告的 5 年期整存整取定期储蓄存款利率计付利息。凡不能提供证明者，其存款支取时不享受所规定相应档次的优惠利率，只能按相应档次的零存整取定期储蓄存款利率计付利息。客户提供的证明，一份证明只能享受一次利率优惠。

同步阅读

3万元存款转眼变成"保单"

案情介绍：

罗女士2021年9月16日让女儿李某去存款，钱顺利地被"存"进某银行。

2021年年底的一天，罗女士打算将存款取出来。不料到银行一问才知道，不要利息，存款也取不出来。仔细一了解，原来是存款被办理了保险。

2022年1月1日，罗女士一家和保险公司进行了交涉，对方表示如果退保，须扣除3 000元违约金。

"当时银行工作人员说存这个钱，白送一份保险。"李某说，当时她也没有搞清楚，由于是在银行柜台办理的，她就相信了是存钱，稀里糊涂地办了保险。

记者看到这是一份分红型保险。从保险单上可以看到，罗女士的这份保单从2021年9月17日起生效，到2026年9月17日结束，期限为5年。

"这是在银行柜台上办理的，这不是误导人吗！"钱没法取出来，罗女士一家都觉得是受骗了。

"她是成年人，保险也是她签字的，这说明她是认可的。"保险公司一名经理介绍说，这是银行和保险公司推出的理财产品，5年期连本带利，收益肯定高于银行存款收入。

记者问道："在柜台上进行是不是有误导的嫌疑？"

"当时我们说清了，不存在误导。"保险公司经理表示，银行推出这项业务与代理国库券、销售基金等没有区别。

银行负责人也称，这是一种代理业务，相当于存款，在银行是很普遍的。

最后，银行方面表示，原定的3 000元违约金不用交了，罗女士的保单可以退，不会扣钱，3万元如数退还。

对于罗女士的纠纷，一方面是部分银行工作人员为了拿提成，对不明真相的储户推销保险业务时，只说好听的，夸大高收益、高回报，误导储户购买保险；另一方面是许多储户对银行业务并不清楚，以为银行就是存钱、贷款的地方，其实随着银行业务的不断拓展，银行代理保险已经成为当前保险销售的重要渠道之一。

思考分析：

请从一名柜员的角度分析目前各银行非常热衷的产品营销行为。

任务4　其他储蓄存款

学习活动1　定活两便储蓄

（一）业务释义

定活两便储蓄是指以存单为取款凭证，存款时不约定存期，随时可以提取，利率随存期长短而变动的一种介于活期和定期之间的储蓄业务。

（二）主要业务规定

（1）开立定活两便储蓄存款账户时，必须遵照国家颁布的《个人存款账户实名制规定》的要求。

（2）定活两便储蓄存款50元起存，单笔定活两便储蓄存入金额不能超过50万元。

（3）定活两便储蓄只能办理现金存取业务和同名账户转账业务。

（4）新开定活两便储蓄存单时，5 万元（含）以下使用普通存单，5 万元以上至 50 万元（含）使用大额定期存单，50 万元以上使用特种大额存单。

（三）计息

（1）定活两便储蓄存款存期不满 3 个月的，按支取日挂牌公告活期储蓄存款利率计息。

（2）存期 3 个月（含）以上不满半年的，整个存期按支取日挂牌公告的整存整取 3 个月定期储蓄存款利率打 6 折计息。

（3）存期半年（含）以上不满 1 年的，整个存期按支取日挂牌公告的整存整取半年定期储蓄存款利率打 6 折计息。

（4）存期在 1 年（含）以上，无论存期多长，整个存期按支取日挂牌公告的整存整取 1 年期定期储蓄存款利率打 6 折计息。

学习活动 2　存本取息定期储蓄

（一）业务释义

存本取息定期储蓄是指一次存入本金，按约定时间分次支取利息，到期归还本金的定期储蓄业务。

（二）主要业务规定

（1）开立存本取息定期储蓄存款账户时，必须遵照国家颁布的《个人存款账户实名制规定》的要求。

（2）存本取息定期储蓄存款 5 000 元起存，分为 1 年、3 年、5 年 3 个档次。

（3）存本取息定期储蓄只能办理现金存取业务和同名账户转账业务。

（4）客户需要提前支取本金，须出示本人有效身份证件；若代办的，还应同时出示代理人有效身份证件。

（三）计息

（1）存本取息定期储蓄存款存期内按月计付利息，计付时间按对月、对日计算。

（2）取息日未到，不得提前支取利息。如到取息日未取利息，以后可随时支取，但不计复利。

（3）存本取息定期储蓄的到期支取、提前支取及逾期支取的利息计算，按相应的整存整取储蓄存款利息计算规定办理。

学习活动 3　个人通知存款

（一）业务释义

个人通知存款是指存款人在存入款项时不约定存期，支取时须提前通知金融机构，约定支取存款日期和金额方能支取的存款方式。

（二）主要业务规定

（1）开立个人通知存款账户时，必须遵照国家颁布的《个人存款账户实名制规定》的要求。

（2）人民币个人通知存款最低起存金额为 5 万元，最低支取金额为 5 万元。存款人须一次存入，可以一次或分次支取。外币个人通知存款最低起存金额与最低支取金额均为 5 000 美元或等值外币。

（3）人民币个人通知存款分为 1 天通知存款和 7 天通知存款两种。外币个人通知存款只有 7 天通知存款。

（4）个人通知存款部分支取后，留存部分低于起存金额的予以清户，按清户日挂牌公告的活期存款利率计息或根据存款人意愿转为其他存款。

（三）计息

个人通知存款支取时，按下列情况计息。

（1）实际存期不足通知期限的，按活期存款利率计息。

（2）未提前通知而支取的，支取部分按活期存款利率计息。

（3）已办理通知手续但提前支取或逾期支取的，支取部分按活期存款利率计息。

（4）支取金额超过约定金额的，超过部分按活期存款利率计息。

（5）支取金额不足约定金额的，不足部分按活期存款利率计息。

（6）支取金额不足最低通知金额 5 万元的，按活期存款利率计息。

（7）个人通知存款如已办通知手续但不支取或在通知期限内取消通知的，通知期限内不计息。

课外阅读

怎样存款最划算

1. 存钱只图方便一定不划算

有的人仅仅为了方便支取就把数千元乃至上万元都存入活期，这种做法当然不可取。若活期存款年利率为 0.36%，1 年期年利率为 2.25%，3 年期年利率为 3.33%，5 年期年利率为 3.60%。以 5 万元为例，扣除利息税后，3 年期获得的存款利息约为 3 024 元，5 年期获得的存款利息约为 5 580 元。假如把这 5 万元存为活期，1 年只有 288 元利息，即使存 3 年，利息也只有千元左右。由此可见，同样是 5 万元，存的期限相同，但存款方式不同，3 年活期和 3 年定期的利息差距还是较大的。

2. 存期越长不一定越划算

不少人为了多得利息，把大额存款都集中到 3 年期和 5 年期，而没有仔细考虑自己预期的使用时间，盲目地把余钱都存成长期。如果急需用钱，便要办理提前支取，这就会出现"存期越长，利息越吃亏"的现象。现在针对这一情况，银行规定对于提前支取的部分按活期算利息，没提前支取的仍然按原来的利率计算。所以，个人应按各自不同的情况选择存款期限和类型。

3. "滚雪球"式的存钱方法比较划算

在具体的操作上，不妨采用一种巧妙的方法。例如，每月将家中余钱存 1 年定期存款。1 年下来，手中正好有 12 张存单。这样，不管哪个月急需用钱，都可取出当月到期的存款。如果不需用钱，可将到期的存款连同利息及手头的余钱接着转存 1 年定期。这种"滚雪球"式的存钱方法比较划算。

现在银行推出了自动转存服务。在储蓄时，应与银行约定进行自动转存。这样做，一方面避免了存款到期后不及时转存，逾期部分按活期计息的损失；另一方面在存款到期后如遇利率下调，未约定自动转存的，再存时就要按下调后利率计息，而自动转存的，就能按下调前较高的利率计息，如到期后遇利率上调，也可取出后再存。

同步思考

　　思考分析：通知存款与活期存款、定期存款相比有哪些优点？

　　分析提示：从期限规定和利率方面思考。

任务5　存款计息

一、存款利息计算的有关规定

　　（1）存款计息起点为元，元以下角、分不计利息。利息金额算至分位，分以下尾数四舍五入。除活期储蓄在每季末月结息时并入本金外，各种储蓄存款不论存期多长，一律不计复息。

　　（2）存期计算：计算利息时，存款天数一律"算头不算尾"，即从存入日起算至取款前一天止。

　　（3）定期到期支取：按开户日挂牌公告的整存整取定期储蓄存款利率计付利息。

　　（4）定期提前支取：按支取日挂牌公告的活期储蓄存款利率计付利息。部分提前支取的，提前支取的部分按支取日挂牌公告的活期储蓄存款利率计付利息，其余部分到期时按开户日挂牌公告的整存整取定期储蓄存款利率计付利息，部分提前支取以一次为限。

　　（5）定期逾期支取：自到期日起按存单的原定存期自动转期。在自动转期后，存单再存满一个存期（按存单的原定存期），到期时按原存单到期日挂牌公告的整存整取定期储蓄存款利率计付利息；如果未存满一个存期支取存款，此时将按支取日挂牌公告的活期储蓄存款利率计付利息。

　　（6）定期储蓄存款在存期内如遇利率调整，仍按存单开户日挂牌公告的相应定期储蓄存款利率计算利息。

　　（7）活期储蓄存款在存入期间遇到利率调整，按结息日挂牌公告的活期储蓄存款利率计算利息。

　　（8）大额可转让定期存款：到期时按开户日挂牌公告的大额可转让定期存款利率计付利息。不办理提前支取，不计逾期利息。

　　（9）基本公式：

$$利息=本金×利率×存期$$

二、学习活动

学习活动1　活期储蓄存款利息计算

　　（1）活期储蓄存款在办理存取业务时，应逐笔在账页上结出利息余额，储户清户时一次计付利息。

　　（2）活期储蓄（存折）存款每季末月20日结息。结息时可把元以上利息并入本金，元以下角、分部分转入下年利息余额内。

　　（3）活期储蓄存款在存入期间遇到利率调整，按结息日挂牌公告的活期储蓄存款利率计算利息。全部支取活期储蓄存款，按清户日挂牌公告的活期储蓄存款利率计付利息。

　　（4）基本公式：

$$活期储蓄的利息 =\sum（积数×日利率）$$
$$=\sum（每日变动的存款余额×实存天数×日利率）$$

【例4-1】某储户活期存折记载如表4-3所示。

表4-3　　　　　　　　　　　　　　某储户活期存折记载

年	月	日	存入/元	支取/元	余额/元	存期/天	积数
	8	2	1 000		1 000	34	34 000
	9	5		200	800	3	2 400
2023	9	8		100	700	12	8 400
	9	20	200		900	11	9 900
	10	1	销户	900	0		∑54 700

如果活期储蓄月利率为 2.9‰，那么销户日利息=54 700×0.002 9÷30=5.29（元）。

学习活动2　定期和零存整取存款利息计算

（一）定期存款利息

（1）基本公式：

$$定期利息=本金×利率×存期$$

（2）确定存期：在本金、利率确定的前提下，要计算利息，需要知道确切的存期。在现实生活中，储户的实际存期很多不是整年整月的，一般都带有零头天数，如想迅速、准确地算出存期，可采用以支取日的年、月、日分别减去存入日的年、月、日的方法，其差数就是实存天数。

例如，一笔储蓄存款，其支取日为 2022 年 6 月 20 日，存入日为 2019 年 3 月 11 日，那么这笔储蓄存款的存期为 3 年 3 个月零 9 天，按储蓄计息对存期天数的规定，换算天数=3×360+3×30+9=1179（天）。如果发生日不够减时，可以支取"月"减去"1"化为 30 天加在支取日上，再各自相减，以此类推。这种方法既适合用于存取时间都是当年的，也适用于存取时间是跨年度的。

（二）零存整取存款利息

（1）零存整取存款到期时以实存金额按开户日挂牌公告的零存整取定期储蓄存款利率计付利息。逾期支取时，其逾期部分按支取日挂牌公告的活期储蓄存款利率计付利息。

（2）零存整取存款计息一般采用"月积数计息"方法。

基本公式：

$$利息=月存金额×累计月积数×月利率$$

其中：

$$累计月积数=（存入次数+1）÷2×存入次数$$

据此推算，1 年期的累计月积数=（12+1）÷2×12=78，以此类推，3 年期、5 年期的累计月积数分别为 666 和 1 830，储户只需记住这几个常数就可按公式计算出零存整取存款利息。

【例4-2】某储户 20×3 年 3 月 1 日开立零存整取账户，约定每月存入 100 元，定期 1 年，开户日该储种利率为月息 1.5‰，按月存入至期满，其应获利息=100×78×1.5‰=11.7（元）。

学习活动3　存本取息和定活两便存款利息计算

（一）存本取息存款利息

计算存本取息存款利息时，储户于开户的次月起每月凭存折取息一次，以开户日为每月取息日。储户如有急需，可向开户银行申请提前支取本金（不受理部分提前支取），按支取日挂牌公告的活期储蓄存款利率计付利息，并扣回每月已支取的利息。逾期支取时，逾期部分按支取日挂牌公告的活期储蓄存款利率计付利息。存本取息利息计算方法与整存整取定期储蓄存款利息计算方法相同，在算出利息总额后，再按约定的支取利息次数平均分配。

【例 4-3】某储户 20×3 年 7 月 1 日存入存本取息存款 10 000 元，定期 3 年，年利率 1.95%，约定每月取一次，请计算利息总额和每次支取利息额。

利息总额=10 000×3×1.95%=585（元）。

每次支取利息额=585÷36=16.25（元）。

（二）定活两便存款利息

定活两便存款具有定期或活期储蓄的双重性质。存期 3 个月以内的按活期计算，3 个月以上的按同档次整存整取定期储蓄存款利率的 6 折计算。存期在 1 年以上（含 1 年），无论存期多长，整个存期一律按支取日整存整取 1 年期定期储蓄存款利率打 6 折计息。

基本公式：

$$利息=本金×存期×利率×60\%$$

因定活两便存款无固定存期，支取时极有可能出现零头天数，出现这种情况，适用于日利率计算利息。

【例 4-4】某储户 20×3 年 2 月 1 日存入定活两便存款 1 000 元，6 月 21 日支取，应获利息多少元？

先算出这笔存款的实际存期为 140 天，应按支取日定期整存整取 3 个月利率（年利率 1.75%）打 6 折计息。

应获利息=1 000 元×140×1.75%/360×60%=4.08（元）。

同步练习

定期存款逾期的利息计算

某储户于 20×3 年 6 月 13 日存入一笔 1 年定期存款 20 000 元，1 年定期利率为 1.75%（当时活期利率为 0.35%）。

问题：

1. 20×3 年 8 月 17 日支取时储户所得利息是多少？

2. 若该笔定期存款到期后能自动转存，利息该如何计算？

任务 6　个人存款挂失

一、业务释义

个人存款挂失业务是指存款人因各种原因遗失存款单（折、卡）、遗忘存款密码，要求银行将有关存款账户止付，并按规定手续补发存单（折、卡）、重置密码或支取存款。

二、主要业务规定

（1）申请挂失的必须是记名式的存单（折、卡）、国债，不记名的不能挂失。

（2）挂失的方式有口头挂失、正式挂失（书面挂失）、密码挂失。

（3）在特殊情况下，储户可以用口头形式申请挂失，但必须在同城口头挂失的 5 天或异地挂失的 15 天之内补办书面挂失手续，否则口头挂失将自动失效。

（4）挂失必须持本人有效身份证件，并提供存款人姓名、开户时间、储蓄种类、金额、账号及住址等有关情况，向开户的营业网点申请正式挂失。营业网点在确认该笔存款未被支取的前提下，方可受理挂失。

（5）挂失时可委托他人代理，被委托人必须出示有效身份证件，但挂失期满补领新存单（折、卡）时或支取存款时，只能由原存款人办理而不能代办。

（6）开通通存通兑业务的网点可办理跨网点口头挂失，但正式挂失和密码挂失必须是开户网点方可办理。

（7）正式挂失 7 天后，储户可到原挂失网点补领存单（折、卡）、重置密码或支取存款。

（8）储户用函电形式或委托他人要求撤销挂失申请的，不予受理。

（9）挂失业务属于特殊业务，须由业务主管或指定负责人授权办理。

三、学习活动

学习活动 1 正式挂失

个人存款的正式挂失流程如图 4-20 所示。

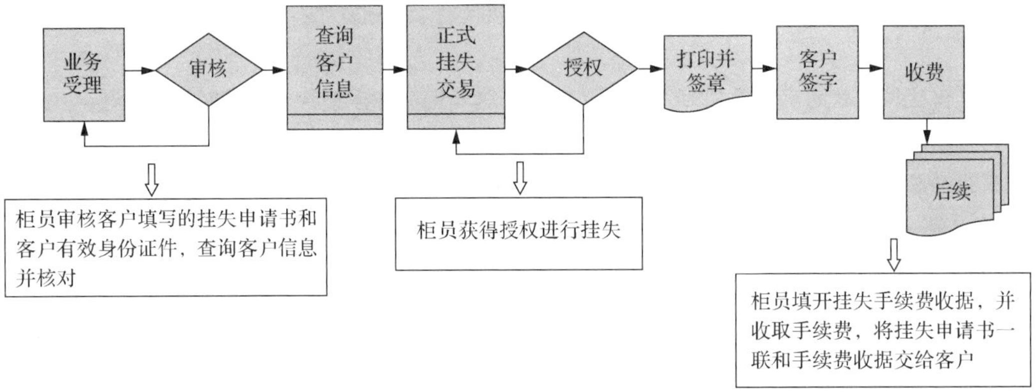

图 4-20 个人存款的正式挂失流程

学习活动 2 解除挂失

个人存款的解除挂失流程如图 4-21 所示。

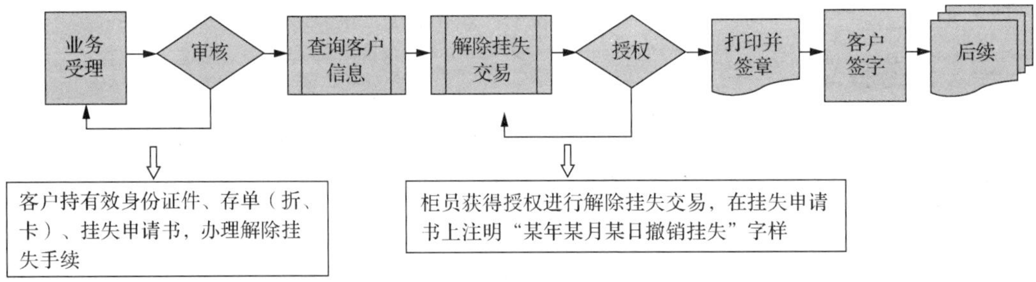

注：挂失产生的新存单（折、卡）交给客户。

图 4-21 个人存款的解除挂失流程

大视野

金融科技在银行

走进银行大堂，客户通过智能柜员机且得到机动授权就能办理100项以上的非现金业务，非现金业务柜面替代率达60%左右。能协助客户完成常见的非现金业务办理的常见智能设备有以下8种。

一、智能柜员机

智能柜员机运用大数据技术，通过硬件设备的集成和软件系统的整合，为客户提供"一站式、自助化、智能化"服务。智能柜员机能够实现大部分客户非现金业务的快速处理，例如，中国建设银行智能柜员机受理11大类108项个人非现金业务，包括开户、开通电子银行、结售汇、转账、定期、理财、基金、特殊业务、签约/解约聚财产品、查询等；另外，还可受理8大类25项对公非现金业务，包括结算卡查询、转账、自助填单等。

二、智能机器人经理

智能机器人经理具有人脸识别功能，可开展客户接待、引导分流、业务咨询、营销宣传、互动交流等多项工作。通过导入数据，智能机器人经理可以向客户介绍简单的业务，指引客户到相关柜面办理业务，还能和客户进行互动对话。

三、外币兑换机

外币兑换机主要办理外币兑换人民币业务，可查询外币汇率。外币包括美元、港元、欧元、英镑和日元5种货币，按不同面额自动兑换成人民币，每人每次限兑换2 500元等值人民币，每天限制兑换7 500元等值人民币。外币汇率参照当天银行牌价，实行一日一价，每日上午9:30更换牌价。若将人民币现钞兑换外币现钞，仍要到银行柜台办理。由于外币兑换机兑换汇率一日一价，可能存在汇差风险。

四、纸硬币兑换机

纸硬币兑换机（仅人民币）可以进行3个兑换：纸币兑换硬币整卷或散币，硬币兑换纸币或存入银行卡，大小面额纸币互兑；硬币兑换面额为1角、2角、1元；纸币兑换面额为10元、20元、50元（纸币兑换10枚硬币起）。

五、网银体验设备区

全新的网银体验设备区，客户不仅能够自助办理转账、汇款，购买理财、货币兑换等业务，免去排队、填单的烦恼，还可以获取丰富的产品功能、业务流程、价格信息等资讯。

六、远程柜员机

远程柜员机（Virtual Teller Machine，VTM)，又叫远程视频柜员机，由客户自助办理，远程客服人员协助指导。目前对公、对私业务都能办理，具体包括开户发卡、信用卡申请、投资理财、个人贷款、"一站式"签约、机构客户签约。

七、产品领取机

产品领取机是一台集办理、领取于一体的综合智能机器，客户只需持本人有效身份证件按机器程序即可办取银行卡和相应业务，具有"开户办卡、开通网银、人脸识别、转账交易"等功能。

八、贵金属展示终端

贵金属展示终端是通过全息投影展示柜的3D成像技术为客户展示贵金属产品的3D动态效果，

使立体影像不借助任何屏幕或介质而直接悬浮在设备外的自由空间，并且以 180°/270°/360° 观看动态效果展示。

银行业金融机构一直在积极探索客户需求，进一步提升智能化设备服务能力及效率，实现复杂业务向自助机具的迁移。

据统计，2023 年银行业金融机构离柜交易达 4 914.39 亿笔，同比增长 9%；离柜交易总额达 2 363.82 万亿元；行业平均电子渠道分流率为 93.86%。

📝 项目强化训练

一、判断题

1. 零存整取存款提前支取时，必须全额支取，不能部分提前支取。　　　　（　　　）
2. 一次性提款 10 万元以上需要授权。　　　　（　　　）
3. 储蓄账户仅限于办理现金存取业务，不得办理转账结算。　　　　（　　　）
4. 定期存款支取时，如非本人支取，须同时出示存款人及代理人的有效身份证件。（　　　）
5. 个人通知存款的本金起存金额是 5 000 元。　　　　（　　　）
6. 单位活期存款的结息日为每年 6 月 30 日。　　　　（　　　）
7. 定期存款在存期内遇有利率调整，均按存单开户日所定利率计付利息。　　（　　　）
8. 电话挂失和口头挂失后，应于 5 日内补办书面挂失手续。　　　　（　　　）
9. 整存整取定期储蓄存款开户时 10 元起存。　　　　（　　　）
10. 储蓄存款挂失前已被他人支取的，储蓄机构不负赔偿责任。　　　　（　　　）

二、单项选择题

1. 我国储蓄存款的原则是（　　　）。
   A. 实行统一的利率政策
   B. 存款自愿，取款自由，存款有息，为储户保密
   C. 实行鼓励政策
   D. 实行保护政策

2. 整存零取定期储蓄存款开户时（　　　）元起存。
   A. 100　　　　　　　B. 500　　　　　　　C. 1 000　　　　　　　D. 5 000

3. 下列可作为存款实名制的有效身份证件有（　　　）。
   A. 机动车驾驶证　　　　　　　　　　B. 居民身份证的复印件
   C. 临时居民身份证　　　　　　　　　D. 学生证

4. 活期储蓄存折户以（　　　）为结息日。
   A. 每年 6 月 30 日　　　　　　　　　B. 每月 20 日
   C. 每季末月 20 日　　　　　　　　　D. 每季末月 21 日

5. 通过电话、电报、信函等方式进行口头挂失的，必须在挂失（　　　）天内补办书面挂失手续，否则挂失自动失效。
   A. 4　　　　　　　　B. 5　　　　　　　　C. 6　　　　　　　　D. 7

6. 未到期定期储蓄存款，全部提前支取的，按支取日挂牌公告的（　　　）利率计付利息。
   A. 活期储蓄存款　　　　　　　　　　B. 相应档次的定期储蓄存款
   C. 相应档次的定期储蓄存款打 6 折　　D. 相应档次的定期储蓄存款打 5 折

7. 零存整取存款中途如有漏存，应在（　　　）补齐。

    A. 当月　　　　　　B. 次月　　　　　　C. 3 个月　　　　　　D. 随时

8. 某客户于 20×1 年 6 月 3 日存入 1 年期定期储蓄存款 10 000 元，假定支取日为 20×2 年 8 月 20 日，存入日 1 年期存款利率为 2.25%，20×2 年 8 月 18 日调整为 2.52%，活期储蓄存款利率为 0.72%，则应支付客户的金额为（　　　）元。

    A. 10 219　　　　　B. 10 192.48　　　　C. 10 192.32　　　　D. 10 240.60

9. 某储户存入一笔 6 年期的教育储蓄，每月最高存入的金额为（　　　）元。

    A. 347.22　　　　　B. 277.78　　　　　C. 555.56　　　　　D. 416.67

10. 若储户找到已经被挂失的存单（折），储户用函电方式或委托他人要求撤销挂失申请的，（　　　）受理。

    A. 可以　　　　　　B. 不予　　　　　　C. 不确定　　　　　　D. 以上都不对

11. 下列对教育储蓄业务叙述正确的是（　　　）。

    A. 教育储蓄部分提前支取，能提供学校证明的，按实际存期和开户日同档次整存整取定期存款利率计算

    B. 教育储蓄提前支取，不能提供学校证明的，按实际存期和开户日同档次零存整取定期存款利率计算

    C. 教育储蓄逾期支取，超过原定存期的部分，按支取日活期存款利率计付利息并按规定征收利息所得税

    D. 教育储蓄分 1 年、3 年、6 年 3 个档次，到期支取能提供学校证明的，分别按实际存期和开户日同档次整存整取定期存款利率计算

12. 零存整取是定期储蓄中的一种，本金（　　　）起存，存期分为（　　　）。

    A. 10 元；3 个月、1 年、3 年　　　　　　B. 5 元；6 个月、1 年、3 年

    C. 10 元；6 个月、1 年、3 年　　　　　　D. 5 元；1 年、3 年、5 年

13. 教育储蓄的对象为在校小学（　　　）以上学生。

    A. 三年级（含）　　　　　　　　　　　B. 四年级（含）

    C. 五年级（含）　　　　　　　　　　　D. 六年级（含）

14. 定期储蓄存款的期限分为（　　　）。

    A. 1 年、2 年、3 年、5 年

    B. 6 个月、1 年、2 年、3 年、5 年

    C. 3 个月、6 个月、1 年、2 年、3 年、5 年

    D. 3 个月、6 个月、1 年、2 年、3 年、5 年、8 年

15. 储户凭未到期的定期储蓄存款存单（折）进行部分提前支取（　　　）。

    A. 只限一次　　　　B. 只限两次　　　　C. 只限三次　　　　D. 只限四次

三、多项选择题

1. 储蓄的职能有（　　　）。

    A. 借贷职能　　　　B. 投资职能　　　　C. 分配职能

    D. 延期消费职能　　E. 积累职能

2. 挂失方式包括（　　　）。

    A. 口头挂失　　　　B. 正式挂失　　　　C. 密码挂失　　　　D. 书面挂失

3. 零存整取定期储蓄存款的存期分为（　　　　）。

    A. 6个月　　　　　　　B. 1 年　　　　　　　C. 2 年

    D. 3 年　　　　　　　　E. 5 年

4. 储蓄利息在现实经济生活中的作用包括（　　　　）。

    A. 鼓励作用　　　　　B. 报酬作用　　　　　C. 补偿作用　　　　　D. 杠杆作用

5. 下列做法属于"使用不正当手段吸收存款"的是（　　　　）。

    A. 利用广播、电视等媒体做宣传

    B. 以散发有价馈赠品为条件吸收储蓄存款

    C. 利用汇款、贷款或其他业务手段强迫储户存款

    D. 利用各种名目多付利息、奖品或其他费用

6. 储蓄利息计算的基本规定有（　　　　）。

    A. 利随本清，不计复利

    B. 定活两便存款按支取日的相应档次的整存整取定期储蓄存款利率打 6 折计息

    C. 本金以元为起息点，元以下角分不计息

    D. 活期储蓄按结息日或销户日银行挂牌公告的活期储蓄存款利率计息

7. 储蓄业务操作员在办理交接时必须交接的事项有（　　　　）。

    A. 现金　　　　　　　　　　　　　　B. 密码

    C. 部分重要空白凭证　　　　　　　　D. 全部重要空白凭证

8. 不能由他人代理的储蓄挂失业务有（　　　　）。

    A. 密码挂失　　　　B. 挂失到期取款　　　　C. 正式挂失　　　　D. 挂失预留印鉴

9. 下列关于储蓄存单（折）挂失业务说法正确的有（　　　　）。

    A. 营业网点在确认该存款属实并未被支取的前提下，方可办理挂失手续

    B. 未成年存款人没有身份证申请办理挂失手续的，要出具户口簿和监护人的身份证

    C. 通存通兑的存折遗失，储户可在通存通兑范围内任一联网柜台办理正式挂失手续

    D. 挂失业务属于特殊业务，必须经主管授权

10. 储蓄存款的存期计算"算头不算尾"是指（　　　　）。

    A. 存款的当日计息　　　　　　　　　B. 存款的次日计息

    C. 取款当天计息　　　　　　　　　　D. 取款当天不计息

11. 柜员办理整存整取定期储蓄存款时，应在计算机上录入（　　　　）。

    A. 户名　　　　　　　　　　　　　　B. 金额

    C. 地址　　　　　　　　　　　　　　D. 身份证件名称和号码

12. 整存整取定期储蓄部分提前支取时，柜员应通过计算机打印（　　　　）。

    A. 原存单　　　　　B. 新存单　　　　　C. 计息单　　　　　D. 存款凭证

13. 如果存折满页需要换新存折时，存折上未发生变化的项目有（　　　　）。

    A. 存折账号　　　　B. 户名　　　　　　C. 存折凭证号　　　　D. 存款积数

14. 下列关于整存整取定期储蓄存款销户的说法正确的是（　　　　）。

    A. 如为提前支取，应审查存单与支取人身份证件是否相符，不必登记

    B. 如凭印鉴支取，须折角核对印鉴

    C. 凭密码支取的，由储户输入密码

    D. 如为提前支取，应审查存单与支取人有效身份证件是否相符，在存单背面登记证件名
       称及号码

15. 柜员接到委托人交来的存单（折）、有效身份证件及需要办理异地托收的证明时，应审查（　　　）。

　　A. 存单（折）户名与身份证件是否一致

　　B. 是否符合受理托收的范围和条件

　　C. 是否为本行签发

　　D. 是否须凭密码、印鉴支取

四、简答题

1. 我国的储蓄政策和原则各是什么？

2. 现行的储蓄种类有哪些？

3. 存款挂失的种类和主要规定是什么？

4. 什么是个人存款实名制？

5. 储蓄存款提前支取有哪些特殊规定？

6. 哪些人可以办理教育储蓄？

五、请绘制下列业务流程图并对关键环节予以说明

1. 个人活期存款开户。

2. 个人定期存款的提前支取。

3. 个人零存整取存款的正式挂失与解挂。

4. 单位活期存款的续存与转账。

5. 教育储蓄存款的销户。

六、案例分析

存款挂失案例分析

【案例一】

孙某于 2020 年 10 月 15 日存入某银行网点储蓄存款 10 000 元，存期 3 年。2021 年 10 月 16 日，于某持孙某的存款单前来提前支取，网点当班柜员只向于某索取了身份证件，就办理了提前支取。2022 年 5 月 20 日，孙某到该网点要求挂失，发现存款已被冒领，再找于某已下落不明。请问该事件中柜员的失误是什么？

【案例二】

王某在 2022 年 8 月 19 日发现未到期的储蓄存单 10 000 元遗失，即向原存款储蓄所申请挂失。柜员张某经查核，该存单已于 2022 年 8 月 15 日被支取，经办人为李某，复核员林某，支取人身份证件登记为吴某，于是不受理挂失。王某要求赔偿本息。储蓄所经调查证实，决定由李某、林某赔偿本息。请问该储蓄所的处理决定是否正确并说明理由。

【案例三】

2022 年 2 月 20 日 15 时 17 分 47 秒，徐某因储蓄存单被盗去某储蓄所挂失。储蓄员告知挂失必须凭有效身份证件，徐某即离开柜台回家。15 时 23 分，储蓄员腾出手来再处理挂失的事，徐某只提供了姓名，没告知账号，储蓄员灵机一动，迅速找来当地制药厂的职工清单（徐某所在厂工资转存账户），当查到徐某账号已是 15 时 26 分 58 秒，而徐某一笔 900 元存款已于 15 时 22 分 35 秒在另一储蓄所被冒领。等到 15 时 48 分徐某持身份证来办理正式挂失手续时，她的存款已全部被冒领。请问该事件中储蓄员是否有失职之处？

【案例四】

个体工商户业主张某 2023 年 1 月在某银行存款 7 800 元，3 月的一天，存折被盗，张某当即向公安机关报案，并向银行挂失。该行工作人员接到挂失电话后，经计算机查对确有该笔款项，并口头告知张某存款未被冒领。第二天，张某去银行，银行告知存款已被冒领。现公安机关尚未侦破此案。请问在这种情况下银行有无责任？张某能否要求银行赔偿？

思考分析：

在商业银行前台存款业务中，重大风险之一就来源于存款挂失业务的办理。上述 4 个案例都涉及存款的挂失业务，请分别指出以上案例中柜员的办理不当之处及正确的工作规范，并回答各案例提出的问题。

项目 5　商业银行贷款业务

知识图谱

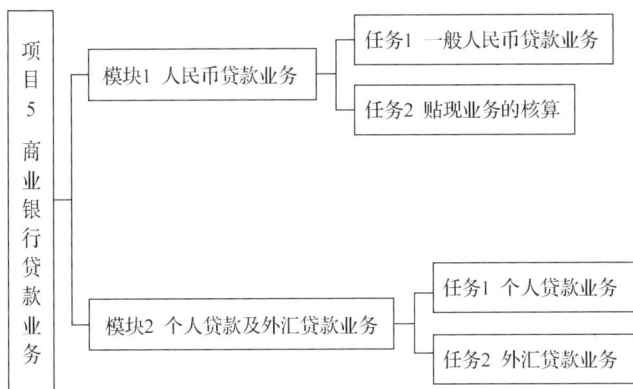

项目5 商业银行贷款业务
- 模块1　人民币贷款业务
  - 任务1　一般人民币贷款业务
  - 任务2　贴现业务的核算
- 模块2　个人贷款及外汇贷款业务
  - 任务1　个人贷款业务
  - 任务2　外汇贷款业务

学习目标

贷款是商业银行及其他金融机构取得利润的主要途径，它的规模大小和结构是否合理直接影响金融机构的经营成败。本项目通过介绍商业银行柜员办理公司和个人贷款发放与回收的操作核算过程，帮助学生初步了解和掌握以下内容。

知识目标

（1）了解贷款的含义、原则和分类。

（2）掌握一般人民币贷款业务的发放和收回规程。

（3）掌握贴现业务的核算规程。

（4）掌握个人贷款和外汇贷款业务的核算规程。

能力目标

（1）能够进行一般人民币贷款业务的发放及收回等操作。

（2）能够根据不同的贷款期限计算贷款的利息。

素养目标

（1）培养求真实务、遵纪守法的工作态度。

（2）强化廉洁自律的思想意识。

案例导入

认识金融机构贷款余额

银行通过贷款方式将其集中的货币和货币资金投放出去，满足社会扩大再生产的补充资金需要，促进经济发展；同时也可由此取得贷款利息收入，增加银行本身的积累。《中华人民共和国

2023 年国民经济和社会发展统计公报》显示：2022 年年末，全部金融机构本外币各项贷款余额 242.2 万亿元，增加 22.2 万亿元，其中人民币各项贷款余额 237.6 万亿元，增加 22.7 万亿元，人民币普惠小微贷款余额 29.4 万亿元，增加 5.6 万亿元。

📇 相关业务规范

一、业务释义

商业银行贷款指商业银行根据国家政策以一定的利率将资金发放给资金需要者，并约定期限归还的一种经济行为或信用行为。

贷款是我国商业银行最重要的资产业务，是银行取得利润的主要途径。贷款业务经营的结果直接影响商业银行安全性、流动性和营利性目标的实现。

二、商业银行的贷款原则

（1）安全性原则。该原则包括两层含义，一是作为授信的贷款银行，要保证贷款的发放或分配不至于引起存款提取时受到威胁或影响；二是作为授信的借款方，要保证贷款在使用过程中不至于产生贷款本息的漏损。

商业银行在贷款业务中必须贯彻安全性原则，这是由商业银行资金结构的性质决定的。与企业相比，商业银行的自有资本比例非常低，这决定其抗风险能力是极低的。同时，贷款又是商业银行最大的资产业务，是风险的聚集地。

（2）流动性原则。该原则要求银行在以最小的损失或者无损失的状态下，能把贷款资产转换为现金。

流动性原则有两个要求：一是银行在全部资产负债中，应经常性地保持对负债的及时支付能力；二是要求借款企业在整个资产营运的过程中，能够保持变现的能力，以确保及时归还银行贷款。

（3）效益性原则。该原则指贷款的分配和使用必须以最少的贷款投入或费用取得最多的收益或效益为原则。这是商业银行贷款业务经营中必须坚持的一项原则，每一笔贷款的发放与收回都要考虑贷款的盈利能力，全面贯彻和执行效益性原则。

商业银行在本质上是企业，追求利润应始终是商业银行的根本性目标。

三、办理贷款业务的基本程序

办理贷款业务的基本程序：贷款申请—贷款申请受理—贷款调查—贷款审查—贷款审议与审批—签订借款合同—贷款发放—贷后管理—贷款收回。

（一）贷款申请

借款人需要贷款，应当向主办银行或其他银行的经办机构提出书面申请，填写包括借款币种、金额、期限、用途、担保方式、偿还能力及还款方式等主要内容的借款申请书，并提供相关资料。

（二）贷款申请受理

银行经办部门客户经理受理借款申请，初步接洽有关事项，对借款人基本情况及项目可行性进行初步调查，认定借款人是否具备贷款的基本条件。根据初步认定结果和资金规模等情况，商业银行决定是否受理借款人申请的贷款。

对于同意受理的贷款业务，商业银行根据信贷业务品种，通知借款人填写统一制式的申请书，同时提供相关资料。

（三）贷款调查

银行经办部门受理借款人贷款申请后，应当对借款人的信用等级以及借款的合法性、安全性、营利性等情况进行调查，核实借款人的基本条件、抵押物、质物、保证人情况，测定贷款的风险度，送交贷款审查人员审查确认。

（四）贷款审查

信贷管理部门是贷款的审查部门，对下级上报的借款人资料和贷款调查资料进行审查。

（五）贷款审议与审批

贷款审批主要是在贷款调查的基础上，根据信贷政策，决定贷与不贷、贷多贷少、期限长短问题。把好贷款关是放好、用好贷款的关键性步骤，要坚持按贷款政策、原则和制度逐笔审批，按贷款权限审批。

（六）签订借款合同

所有贷款应当由贷款人与借款人签订借款合同。借款合同应当约定借款种类、借款用途、金额、利率、借款期限、还款方式，借贷双方的权利、义务、违约责任和双方认为需要约定的其他事项。保证贷款、抵押贷款、质押贷款可以单独与保证人、抵押人、抵押人签订保证合同、抵押合同、质押合同，并依法办理有关登记。

（七）贷款发放

银行应根据贷款合同的生效时间办理贷款发放手续。对于贷款额度过大或者贷款风险过大等因素产生超授权贷款业务，银行必须在合同附加条款中注明：本合同须经上级信贷管理部门审查认可后方正式生效。在合同生效前不得加盖公章。

（八）贷后管理

银行要进行信贷业务发生后的管理，如信贷资料的保管和贷款业务日常管理。

（九）贷款收回

贷款管理人员要在每笔贷款到期前 10 天，填制一式三联的贷款到期催收通知书，一联发送借款人并取得回执，一联发送保证人、抵押人、质押人并取得回执，一联留存备查。

贷款到期归还要按照借款合同约定的借款期限和还款方式，由借款人主动归还。企业借款人与贷款银行签订有划款授权书的，银行可按划款授权书的约定自动从借款人的账户中予以划扣。

借款人还清全部贷款后，银行应将抵押、质押的权利凭证交还抵押人、质押人并做签收登记。设定抵押、质押登记的，要及时向抵押登记部门出具有关手续。

贷款到期尚未归还的贷款，从贷款到期的次日起计收逾期利息。

因特殊原因借款人到期无力偿还贷款时，可申请办理贷款展期。

四、贷款的分类

贷款的分类如表 5-1 所示。

表 5-1　　　　　　　　　　　　　　　　贷款的分类

项目	类型		释义
期限	短期		金融企业根据有关规定发放的期限在 1 年（含 1 年）以下的各种贷款，包括质押贷款、抵押贷款、保证贷款、信用贷款、进出口押汇等
	中期		金融企业发放的贷款期限在 1 年以上 5 年（含 5 年）以下的各种贷款
	长期		金融企业发放的贷款期限在 5 年（不含 5 年）以上的各种贷款
周转性质	流动资金		用于借款人生产经营周转性或临时性资金需求的贷款
	固定资金		用于借款人新建、扩建、改造、开发和购置固定资产投资项目的贷款
方式	信用		以借款人信誉发放的贷款
	担保	保证	按《中华人民共和国担保法》规定的保证方式，以第三人承诺在借款人不能偿还贷款时，按约定承担一般保证责任或者连带责任而发放的贷款
		抵押	按《中华人民共和国担保法》规定的抵押方式，以借款人或第三人的动产或权利作为抵押物发放的贷款
		质押	按《中华人民共和国担保法》规定的质押方式，以借款人或第三人的动产或权利作为质物发放的贷款
		票据贴现	贷款人以购买借款人未到期商业票据的方式发放的贷款
贷款损失	正常		借款人能够履行合同，有充分把握按时足额偿还本息的贷款
	关注		尽管借款人目前有能力偿还本息，但存在一些可能对偿还产生不利影响因素的贷款
	次级		借款人的还款能力出现明显问题，依靠其正常的经营收入已无法保证足额偿还本息的贷款
	可疑		借款人无法足额偿还本息，即使执行抵押或担保，也会造成一部分损失的贷款
	损失		在采取所有可能的措施和一切必要的法律程序之后，本息仍然无法收回或只能收回极少部分的贷款
贷款账户	正常		贷款期内借款人按规定履行合同，有能力偿还本息，贷款本息及时全额偿还的贷款
	展期		贷款到期后，客户申请延期还款的贷款
	逾期		贷款到期后（展期）仍未收回的贷款
	催收		呆滞贷款，逾期 90 天以上或生产经营已停止，还款困难的贷款
	呆账		逾期 3 年准备核销的贷款

模块 1　人民币贷款业务

任务 1　一般人民币贷款业务

学习活动 1　发放

一般人民币贷款业务的发放流程如图 5-1 所示。

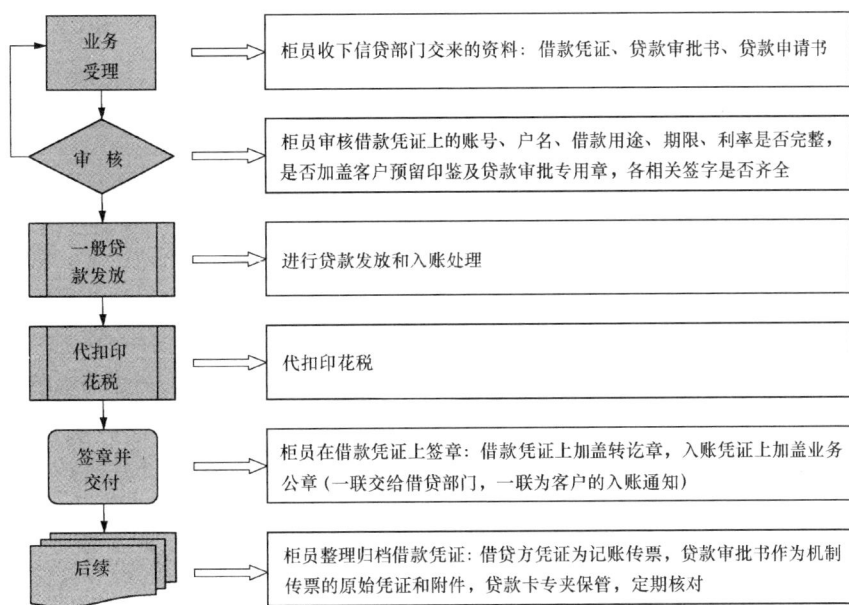

图 5-1　一般人民币贷款业务的发放流程

学习活动 2　抵押、质押的核算

一般人民币贷款业务的抵押、质押核算流程如图 5-2 所示。

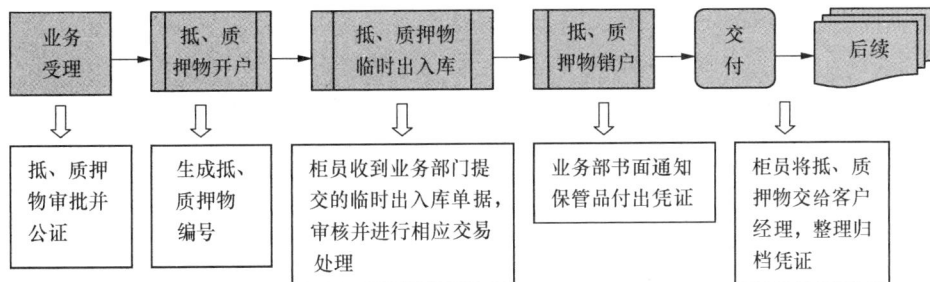

图 5-2　一般人民币贷款业务的抵押、质押核算流程

学习活动 3　收回

一般人民币贷款业务的收回流程如图 5-3 所示。

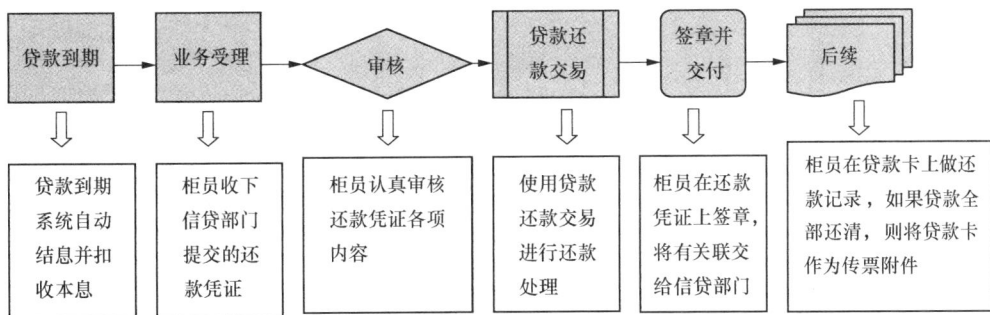

图 5-3　一般人民币贷款业务的收回流程

任务2　贴现业务的核算

一、业务释义

贴现是指商业汇票的收款人或持票人，在汇票到期日前，为了取得资金而将票据权利转让给银行的票据行为。

二、主要业务规定

（一）汇票贴现的条件

汇票持票人向商业银行或其他经中国人民银行批准的金融机构申请办理贴现业务，应具备以下条件。

（1）经工商行政管理机关（或主管机关）核准登记的企（事）业法人、其他经济组织、个体工商户，并依法从事经营活动。

（2）持票人资信状况良好。

（3）与出票人（或直接前手）之间具有真实合法的商品或劳务交易关系，并对票据贸易背景的真实性负责。

（4）持有尚未到期且合乎法定要式、要式完整的银行承兑汇票。

（5）在贴现银行开立存款账户。

（二）持票人申请办理汇票贴现须提交的资料

（1）银行承兑汇票贴现申请书。

（2）经持票人背书的尚未到期且合乎法定要式的汇票。

（3）经年检的营业执照或事业单位法人证书、组织机构代码证、贷款卡、法定代表人有效身份证件和经办人有效身份证件。

（4）持票人与出票人（或直接前手）之间签订的真实、合法的商品或劳务交易合同原件，或其他能够证明商品或劳务交易关系真实性的书面证明。

（5）持票人与出票人（或直接前手）之间发生商品或劳务交易的增值税发票或普通发票原件。

（三）贴现利息计算

贴现利息的计算公式如下。

$$贴现利息=汇票金额×贴现天数×日贴现率$$
$$实付贴现金额=汇票金额-贴现利息$$
$$贴现天数=贴现日至票据到期日的实际天数（异地加3天）$$

🔍 **同步练习**

贴现利息计算

某公司于8月15日持一张银行承兑汇票申请贴现，面值1 000 000元，贴现率2.62%，此银行承兑汇票签发于当年4月30日，到期日为10月29日，贴现利息如何计算？

三、学习活动

学习活动1　发放

贴现业务的发放流程如图5-4所示。

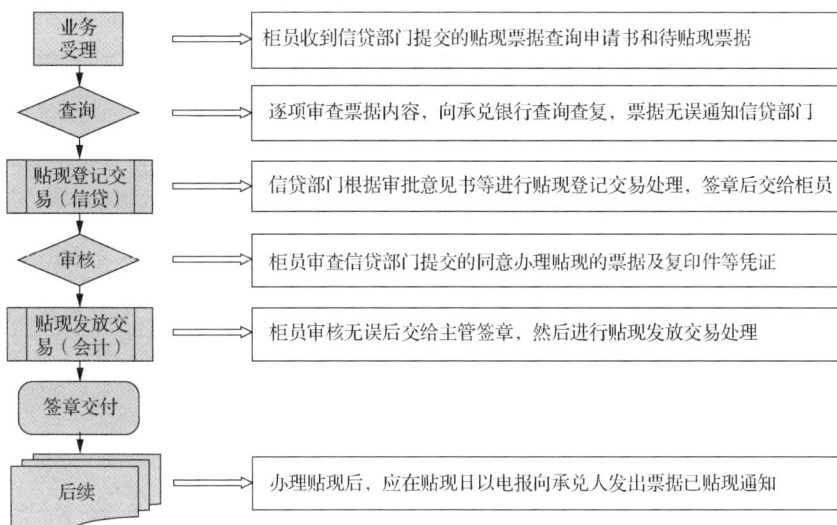

注：要加强对已贴现票据的管理，已贴现纸质票据由柜面人员双人入库进行保管。

图 5-4　贴现业务的发放流程

学习活动 2　到期核算

贴现业务的到期核算流程如图 5-5 所示。

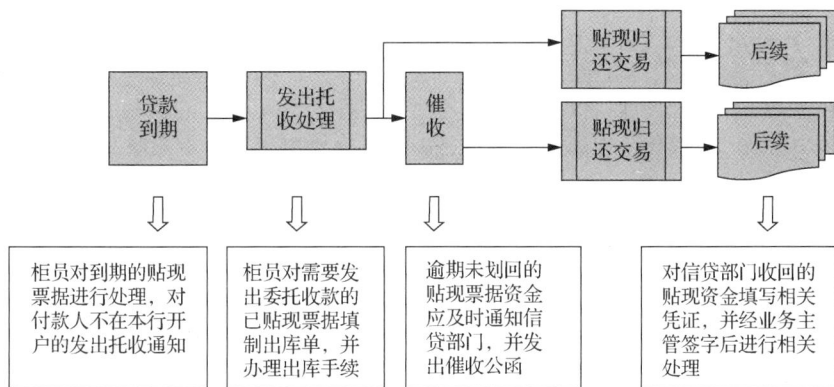

图 5-5　贴现业务的到期核算流程

柜员应每日检查贴现凭证票据到期日，对于到期贴现，将贴现凭证底卡联和贴现票据抽出。

（1）如付款人在本行开户，柜员通过贴现归还交易处理，同时进行代保管品出库交易处理；成功后，柜员将贴现凭证底卡联和汇票作为机制凭证附件，并打印一联客户扣款回单。

（2）如票据付款人不在本行开户，则通过托收处理。

模块 2　个人贷款及外汇贷款业务

任务 1　个人贷款业务

一、业务释义

个人贷款业务分类如表 5-2 所示。

表 5-2 个人贷款业务分类

类型			释义
个人投资贷款			也称个人和家庭贷款，是指银行向具有民事责任和能力的自然人提供信用的一种贷款方式
个人消费贷款	个人住房消费贷款	自营性个人住房贷款	商业银行运用信贷资金向购房借款人发放的一种商业性住房贷款
		个人住房担保委托贷款	也称个人住房公积金委托贷款或政策性个人住房贷款，是由各地方或各部门的住房公积金管理中心，运用住房公积金委托国有独资银行向实行住房公积金制度的单位中住房公积金缴存人或汇款单位的离退休职工发放的住房担保贷款
		个人住房组合贷款	由各地方或各部门的住房公积金管理中心运用住房公积金和银行运用信贷资金，向同一借款人发放的用于购买同一套自用普通住房的个人住房贷款
	个人非住房消费贷款	汽车贷款	银行对购买汽车的个人和家庭提供的分期还款的担保贷款
		耐用消费品贷款	银行对个人和家庭购买家用电器、家具、乐器、摄影器材、通信器材等物品提供的短期贷款
		旅游贷款	银行对个人和家庭度假旅游费用支出提供的短期贷款
		个人小额质押贷款	银行对城乡居民个人发放的，以银行认可的存单（折）、国债等有价证券作为抵押的贷款
		助学贷款	我国现行的助学贷款包括国家助学贷款和一般商业性助学贷款两类
		信用卡透支贷款	银行对信用卡持有人给予一定的透支额度，持卡人在透支额度内先消费后结算的一种贷款方式

二、个人质押贷款

个人质押贷款是指借款人以合法有效的，符合贷款银行规定条件的权利凭证[一般包括本人或他人的银行存单（折）、国债、保险单、银行理财产品、大额可转让存单等]作为质押，从贷款银行取得一定金额的人民币贷款，并按期归还贷款本息的个人贷款业务。

质押物范围包括：借款人或第三人的由本行签发的储蓄存单（折）、贷款行代理发行的凭证式国债、记名式金融债券；银行间签有质押止付担保协议的本地其他商业银行签发的储蓄存单（折），与贷款行签有质押止付担保协议的邮政储蓄机构签发的邮政储蓄存单（折）；贷款行代理销售的个人柜台交易记账式国债；与贷款行签有质押止付担保协议的保险公司签发的符合一定规定的个人人寿保险单等。

三、个人质押贷款主要业务规定

（1）个人质押贷款起点金额为人民币 1 000 元，并以 100 元的整数倍计算，无最高贷款额度限制。以人民币及美元定期储蓄存款存单（折）、凭证式国债作质押的，贷款最高额度一般不超过质押物累计面额的 95%；以其他外币定期储蓄存款存单（折）或保险单据作质押的，贷款最高额度不超过存单（折）累计面额或保险单据出质时现金价值的 90%；对以外币个人定期储蓄存款作质押申请人民币个人质押贷款的，其累计面额应根据贷款发放日贷款行公布的外汇（钞）买入价折合人民币计算。

（2）贷款期限一般为 1 年，最长不超过 3 年（含）。贷款利率执行中国人民银行同期同档次期限利率。以个人凭证式国债作质押的，贷款期限内如遇利率调整，贷款利率不变。

（3）凡到期、逾期、所有权有争议、已作担保、挂失、失效或被冻结的存单（折）和凭证式国债不得作为质押品。存本取息在质押期间停止取息。

（4）个人质押贷款的最长期限不得超过质押品的到期日；若用不同期限的多张存单（折）质

押，以距离到期日最近的存单（折）剩余时间确定贷款期。

（5）个人质押贷款一般不办理展期。确因不可抗拒或意外事故而影响如期还贷的，可在原贷款网点办理展期，但每笔贷款只能办理一次展期，且展期最长期限不得超过质押存单到期日或约定转存的到期日。

四、学习活动

学习活动 1　个人质押贷款发放

（一）申请人提供资料

借款人向银行申请个人质押贷款，需要书面填写申请表，同时提交以下资料。

（1）申请人本人的有效身份证件，以第三人质物作质押的，还须提供第三人有效身份证件。

（2）有效质物证明。以第三人质物作质押的，还须提供受理人、借款申请人和第三人签署的同意质押的书面证明。

（3）银行规定的其他资料。

（二）业务规程

个人质押贷款发放的业务流程如图 5-6 所示。

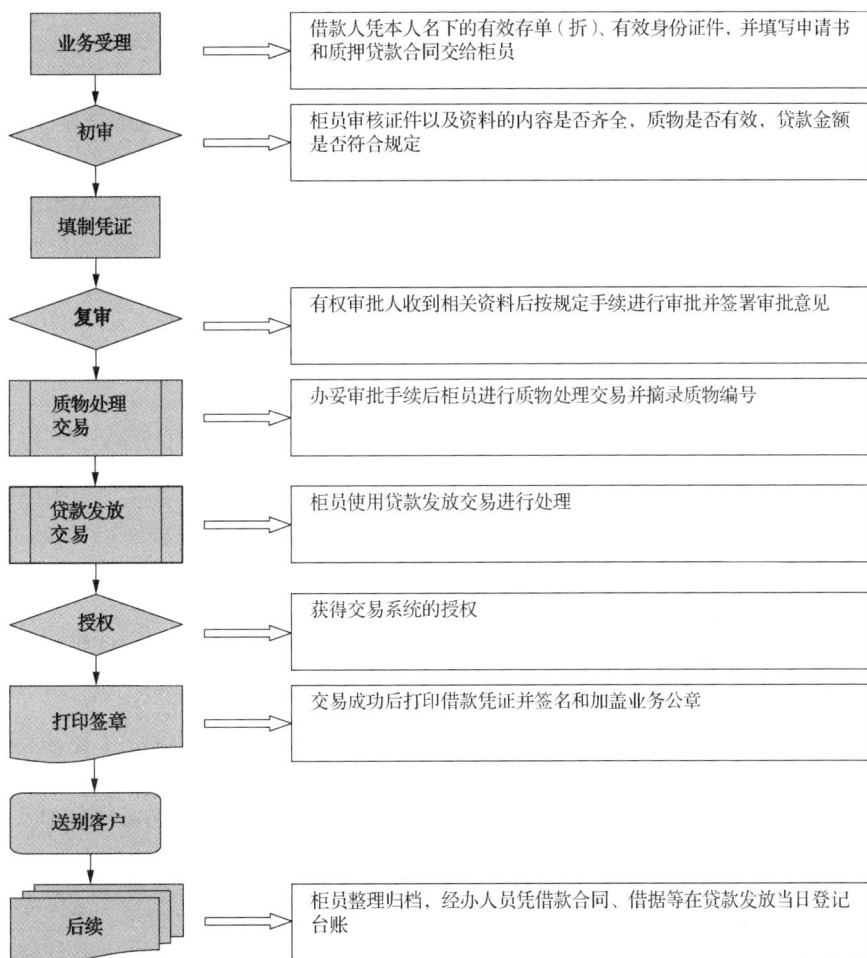

图 5-6　个人质押贷款发放的业务流程

学习活动 2　个人质押贷款到期或提前归还

个人质押贷款到期或提前归还的业务流程如图 5-7 所示。

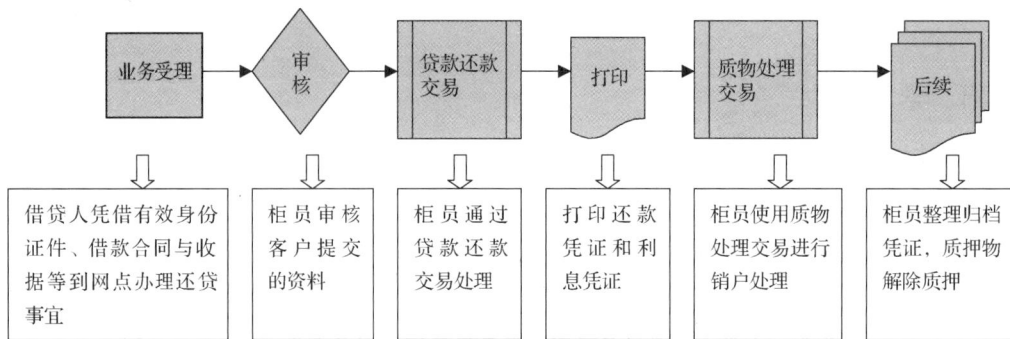

图 5-7　个人质押贷款到期或提前归还的业务流程

任务 2　外汇贷款业务

一、业务释义

（一）外汇贷款

外汇贷款是银行以外币为计算单位向企业发放的贷款。外汇贷款有广义和狭义之分，狭义的外汇贷款是指我国银行运用从境内企业、个人吸收的外汇资金，贷放于境内企业的贷款；广义的外汇贷款包括国际融资转贷款，即我国从境外借入，通过境内外汇指定银行转贷于境内企业的贷款。

外汇贷款是商业银行经营的一项重要资产业务，是商业银行运用外汇资金，强化经营机制，获取经济效益的主要手段，也是银行借以联系客户的一条主要途径。

外汇贷款的开办对利用外资和引进先进技术设备，促进我国对外贸易和国际交往的发展，以及应对国际商品市场和国际金融市场的变化，都具有十分重要的意义。

（二）外汇贷款的特点

外汇贷款除了具有银行其他信贷业务的一般特点，还具有以下特点。

（1）借外汇还外汇，实行浮动利率。

（2）借款单位必须有外汇收入或其他外汇来源。

（3）政策性强，涉及面广，工作要求高。

二、主要业务规定

（1）外汇贷款实行借外汇还外汇、借什么货币还什么货币的原则。

（2）外汇贷款发放的对象主要是有外汇支付需求的企（事）业法人或经济实体，包括中资国有、集体企（事）业单位，股份制企业，中外合资、合作企业，外商独资企业，港澳台商投资企业等。

（3）外汇贷款一般实行浮动利率制，通常采用中国人民银行公布的当日公告利率。外汇流动资金贷款一般采用 3 个月浮动利率。外汇固定资产贷款一般根据贷款期限采用 3 个月或 6 个月浮动利率。

（4）外汇贷款期限：从贷款合同签订日起至合同规定的全部债务清偿日止。

① 流动资金贷款一般不超过 1 年（含 1 年）。

② 周转性流动资金贷款一般不超过 1 年（含 1 年）。

③ 临时贷款一般不超过 6 个月。

④ 国家重点项目贷款一般不超过 5 年，个别特殊项目不超过 7 年。对外商投资企业的贷款，不得超过其营业执照限定的经营期结束前 1 年。

三、学习活动

学习活动 1 一般外汇贷款发放

一般外汇贷款发放的业务流程如图 5-8 所示。

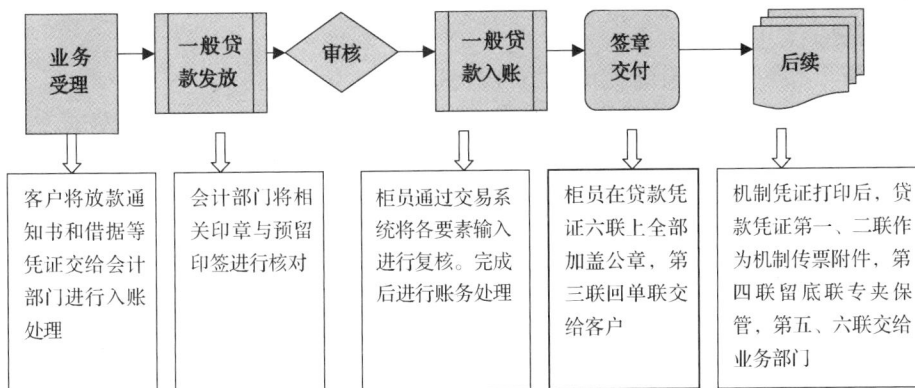

图 5-8 一般外汇贷款发放的业务流程

学习活动 2 一般外汇贷款还款

一般外汇贷款还款的业务流程如图 5-9 所示。

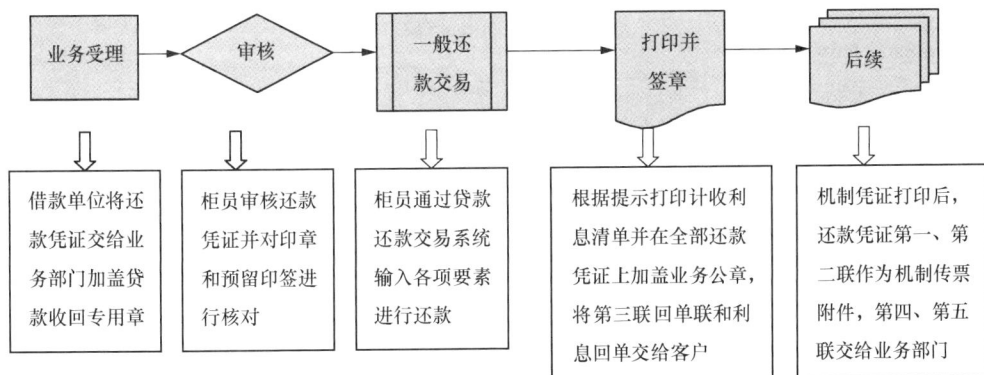

图 5-9 一般外汇贷款还款的业务流程

同步阅读

外汇贷款发放条件

从宏观上讲，外汇贷款发放有两个基本条件：一是贷款项目必须按程序上报，经批准纳入计划；二是国内配套设备要落实。借款人还应具备以下条件。

（1）经济效益好，产品适销对路，有偿还外汇贷款本息的能力。

（2）外汇贷款借款人必须具有独立法人资格，实行独立核算，持有贷款证，在银行开立账户；有健全的财务会计制度，资产负债率一般不超过75%；注册资本金已按期到位，并经合法核资。

（3）固定资产贷款项目符合国家产业政策，并经有权机关批准，项目配套人民币资金、设备、物资、技术条件落实。

（4）建设项目投资总额中自筹资金不低于30%，新建项目企业法人所有者权益占项目总投资的比例一般不低于30%。

（5）借款人申请外汇贷款须提供贷款人认可的相关资料。

📑 项目强化训练

一、判断题

1. 贷款资产是我国商业银行最重要的负债业务。 （ ）
2. 中期贷款是指金融企业发放的贷款期限在1年以上3年（含）以下的各种贷款。 （ ）
3. 贷款流程为：贷款申请—贷款调查—贷款申请受理—贷款审查—贷款审议与审批—签订借款合同—贷款发放—贷后管理—贷款收回。 （ ）
4. 票据贴现是指贷款人以购买借款人已到期商业票据的方式发放的贷款。 （ ）
5. 贷款按贷款损失程度分为正常、次级、关注、可疑、损失5类。 （ ）
6. 个人质押贷款起点金额为人民币1 000元，并以50元的整数倍计算，无最高贷款额度限制。 （ ）
7. 个人质押贷款在期限内如遇利率调整，贷款利率也要作相应调整。 （ ）
8. 可疑类贷款的基本特征就是"缺陷明显，可能损失"。 （ ）
9. 学校、幼儿园、医院等以公益为目的的事业单位、社会团体是优良的保证人。 （ ）
10. 关注贷款是指借款人的还款能力出现明显问题，依靠其正常的经营收入已无法保证足额偿还本息。 （ ）

二、单项选择题

1. 个人质押贷款的贷款人须持本人名下的（ ）到银行办理。
   A. 整存整取定期存单（折）、房产证、凭证式国库券、金银首饰
   B. 大额可转让定期存单（折）、金银首饰、活期存折、存本取息定期存单（折）
   C. 整存整取定期存单（折）、活期存折、房产证、存本取息定期存单（折）
   D. 凭证式国债、大额可转让定期存单、存本取息定期存单（折）、整存整取定期存单（折）
2. 没有任何担保，仅凭借款人的信用状况发放的贷款是（ ）。
   A. 担保贷款　　　　B. 抵押贷款　　　　C. 质押贷款　　　　D. 信用贷款
3. 借款人的还款能力出现明显问题，依靠其正常经营收入已无法保证足额偿还本息时，按贷款损失程度分类可分为（ ）。
   A. 关注　　　　B. 次级　　　　C. 可疑　　　　D. 损失
4. 借款人无法足额偿还本息，即使执行抵押或担保，也肯定要造成一部分损失，按贷款损失程度分类可分为（ ）。
   A. 关注　　　　B. 次级　　　　C. 可疑　　　　D. 损失
5. 质押与抵押的最大不同之处在于（ ）。
   A. 担保物的占有权是否发生转移　　　　B. 担保物的种类

C．合同生效的时间　　　　　　　　D．能否重复设置担保权

6．信贷管理中，首先追求的应是贷款的____，其次才是____和____。（　　　）

A．效益性　安全性　流动性　　　　B．安全性　利润性　流动性

C．流动性　安全性　效益性　　　　D．安全性　效益性　流动性

7．抵押贷款中，银行可接受的动产抵押物是（　　　）。

A．企业厂房　　B．学校教学楼　　C．医院救护车　　D．原材料

8．质押贷款到期经业务人员多次催收，逾期超过（　　　）以上的，才可对质押品进行强制支取。

A．1 个月　　　B．3 个月　　　　C．半年　　　　D．1 年

9．小额质押贷款期限最长为（　　　）。

A．3 个月　　　B．6 个月　　　　C．1 年　　　　D．2 年

10．贷款逾期（　　　）天以上，转入呆滞贷款。

A．180　　　　B．90　　　　　　C．360　　　　　D．270

11．王某持开户行开具的人民币个人定期储蓄存款存单 80 万元，要求开户行办理质押贷款，其最高可贷（　　　）万元。

A．10　　　　　B．20　　　　　　C．64　　　　　D．72

12．个人汽车贷款期限最长不超过（　　　）年。

A．3　　　　　B．5　　　　　　C．10　　　　　D．15

13．信贷业务调查阶段不包括（　　　）。

A．客户评价　　B．业务评价　　　C．担保评价　　　D．风险评价

14．担保贷款不包括（　　　）。

A．委托贷款　　B．保证贷款　　　C．抵押贷款　　　D．质押贷款

15．票据贴现是银行的（　　　）。

A．资产业务　　B．负债业务　　　C．中间业务　　　D．表外业务

三、多项选择题

1．商业银行的贷款原则包括（　　　）。

A．安全性　　　B．流动性　　　　C．效益性　　　　D．风险性

2．担保贷款分为（　　　）。

A．委托贷款　　B．抵押贷款　　　C．质押贷款　　　D．保证贷款

3．贷款"三查"制度是指（　　　）。

A．贷前调查　　B．贷时审查　　　C．贷后检查　　　D．书面审查

4．信贷资产分为正常、关注、次级、可疑和损失 5 类，其中（　　　）为正常信贷资产。

A．正常　　　　B．关注　　　　　C．次级　　　　　D．可疑

5．短期贷款的种类有（　　　）。

A．质押贷款　　B．保证贷款　　　C．信用贷款　　　D．进出口押汇

6．信贷业务受理阶段主要包括（　　　）。

A．客户申请　　B．资格初审　　　C．提交材料　　　D．初步审查

7．质押贷款受理时，借款人须提交（　　　）。

A．有效存单（折）　B．本人身份证　C．贷款申请书　　D．质押贷款合同

8. 下列可以作为小额质押贷款质物的是（　　　）。

  A. 整存整取存单（折）   B. 凭证式国债

  C. 人寿保险单   D. 活期储蓄存单（折）

9. 柜员审核借款人的质押申请时，须认真审核（　　　）。

  A. 证件是否有效   B. 资料的内容是否正确、齐全

  C. 质物是否有效   D. 申请的贷款金额是否符合规定

10. 下列财产不能作为抵押的有（　　　）。

  A. 土地所有权 B. 房产所有权 C. 社会公益设施 D. 学校

四、简答题

1. 贷款是怎样分类的？

2. 信贷管理的原则是什么？

3. 什么是非住房消费贷款？

4. 个人质押贷款的主要业务规定有哪些？

5. 外汇贷款期限是怎样规定的？

6. 柜员应怎样处理到期的贴现票据？

五、请做出下列业务流程图并对主要环节予以说明

1. 一般贷款收回。

2. 贴现发放。

3. 个人质押贷款发放。

4. 个人质押贷款到期或提前归还。

六、案例分析

存单质押贷款风险

案情介绍：

  2019 年 9 月 3 日，个体经营户王某用其父名下 10 万元人民币定期存单作质押，向 A 行申请 1 年期人民币贷款 10 万元，该存单为 2019 年 7 月 5 日存入的 5 年期定期存单。A 行办理存单冻结手续后，向其发放人民币贷款 10 万元，但在办理贷款手续时，未坚持让出质人当面签字，而是由王某代签。

  贷款到期后，A 行积极催收。王某因经营不善，始终无力偿还，而出质人以质押合同为王某代签、自己没有同意为由，拒绝银行处置存单。经多次协商未果，2022 年年初，A 行提起诉讼。2022 年 7 月 8 日，经法院调解，出质人同意处置该存单，A 行提前支取存单后收回贷款本金 10 万元及利息 2 961.75 元，剩余 49 693.23 元利息经 A 行多次催收，王某仍未能履行还款义务。2022 年 10 月 11 日，王某因车祸死亡，致使剩余利息形成损失。

  思考分析：

  在商业银行个人贷款业务中，质押贷款是风险性较小的贷款产品，但如果在操作中违反相关规定，质押贷款同样会给商业银行造成损失。请结合质押贷款的主要规定及其他相关的贷款知识，从质押贷款的受理审核及到期处理方面分析该笔质押贷款形成损失的原因。

项目 6　商业银行中间业务

知识图谱

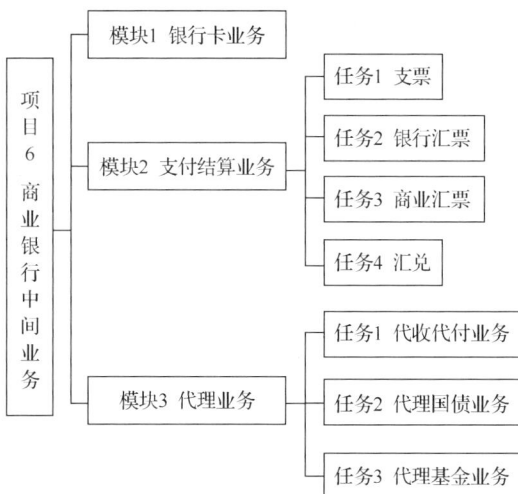

学习目标

各家商业银行积极开展多种多样的中间业务，既满足了经济社会对商业银行金融服务的需求，又为商业银行吸引了更多顾客，增加了其经营利润。同时，相对于贷款业务，中间业务风险较低的特性也得到了商业银行的青睐。通过本项目的学习，学生能够初步了解和掌握以下内容。

知识目标

（1）了解并熟悉银行卡业务的种类及业务规程。

（2）了解并熟悉银行支付结算的种类及业务规程要点。

（3）了解并熟悉代理业务的种类及业务规程要点。

能力目标

（1）能够按照具体业务操作流程规范办理银行卡的发卡、销卡收回。

（2）能够按照具体业务操作流程规范办理个人银行汇票签发、兑付与结清等业务操作。

（3）能够按照具体业务操作流程规范办理代理业务。

素养目标

（1）培养求真务实的工作态度，树立耐心细致的工作作风。

（2）具有爱岗敬业的职业精神，培养良好的人际沟通能力。

🔍 **案例导入**

存款挂失冒领

2020 年 6 月，张某在某银行申领了一张储蓄卡，并自行设置了密码。当年 10 月 8 日 19 时，其通过拨打银行客户服务中心电话，以所持储蓄卡、身份证等物品被盗为由申请口头挂失，该中心核对相关信息无误后确认挂失，并告知其挂失止付存款金额为 9 997.22 元，挂失有效期为 5 日。此外，其当晚还进行了报警登记。

当张某次日再次致电银行客户服务中心确认挂失时，却被告知挂失的存款当天已分 9 000 元和 900 元两次被他人领取。随后，其向事发银行一支行咨询才得知，当天上午 9 时，他人持张某的身份证以使用 ATM 机取款发生"吞卡"为由到该储蓄所办理领卡手续，该储蓄所经查验他人提交的张某身份证并在确认一次性正确输入密码后，为其办理了领卡业务。他人领卡后，又向该支行申请解除口头挂失，该所凭他人提供的张某身份证、卡片，并验证密码后撤销挂失。随后，他人通过输入密码在柜台支取了存款 9 000 元，并于当日在 ATM 机上支取存款 900 元。

由此，张某认为银行在其本人未亲自申请解除挂失的情况下，擅自解除口头挂失，导致存款被他人冒领，具有明显的过错，应承担赔偿责任，故要求银行返还其存款 9 900 元。

📋 **相关业务规范**

一、业务释义

中间业务是指商业银行在资产业务和负债业务的基础上，利用技术、信息、机构网络、资金和信誉等方面的优势，不运用或较少运用银行的资产，而是以中间人和代理人的身份替客户办理收付、咨询、代理、担保、租赁及其他委托事项，提供各类金融服务并收取一定费用的经营活动。在资产业务和负债业务两项传统业务中，银行作为信用活动的一方参与经营活动。而中间业务则不同，银行不再直接作为信用活动的一方，扮演中介或代理的角色，实行有偿服务。

二、中间业务的种类

我国商业银行开展的中间业务主要有银行卡业务、结算业务、代理业务及其他业务。

（一）银行卡业务

银行卡业务是指商业银行提供的围绕银行发行的具有支付结算、汇兑转账、储蓄、消费信贷、个人信用、综合服务等全部或部分功能的信用支付工具而展开的相关业务。银行卡主要分为借记卡和贷记卡。

（二）结算业务

结算业务是指商业银行通过提供结算工具，为收付双方或购销双方完成货币收付、划账行为的业务。当前的主要结算方式有以下五种。

（1）票据结算。票据结算是指通过支票、银行汇票、商业汇票、银行本票等票据进行资金清算的结算方式。这些票据具有要式性、无因性、流通性等特点。

（2）转账结算。转账结算是指通过银行将款项从付款人账户划转到收款人账户的货币给付及资金清算行为，实质是以存款货币的流通代替现金流通。

（3）托收承付。托收承付是指根据购销合同由收款人发货后委托银行向异地付款人收取款项，由付款人向银行承认付款的结算方式。办理托收承付结算的款项，必须是商品交易款项以及因商品交易活动而产生的劳动供应款项。

（4）汇兑结算。汇兑结算是指汇款人委托银行将款项汇给异地收款人的结算方式，通常分为电汇和信汇，使用时可由汇款人选择。

（5）委托收款。委托收款是指收款人委托银行向付款人收取款项的结算方式。通常情况下，单位和个人都可以办理委托收款结算，其范围限于已承兑的商业汇票（含商业承兑汇票和银行承兑汇票）、债券、存单等付款人债务证明。

（三）代理业务

代理业务是指商业银行接受单位或个人委托，以代理人的身份，代表委托人办理一些经双方议定的有关业务，主要有代理收付款业务、代理国债业务、代理基金业务、代理保险业务等。

（四）其他业务

其他业务主要包括咨询业务、保管业务、代理会计事务、基金托管业务、信托业务、租赁业务、信用证及电子计算机服务等。

模块 1 银行卡业务

一、业务释义

银行卡是指由商业银行向社会发行的具有消费信用、转账结算、存取现金等全部或部分功能的信用支付工具。在现代经济生活中，银行卡影响着人们生活的方方面面。

银行卡按结算方式的分类如表 6-1 所示。

表 6-1　　　　　　　　　　　　银行卡按结算方式的分类

类型		释义
借记卡（不具备透支功能）	转账卡	实时扣账的借记卡，具有转账结算、存取现金和消费功能
	专用卡	具有专门用途，在特定区域使用的借记卡，具有转账结算、存取现金功能
	储值卡	这是发卡银行根据持卡人的要求将其资金转至卡内储存，交易时直接从卡内扣款的预付钱包式借记卡
	联名卡	这是商业银行与营利机构合作发行的银行卡附属产品
信用卡（可透支）	准贷记卡	这是指持卡人先按发卡银行要求交存一定金额的备用金，当备用金账户余额不足以支付时，可在发卡银行规定的信用额度内透支的信用卡
	贷记卡	这是指发卡银行给予持卡人一定的信用额度，持卡人可在信用额度内先消费后还款的信用卡

图表看一看

信用卡与借记卡的区别如表 6-2 所示。

表 6-2 信用卡与借记卡的区别

业务类型	信用卡	借记卡
申领条件	免担保，免保证金	先开立存款账户
信用额度	具有一定的透支额度，并具有循环信用功能	不可透支
消费方式	先消费，后还款	先存款，后消费
密码使用	境外消费不需输入密码，只需凭签字消费；境内消费根据客户设置，选择密码或签字消费	所有交易都需要密码
免息期	消费享受 20～50 天的免息还款期待遇	无
存款利息	存款不计息	存款计息
预借现金	可在额度内预借现金	不可预借现金

二、主要业务规定

（1）开立银行卡账户时，必须遵照国家颁布的《个人存款账户实名制规定》的要求。

（2）个人申请银行卡，应向发卡银行出示本人有效身份证件；经发卡银行审查合格后，为其开立记名账户；银行卡及其账户只限发卡银行批准的持卡人使用，不得出租和转借。

（3）持卡人在还清全部交易款项、透支本息和有关费用后，可申请办理销户。

（4）准贷记卡和贷记卡的业务规定（境内）如表 6-3 所示。

表 6-3 准贷记卡和贷记卡的业务规定（境内）

异同	项目	准贷记卡	贷记卡
相同点	是否有一定信用额度	是	是
	透支取现产生利息	0.5‰/日	0.5‰/日（15 日内）
	异地取现手续费	0.5%～1%	0.5%～1%
	跨行 ATM 取现手续费	2～4 元/笔	2～4 元/笔
不同点	申请方式	保证金	授信
	存款利息	存款有息（活期）	存款无息
	免息期与最低还款额规定	无	有——消费透支
	取现手续费	无	3%
	透支取现额	信用额度	授信额度的一半
	ATM 每日取现金额	20 000 元	单日不超过 3 000 元，每日累计不超过 1 万元
	透支利息计算	按月计收单利	按月计收复利

注：自 2021 年 7 月 25 日起，中国工商银行暂免收准贷记卡境内跨行 ATM 取款手续费。

资料传真袋

关于账户实名制

根据《个人存款账户实名制规定》，各类个人人民币银行存款账户（含个人银行结算账户、个人活期储蓄账户、个人定期存款账户、个人通知存款账户等）必须以实名开立，即存款人开立各类个人银行账户时，必须提供真实、合法和完整的有效证明文件，账户名称与提供的证明文件中存款人名称一致。

银行业金融机构（以下简称"银行"）为开户申请人开立个人银行账户时，应核验其身份信息，对开户申请人提供身份证件的有效性、开户申请人与身份证件的一致性和开户申请人开户意愿进行核实，不得为身份不明的开户申请人开立银行账户并提供服务，不得开立匿名或假名银行账户。

（1）审核身份证件。银行为开户申请人开立个人银行账户时，应要求其提供本人有效身份证件，并对身份证件的真实性、有效性和合规性进行认真审查。银行根据有效身份证件仍无法准确判断开户申请人身份的，应要求其出具辅助身份证明材料。

（2）核验身份信息。银行可利用政府部门数据库、本银行数据库、商业化数据库、其他银行账户信息等，采取多种手段对开户申请人身份信息进行多重交叉验证，全方位构建安全可靠的身份信息核验机制。

（3）留存身份信息。成功开立个人银行账户的，银行应登记存款人的基本信息、与存款人身份信息核验有关的身份证明文件信息、完整的身份信息核验记录，留存存款人身份证件与辅助身份证明文件的复印件或者影印件、以电子方式存储的身份信息，有条件的可留存开户过程的音频或视频文件等。

（4）建立健全个人银行账户数据库。银行应建立健全以存款人为中心的个人银行账户管理系统，按照居民身份证号码、护照号码等实现对个人银行账户的统一查询和管理。如果存款人非中国居民，银行应按照存款人国籍（地区）进行标识并实现对非中国居民银行账户的分类查询和管理。

（5）停用或注销银行账户。银行发现或者收到被冒用身份的个人声明，并确认该银行账户为假名或虚假代理开户的，应立即停止相关个人银行账户的使用；在征得被冒用人或被代理人同意后予以销户，账户资金列入久悬未取专户管理。

三、学习活动

学习活动 1　信用卡申请

信用卡申请的业务流程如图 6-1 所示。

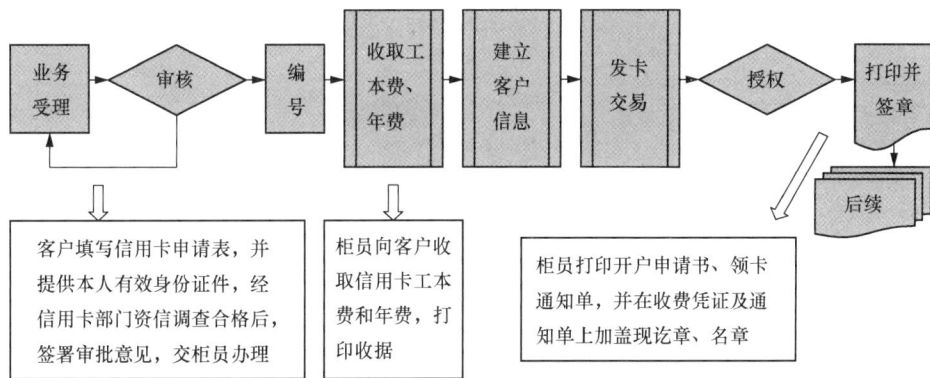

图 6-1　信用卡申请的业务流程

学习活动 2　信用卡领卡

信用卡领卡的业务流程如图 6-2 所示。

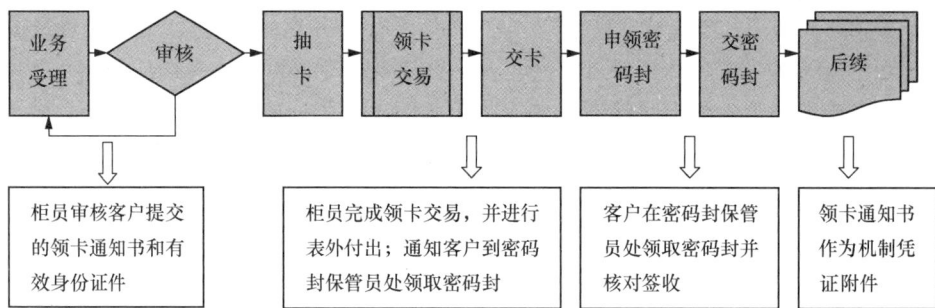

图 6-2　信用卡领卡的业务流程

学习活动 3　借记卡申领

借记卡申领的业务流程如图 6-3 所示。

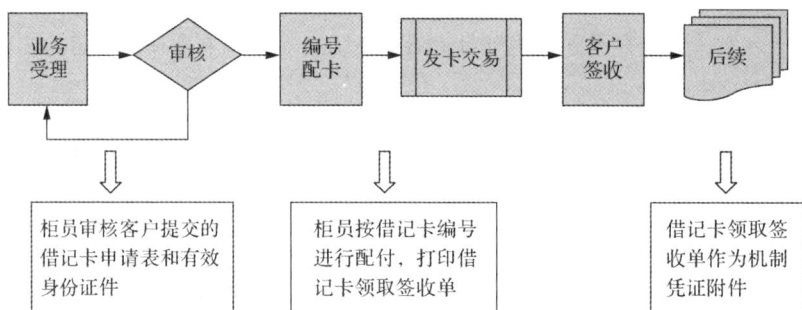

图 6-3　借记卡申领的业务流程

学习活动 4　银行卡存取现金

银行卡存取现金的业务流程如图 6-4 所示。

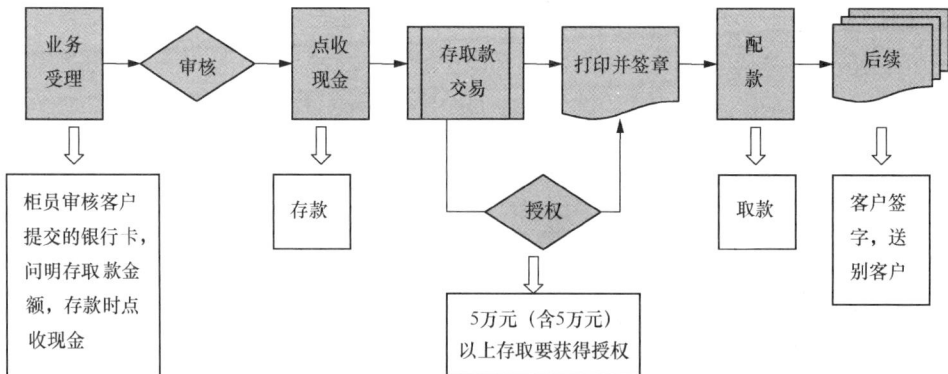

图 6-4　银行卡存取现金的业务流程

需要注意，在进行现金收款时，先收款后记账；在进行现金付款时，先记账后付款；现金收付款，要做到唱收唱付。

现金存取款超过 5 万元（含 5 万元）需要提供持卡人有效身份证件；如是代办，还需出具代办人有效身份证件，以上均为证件原件。

学习活动 5　销卡

银行卡销卡的业务流程如图 6-5 所示。

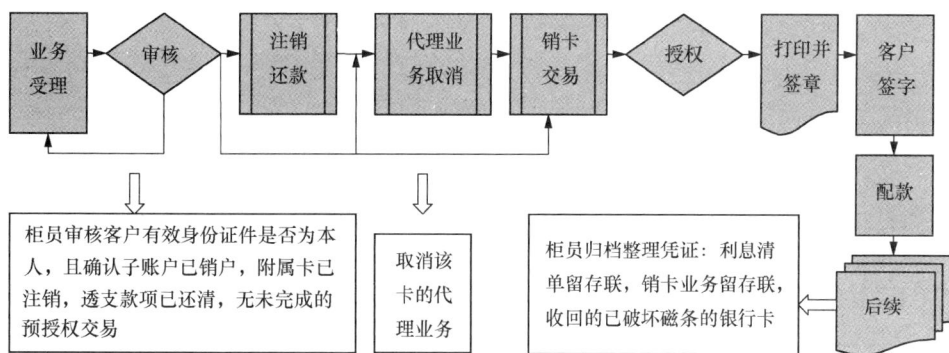

图 6-5 银行卡销卡的业务流程

需要注意，销卡可以代办，出示双方的有效身份证件即可办理。

学习活动 6 银行卡挂失

（一）挂失业务

银行卡挂失的业务流程如图 6-6 所示。

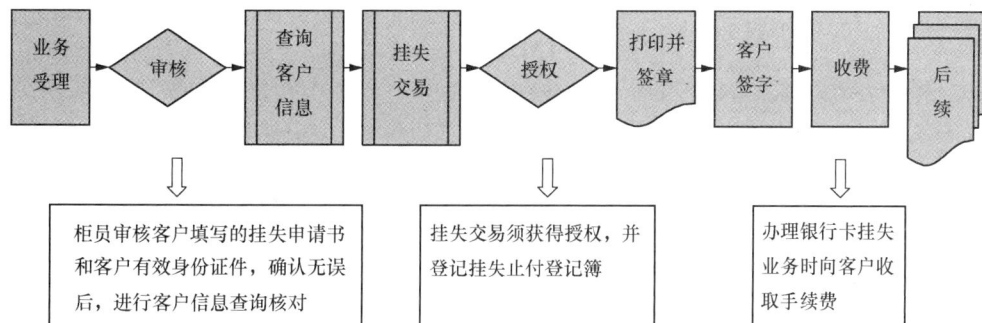

图 6-6 银行卡挂失的业务流程

需要注意，挂失业务可以代办，出示双方有效身份证件即可办理，也可以通过电话银行办理挂失业务。

挂失业务分为正式挂失和密码挂失，如是密码挂失，免收挂失手续费；挂失销卡也免收挂失手续费。

（二）密码重置业务

银行卡密码重置的业务流程如图 6-7 所示。

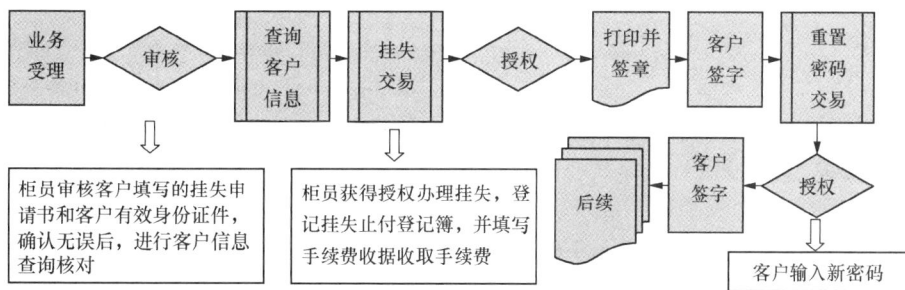

图 6-7 银行卡密码重置的业务流程

需要注意，密码重置业务不可以代办。

学习活动7　换卡业务

银行卡换卡的业务流程如图6-8所示。

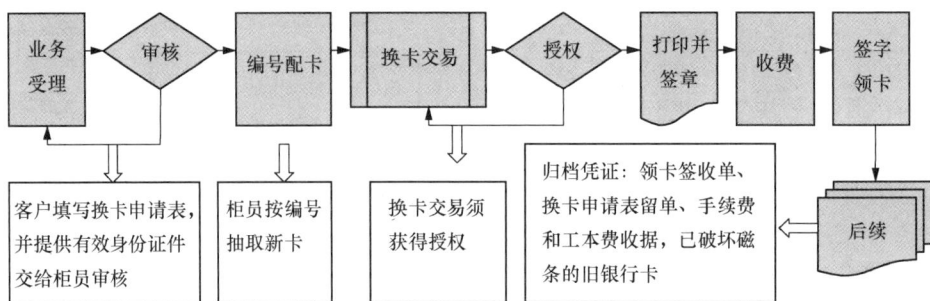

图6-8　银行卡换卡的业务流程

需要注意，换卡后的旧卡，应当客户面剪角（要剪掉磁条和芯片），无须留存。

想一想

通过 ATM 汇款小心诈骗

2024 年 9 月的一日，工行某支行大堂经理小任在 24 小时自助银行进行日常巡视时，发现一对 40 多岁的夫妇在 ATM 机前边打手机边操作。经过小任的细心观察，他判断这对夫妇正在进行汇款操作，但同时发现两处疑点：第一，客户操作自助设备全在手机通话指导下进行；第二，自助机器上的汇款画面是全英文的。小任上前询问，客户称公安机关打电话给他，说他的身份证及银行存款账户均被他人盗用，且已造成透支，要他将存款集中转入警方的安全监控账户，以便警方破案。至此，小任已肯定这是一起汇款诈骗案，立即提醒客户，最终挽回客户 10 余万元的损失。

思考分析：在日常的用卡过程中，要确保个人信息安全，使犯罪分子没有可乘之机，应从哪些方面进行防范？

同步训练

银行卡业务实训

实训目标

该训练项目帮助学生通过模拟银行前台办理银行卡的场景，使学生直观地了解银行卡不同业务的办理流程和业务要点，同时培养学生前台的服务语言和技能技巧，帮助学生在演练中锻炼临场发挥、处理问题的能力。

实训内容

由两组学生（每个小组由 3～5 名学生组成）上台模拟各自设计的不同银行柜面场景，分别进行银行卡申请、领卡、换卡、挂失等业务办理的操作演练。

每组完成后，由教师进行更正或补充。

实训要求

（1）本节课前要求教师指定实训小组和成员。

（2）各小组要分配好所涉及的不同角色。

（3）实训课在存款项目授课结束后进行。

考核方式

教师根据实训学生的综合实训效果（场景设计、内容展示、语言水平和技巧、服务技能等），结合其他非参训学生的意见对各参训学生进行评分，作为本学期末该名学生的平时分评定标准之一。

模块 2　支付结算业务

一、业务释义

（一）支付结算

支付结算是指单位、个人在社会经济活动中使用票据、信用卡和汇兑、托收承付、委托收款等结算方式进行货币支付及其资金清算的行为。本模块主要介绍商业银行常见的结算业务。

（二）银行支付结算的种类

银行支付结算的种类有支票、银行本票、银行汇票、商业汇票、汇兑、托收承付和委托收款等。

（1）支票是出票人签发的，委托办理支票存款业务的银行在见票时无条件支付确定金额给收款人或者持票人的票据。

（2）银行本票是银行签发的，承诺自己在见票时无条件支付确定金额给收款人或者持票人的票据。它分为不定额本票和定额本票。定额本票面额为 1 000 元、5 000 元、1 万元和 5 万元。银行本票可以用于转账，注明"现金"字样的银行本票可以用于支取现金。

（3）银行汇票是出票银行签发的，由其在见票时按照实际结算金额无条件支付给收款人或者持票人的票据。银行汇票的出票银行为银行汇票的付款人。

（4）商业汇票是出票人签发的，委托付款人在指定日期无条件支付确定的金额给收款人或持票人的票据。商业汇票按承兑人的不同分为商业承兑汇票和银行承兑汇票。银行承兑汇票是在承兑银行开立账户的存款人签发的，由其开户银行承兑付款的票据。

（5）汇兑是指汇款人委托银行将其款项支付给收款人的结算方式。单位和个人的各种款项结算均可使用汇兑结算方式。汇兑分为信汇、电汇两种，由汇款人根据自身情况选择。

（6）托收承付是指根据购销合同由收款人发货后委托银行向异地付款人收取款项，由付款人向银行承认付款的结算方式。托收承付结算按款项的划回方式分为邮寄和电报两种。

（7）委托收款是收款人委托银行向付款人收取款项的结算方式。

（三）支付结算原则

（1）恪守信用，履约付款。

（2）谁的钱进谁的账，由谁支配。

（3）银行不垫款。

二、主要业务规定

1. 票据和结算凭证规定

票据和结算凭证的金额、出票或签发日期、收款人名称不得更改，更改的票据无效，更改的结算凭证银行不予受理。对于票据和结算凭证上的其他记载事项，原记载人可以更改，但在更改时应当由原记载人在更改处签章证明。

2. 办理支付结算需要交验的证件

办理支付结算需要交验的个人有效身份证件有居民身份证、军官证、警官证、文职干部证、士兵证、户口簿、护照等符合法律、行政法规以及国家有关规定的身份证件。

3. 票据上的签章

票据上的签章为签名、盖章或签名加盖章。单位、银行在票据上的签章和单位在结算凭证上的签章为该单位、银行的盖章加其法定代表人或其授权的代理人的签名或盖章，个人在票据和结算凭证上的签章为个人本名签名或盖章。

4. 票据背书的规定

（1）背书人应在票据背面记载背书人签章，被背书人栏填写被背书人名称、背书日期（未填日期的视为到期日前背书）。委托收款背书和票据质押背书的，除背书人签章和记载背书日期外，在被背书人栏填写持票人的开户银行名称或质权人名称。同时，在背书人签章栏记载"委托收款"或"质押"字样。

（2）票据可以背书转让，但标明"现金"字样的银行汇票、银行本票、用于支取现金的支票和正面记载"不得转让"字样的票据均不得背书转让。区域性银行汇票仅限于在本区域内背书转让，银行本票、支票仅限于在其票据交换区域内背书转让。

（3）背书转让的票据，背书应当连续。背书连续是指票据第一次背书转让的背书人是票据上记载的收款人，前次背书转让的被背书人是后一次背书转让的背书人，前后衔接，最后一次背书转让的被背书人是票据的最后持票人。背书栏不够使用的，可以使用统一格式的粘单，粘单上的第一记载人应当在票据和粘单的黏接处签章。

5. 票据的挂失

（1）已承兑的银行承兑汇票、支票、填明"现金"字样和代理付款人的银行汇票以及填明"现金"字样的银行本票丧失，可以由失票人通知付款人或者代理付款人办理挂失止付。未填明"现金"字样和代理付款人的银行汇票以及未填明"现金"字样的银行本票丧失，不得办理挂失止付。

（2）允许挂失止付的票据丧失，失票人需要办理挂失止付的，应填写挂失止付通知书并签章。挂失止付通知书应当记载下列事项：票据丧失的时间、地点、原因，票据的种类、号码、金额、出票日期、付款日期、付款人名称、收款人名称，挂失止付人的姓名、营业场所或者住所、联系方式。

欠缺上述记载事项之一的，银行不予受理。

（3）付款人或者代理付款人收到挂失止付通知书后，查明挂失票据确未付款的，应立即暂停支付。付款人或者代理付款人自收到挂失止付通知书之日起12日内未收到人民法院的止付通知书的，自第13日起，持票人提示付款并依法向持票人付款的，不再承担责任。

6. 办理支付结算业务应收费用

办理各项支付结算业务应分别收取手续费、凭证工本费、挂失手续费、电子汇划费或邮电费。除财政金库全部免收，存款不计息账户、救灾、抚恤金等款项免收邮电费、手续费外，对其他单位和个人都要按照规定收取费用。

7. 票据期限

票据期限最后一日是法定休假日的，以法定休假日的次日为最后一日。按月计算期限的，按到期月的对日计算；无对日的，月末日为到期日。

任务1　支票

一、业务释义

支票是出票人签发的，委托办理支票存款业务的银行在见票时无条件支付确定金额给收款人或者持有人的票据。

支票分为现金支票、转账支票和普通支票。支票上印有"现金"字样的为现金支票，现金支票只能用于支取现金；支票上印有"转账"字样的为转账支票，转账支票只能用于转账；未印有"现金"或"转账"字样的为普通支票，可以支取现金，也可以转账，普通支票左上角画两条平行线的为画线支票，只能用于转账。

二、主要业务规定

（1）支票可用于单位和个人在同一票据交换区域的各种款项的结算。

（2）签发支票应用碳素墨水填写，中国人民银行另有规定的除外。

（3）支票提示付款期限为自出票日起 10 日内，委托开户行收款的，以持票人向开户银行提交支票日为准。中国人民银行另有规定的除外。

（4）支票在提示付款期限内可以转让，但其背书必须连续。现金支票、未填写金额和收款人名称、支票正面填明"不得背书转让""委托收款"字样的支票不得背书转让。

（5）现金支票或支取现金的普通支票的收款人向出票人开户行提示付款时，应在支票背面注明证件名称、号码及发证机关，不得委托代取。

（6）出票人签发存款不足的空头支票，与预留印鉴不符或支付密码错误的支票，出票人开户行应退票并按票面金额处以 5%但不低于 1 000 元的罚款。

（7）转账支票没有金额起点，也没有最高限额。

三、学习活动

学习活动 1　现金支票

受理现金支票的业务流程如图 6-9 所示。

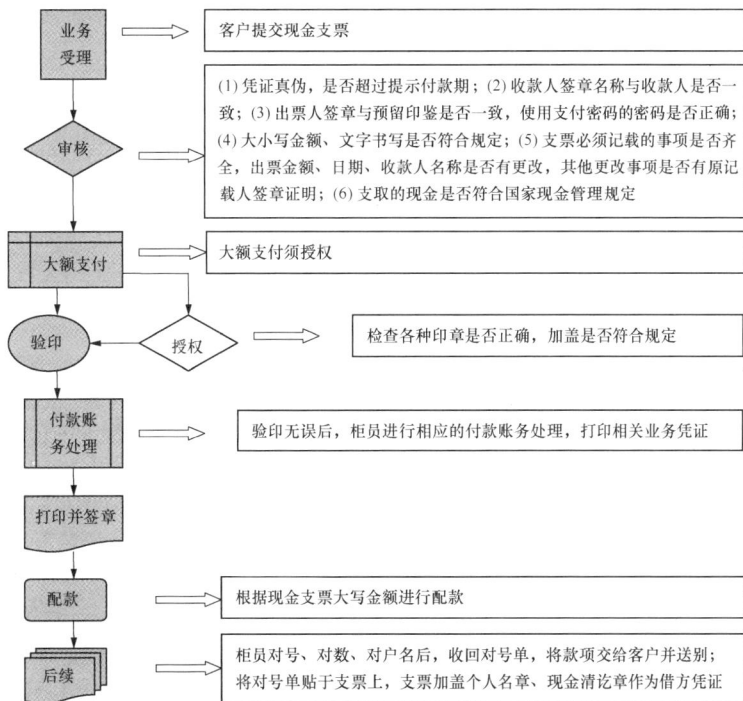

图 6-9　受理现金支票的业务流程

需要注意，客户提交经办人有效身份证件，10 万元（含）以上需要提供合理说明或明细，并由主管签字审批。

现金支票要审核用途，按照中国人民银行规定的用途支取，超范围不可支取现金。

学习活动 2　转账支票

受理转账支票的业务流程如图 6-10 所示。

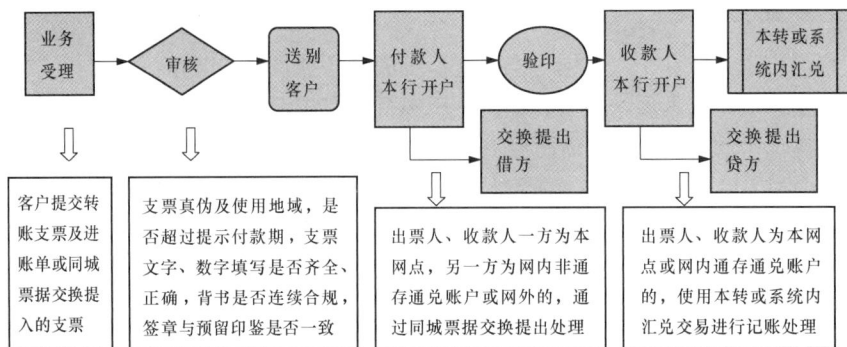

```
业务受理 → 审核 → 送别客户 → 付款人本行开户 → 验印 → 收款人本行开户 → 本转或系统内汇兑
                                    ↓                              ↓
                              交换提出借方                    交换提出贷方
```

| 客户提交转账支票及进账单或同城票据交换提入的支票 | 支票真伪及使用地域，是否超过提示付款期，支票文字、数字填写是否齐全、正确，背书是否连续合规，签章与预留印鉴是否一致 | 出票人、收款人一方为本网点，另一方为网内非通存通兑账户或网外的，通过同城票据交换提出处理 | 出票人、收款人为本网点或网内通存通兑账户的，使用本转或系统内汇兑交易进行记账处理 |

图 6-10　受理转账支票的业务流程

学习活动 3　交换提回

受理交换提回的业务流程如图 6-11 所示。

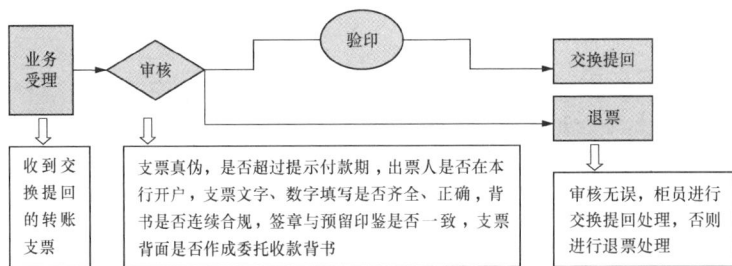

```
业务受理 → 审核 → 验印 → 交换提回
                        → 退票
```

| 收到交换提回的转账支票 | 支票真伪，是否超过提示付款期，出票人是否在本行开户，支票文字、数字填写是否齐全、正确，背书是否连续合规，签章与预留印鉴是否一致，支票背面是否作成委托收款背书 | 审核无误，柜员进行交换提回处理，否则进行退票处理 |

图 6-11　受理交换提回的业务流程

学习活动 4　支票挂失

受理支票挂失的业务流程如图 6-12 所示。

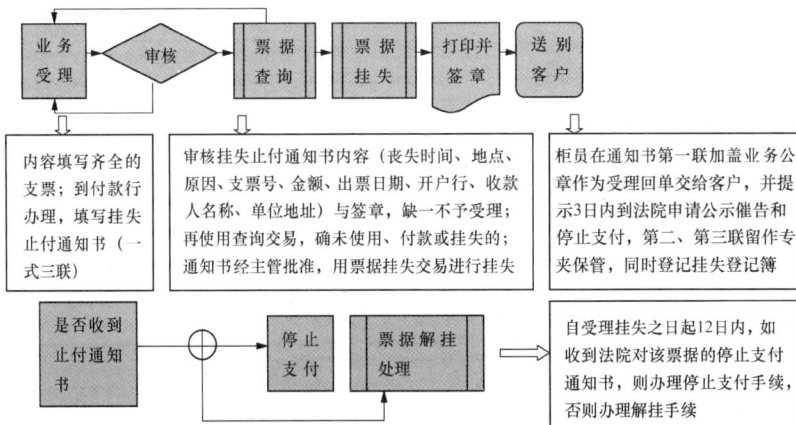

```
业务受理 → 审核 → 票据查询 → 票据挂失 → 打印并签章 → 送别客户

是否收到止付通知书 ⊕ → 停止支付 → 票据解挂处理
```

| 内容填写齐全的支票；到付款行办理，填写挂失止付通知书（一式三联） | 审核挂失止付通知书内容（丧失时间、地点、原因、支票号、金额、出票日期、开户行、收款人名称、单位地址）与签章，缺一不予受理；再使用查询交易，确未使用、付款或挂失的；通知书经主管批准，用票据挂失交易进行挂失 | 柜员在通知书第一联加盖业务公章作为受理回单交给客户，并提示3日内到法院申请公示催告和停止支付，第二、第三联留作专夹保管，同时登记挂失登记簿 |
| | | 自受理挂失之日起12日内，如收到法院对该票据的停止支付通知书，则办理停止支付手续，否则办理解挂手续 |

图 6-12　受理支票挂失的业务流程

同步阅读

支票填写示例

支票填写示例如图 6-13 所示。

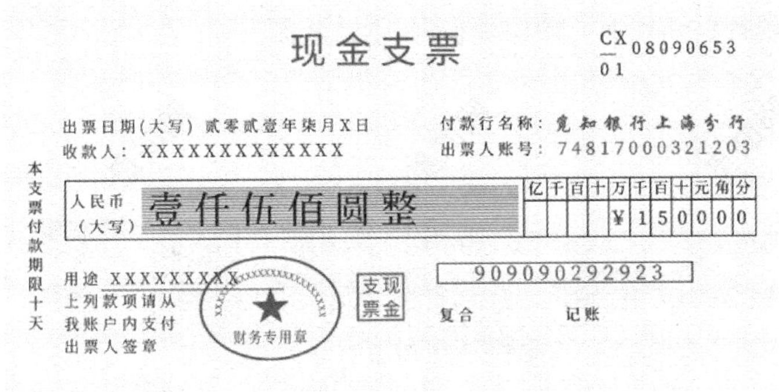

现金支票

CX 08090653
01

出票日期（大写）贰零贰壹年柒月X日　　付款行名称：竟知银行上海分行

收款人：XXXXXXXXXXXXX　　出票人账号：74817000321203

本支票付款期限十天

人民币（大写）	壹仟伍佰圆整	亿	千	百	十	万	千	百	十	元	角	分
							¥	1	5	0	0	0	0

用途 XXXXXXXXX　　909090292923

上列款项请从我账户内支付

出票人签章　　财务专用章　　支现票金　　复合　　记账

图 6-13　支票填写示例

任务 2　银行汇票

一、业务释义

银行汇票是指出票银行签发的，由其在见票时按照实际结算金额无条件支付给收款人或持票人的票据。银行汇票的出票银行为银行汇票的付款人。

二、主要业务规定

（1）银行汇票必须记载以下事项：表明“银行汇票”的字样、无条件支付的承诺、出票金额、收付款人名称、出票日期及出票人签章。欠缺记载上列事项之一的，银行汇票无效。

（2）持票人向银行提示付款时，必须同时提交银行汇票和解讫通知，缺少任何一联，银行不予受理；申请人缺少解讫通知要求退款的，出票行应在汇票提示付款期满 1 个月后办理。

（3）签发转账银行汇票一律不指定代理付款行；签发现金银行汇票必须指定代理付款行。

（4）银行汇票在提示付款期限内可以背书转让，其背书必须连续；现金银行汇票、正面填写“不得转让”字样的银行汇票不得背书转让。

（5）银行汇票的出票日期和出票金额必须大写。

（6）签发现金银行汇票的，申请人和收款人必须为个人，并交存现金。

（7）银行汇票的提示付款期限为自出票日起 1 个月内。持票人超过付款期限提示付款的，代理付款人不予受理。

（8）银行汇票没有金额起点，也没有最高限额。

三、学习活动

学习活动 1　银行汇票签发

（一）银行汇票审核内容及注意事项

（1）汇票申请书记载事项是否齐全，内容有无更改痕迹，金额、出票日期、收款人名称是否有更改，其他事项是否由原记载人签章证明，各联次内容是否一致。

（2）汇票申请书上的签章与预留签章是否相符，使用支付密码的密码是否正确。

（3）申请人要求银行汇票不得转让的，是否在汇票申请书的备注栏注明"不得转让"字样，出票行应当在银行汇票正面的备注栏内注明"不得转让"字样。

（4）签发现金银行汇票的，代理付款行名称和行号应与客户提交的业务委托书上填明的代理付款行一致。要注意银行不得为企业单位签发和解付现金银行汇票。

（5）签发转账银行汇票一律不得填写代理付款行名称。

（二）签发流程

银行汇票的签发流程如图 6-14 所示。

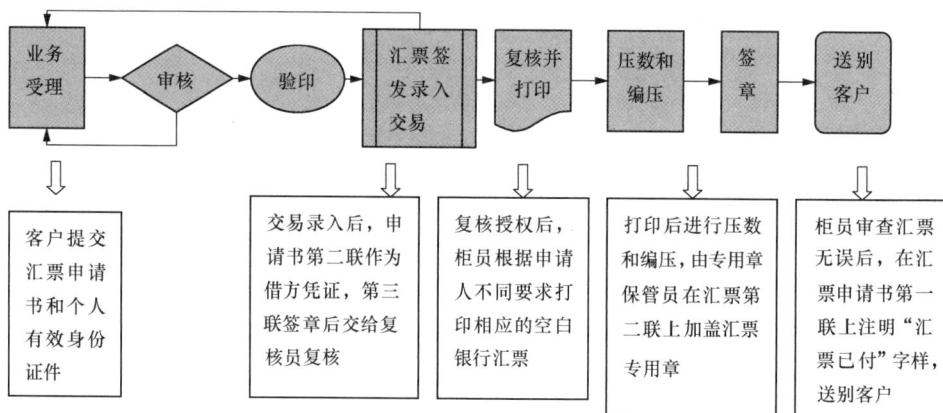

图 6-14　银行汇票的签发流程

🖐 同步阅读

银行汇票交易流程

2023 年 7 月，北京甲公司需要购进一批钢材作为原材料，派采购员前往广州乙公司进行业务洽谈，由于是异地结算，并且实际金额无法确定，北京甲公司向其开户行中国工商银行西城支行申请签发了一张金额为 150 000 元的银行汇票，交给采购员带往广州，经洽谈，北京甲公司购买了价值为 125 000 元的钢材，货物发出后，广州乙公司通过其开户行中国工商银行白云支行结清了款项。双方通过银行汇票圆满完成了交易。

交易流程如图 6-15 所示。

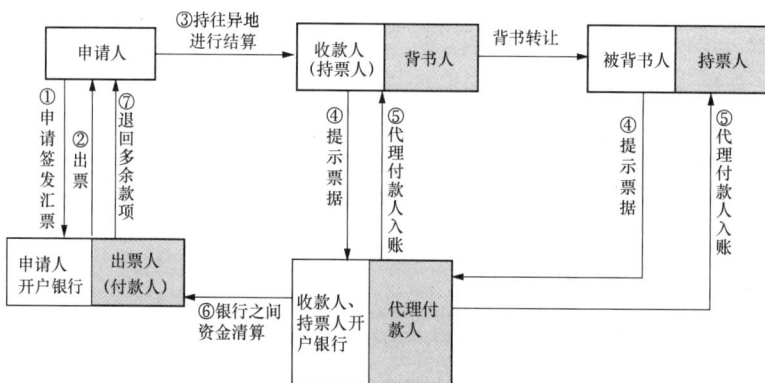

图 6-15　银行汇票交易流程

学习活动 2　银行汇票付款

（一）银行汇票付款时的审核、复核和处理

1. 审核和复核内容

（1）银行汇票和解讫通知是否齐全，汇票号码和记载内容是否一致。

（2）银行汇票是否为统一规定印制的，是否有规定的防伪标记。

（3）银行汇票是否在提示付款期内。

（4）客户提交的收款人或持票人是否在本行开户，开账户的是否为个人；交换提入的银行汇票上是否加盖交换章；银行汇票上的持票人或收款人与进账单上的收款人名称是否一致。

（5）银行汇票上必须记载事项是否齐全，出票日期、出票金额、实际结算金额、收款人名称是否有更改，其他更改事项是否由原记载人签章证明；压数金额是否是由总行统一规定制作的压数机压印，与大写金额是否一致。

（6）银行汇票的实际结算金额大小写是否一致，是否在出票金额以内，与进账单金额是否一致，多余金额结算是否正确。

（7）收款人或持票人是否在银行汇票背面"持票人向银行提示付款签章"栏签章；客户提交的，收款人或持票人在本行开户的银行汇票，则审查其签章是否与预留签章一致；收款人或持票人未在本行开户的银行汇票，则认真审查持票人身份证件是否真实、有效；委托他人提交现金银行汇票的，核查委托人是否成为委托背书，经办柜员需要摘录委托人的身份证件名称、号码及发证机关；核查被委托人是否在持票人向银行提示付款签章处签章，记载身份证件名称、号码及发证机关，并提交收款人和被委托人身份证件及其复印件留存备查。

（8）客户提交现金银行汇票，要求支取现金的，还应审查申请人和收款人是否均为个人，现金大写金额前是否写明"现金"字样，代理付款是否为本行。

（9）汇票正面记载"不得转让"字样的汇票不得背书转让，允许背书转让的汇票的背书是否连续，是否在规定的范围内转让。

（10）本行代理付款的银行汇票上的汇票专用章或结算章与印模是否一致。

（11）代理兑付其他商业银行的银行汇票应按有关规定审查。

经审查无误后，使用银行汇票核押交易核验系统内全国汇票的密押是否正确，密押前有"J"字的使用应急密押器核验其密押是否正确。对有疑问的银行汇票及系统内签发的 50 万元以上的现金银行汇票和 100 万元以上的转账银行汇票，应向出票行发出查询。确认无误后，分情况进行处理。

2. 处理规定

出票行为本系统的处理规定如下。

（1）收款人或持票人在本行开户或辖内开有通存通兑账户的，柜员使用转账发报录入交易输入凭证内容，进账单作为贷方传票，汇票联和解讫通知联经复核员复核后发出借方报文。汇票联作为进账单附件，解讫通知联作为发报依据附当日发报清单后。

（2）收款人或持票人未在本行开户的个人，持转账或现金汇票向本行提示付款时，应通过"应解汇款及临时存款"过渡，并根据持票人的要求支取现金或通过同城交换划转至其开户行。

（二）付款流程

银行汇票付款的流程如图 6-16 所示。

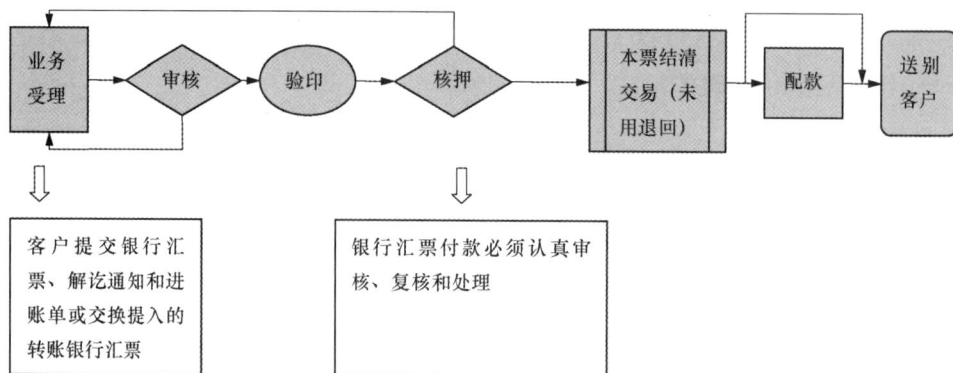

图 6-16 银行汇票付款的流程

学习活动 3 银行汇票结清

1. 系统内划回的

出票行收到代理付款行通过资金划汇系统划回的已解付银行汇票借报后，系统自动销记汇票登记簿并进行账务处理。汇票有多余款的，系统自动进行多余款入账处理；对于未在银行开立账户的，系统自动将多余金额转入应解汇款科目，汇票多余款挂账户核算。

日终，有多余款的打印多余款入账凭证和收账通知，不能打印的根据来账清单手工填制一式两联特种转账凭证，分别作为贷方凭证和收账通知。对未在银行开立账户的申请人，多余金额应先转入其他应付款科目，以解讫通知代其他应付款科目贷方凭证，同时通知申请人持本人身份证来行办理领款手续。领取时，以多余款收账通知作为借方凭证附件。

2. 同城交换提入的

柜员根据同城交换提入的汇票解讫通知联的实际结算金额，使用同城提回代付交易记载账务，同时打印其他应收款过渡账户的借方记账凭证。

根据解讫通知联使用汇票退回交易进行销卡，解讫通知联作为借方凭证，有多余款的，手工填制一式两联的特种转账凭证，由主管签批后，一联作为贷方凭证留存，一联作为客户回单。

学习活动 4 退款和逾期付款

（一）退款和逾期付款处理规定

1. 申请人要求退款的处理

申请人因银行汇票超过付款期限或其他原因要求退款的，应向出票行交回银行汇票、解讫通知。申请人为单位的，应由单位出具说明原因的正式公函；申请人为个人的，应出示有效身份证件。

柜员收到客户提交的银行汇票、解讫通知，按解付汇票要求审核无误后，在银行汇票和解讫通知的实际结算金额大写栏填写"未用退回"字样。申请人为单位的，票款只能退回原申请人账户；申请人为个人且交存现金的，可凭本人身份证件支取现金。使用汇票结清交易销记汇票卡片。

销卡成功后，填制两联特种转账传票，使用转账交易进行账务处理。一联作为记账凭证，另一联作为客户的入账通知。

申请人为个人并交存现金签发的银行汇票，填制支款凭证、摘录身份证件的名称、号码和发证机关，使用现金支付交易向申请人支付现金。

申请人由于缺少解讫通知要求退款的，应当备函向出票行说明原因，并交回持有的银行汇票，出票行于提示付款期满 1 个月后按照退款手续办理退款。

2. 持票人超过提示付款期限未获付款的处理

持票人超过提示付款期限未获付款的，在票据权利时效内，应备函说明原因，向出票行请求付款，并提交银行汇票及解讫通知。持票人为个人的，应出示有效身份证件并要求留存身份证件复印件备查。

柜员按解付汇票要求对银行汇票及进账单审核无误后，在汇票第二、第三联的备注栏填写"逾期付款"字样，经主管签批后办理付款手续。其余手续按照未用退回操作，将汇票款支付给持票人。

（二）退款和逾期付款流程

银行汇票退款和逾期付款的业务流程如图 6-17 所示。

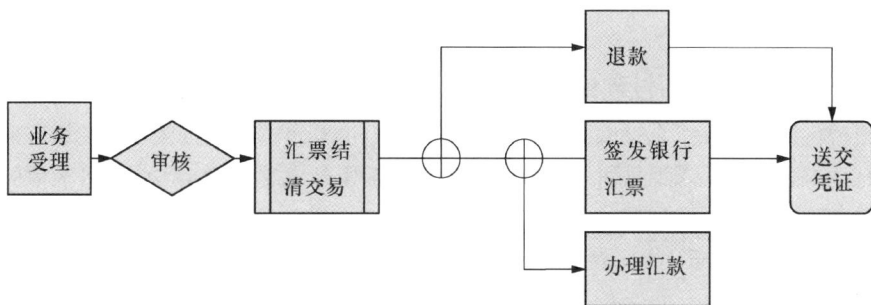

图 6-17　银行汇票退款和逾期付款的业务流程

学习活动 5　其他汇票业务

（一）挂失与止付

1. 临柜受理现金银行汇票挂失

柜员收到客户提交一式三联的挂失止付通知书，应认真审查以下内容：挂失止付通知书的内容是否齐全、符合要求，挂失的银行汇票是否为现金银行汇票，本行是否为代理付款行或出票行，挂失的汇票经查询核实确未付款。

审查无误经主管签批后，手工登记票据挂失止付登记簿。

分情况处理方式如下。

本行为代理付款行的，柜员使用兑付行汇票挂失交易，输入原银行汇票号码、签发行行号、签发日期、出票金额及现金转账标志后，由系统自动登记兑付行挂失止付登记簿，将第二、第三联挂失止付通知书专夹保管，凭此掌握止付。如失票人委托代理付款行通知出票行挂失的，代理付款行应立即通过资金汇划系统向出票行发出挂失止付通知，在第一联挂失止付通知书上加盖业务公章作为受理回单交挂失申请人。解挂时，使用兑付行汇票解挂交易处理。

本行为出票行的，柜员使用签发行汇票挂失交易，输入原银行汇票号码，系统自动调出该笔汇票内容，经核对后，由系统在汇票登记簿中注明挂失标志及日期，进行挂失处理，第二、第三联挂失止付通知书专夹保管，凭此掌握止付，在第一联挂失止付通知书上加盖业务公章作为受理回单交挂失申请人。如失票人委托出票行通知代理付款行挂失的，应立即向代理付款行发出挂失止付通知。解挂时，可使用签发行汇票解挂交易处理。

2. 收到挂失查询

柜员收到出票行或代理付款行挂失通知时，应及时办理挂失手续，处理方式与临柜受理相同。

3. 撤销挂失

在挂失止付期间，失票人找到原丢失的银行汇票来行办理撤销挂失手续时，已接到法院止付通知的，仍由法院通知本行撤销止付；未接到法院止付通知的，申请人为单位的提交单位证明，申请人为个人的提交个人有效身份证件，方能撤销止付。柜员应收回原挂失回单，经主管签批后登记手工挂失登记簿，办理解挂手续。

失票人挂失止付后，如在12日内收到法院的止付通知书，应按照止付通知书的要求继续止付；如到期未收到法院的止付通知书，自第13日起撤销止付，经主管签批后登记手工挂失（止付）登记簿，办理解挂手续。

4. 转账银行汇票的止付

柜员收到法院的转账银行汇票止付通知书，应立即办理该票据的止付手续，该手续按照现金银行汇票挂失处理。

（二）丧失银行汇票的付款或退款

丧失银行汇票的，失票人凭法院出具的享有该银行汇票票据权利以及实际结算金额的证明，向出票银行请求付款或要求退款时，柜员经审查银行汇票确未支付的，按照银行汇票的退款和超过提示付款期限的付款手续处理。

（三）缺陷银行汇票的处理

柜员受理有缺陷的银行汇票时，应在保证资金安全的情况下，根据具体情况适当处理。汇票上压数机压印的金额、签章模糊不清或密押不符的，经主管审核签字后，经办柜员开具收据并将银行汇票暂时收存不予付款，出票行为系统内的通过资金汇划系统，出票行为跨系统的通过电报或同城交换向出票行发出查询；对于同城交换提入的银行汇票，填制退票理由书附一联查询书通过票据交换提交原提出行。待出票行补来清晰的签章，压数机压印的金额或正确的密押查复书并经主管签批后进行相应处理。

同步训练

汇票业务训练

实训目标

熟悉银行汇票业务的业务处理，主要了解签发和解付银行汇票的具体操作过程。

实训内容

1. 实训准备

模拟银行操作柜台、复写纸、回形针、大头针、印章、印台、计算器、银行凭证、银行账簿、银行日报表等。

2. 实训资料

业务内容——模拟银行当日发生下列业务。

（1）李炎提交现金28万元及银行汇票申请书申请签发现金银行汇票1份，收款人为赵明，代理付款行为长沙市工行。

（2）王平提交现金银行汇票申请兑付现金，银行汇票系大连市工行签发，金额为193 000元，原申请人为王洁婷。联行往账账号：000141100000016。

实训要求

模拟银行当日发生的银行汇票业务进行操作训练。通过实训，学生能够掌握银行汇票业务凭证的填制、审核以及银行汇票业务处理的操作步骤和方法。

考核方式

教师根据实训学生的综合实训效果（业务办理熟悉程度、语言水平和技巧、服务技能等），结合其他非参训学生的意见对各参训学生进行评分，作为本学期末该名学生的平时分评定标准之一。

任务 3　商业汇票

一、业务释义

商业汇票是指出票人签发，委托付款人在指定日期无条件支付确定的金额给收款人或持票人的票据。商业汇票按承兑人的不同分为商业承兑汇票和银行承兑汇票。银行承兑汇票是在承兑银行开立账户的存款人签发，由其开户银行承兑付款的票据。

二、主要业务规定

（1）商业汇票必须记载以下事项：标明"商业承兑汇票"或"银行承兑汇票"的字样、无条件支付的承诺、出票金额、收付款人名称、出票日期及出票人签章。欠缺记载上列事项之一的，商业汇票无效。

（2）商业汇票的收、付款人必须是在银行开立存款账户的法人或其他组织，在同城或异地均可使用。

（3）商业汇票的付款期限自出票日开始计算，最长 6 个月；商业汇票的提示付款期限自汇票到期日起 10 日内。商业汇票只能转账，不能支取现金。

（4）持票人提示付款时，应通过开户银行委托收款或直接向付款人提示付款。

（5）商业汇票在提示付款期限内可以背书转让，其背书必须是连续的；出票银行在商业汇票上填明"不得转让"字样的以及做成委托收款背书的商业汇票不得背书转让。

（6）银行承兑汇票申请人于汇票到期日未能足额交存票款的，应对出票人尚未支付的汇票金额按照每日万分之五计收利息。

三、学习活动

学习活动 1　银行承兑汇票承兑

（一）银行承兑汇票承兑业务处理

（1）银行承兑汇票的出票人（承兑申请人）向银行申请承兑，经银行信贷部门按照有关规定进行审核同意后与承兑申请人签订银行承兑汇票承兑协议，信贷部门填制空白银行承兑汇票申领单，随同单位填制的凭证请领单向会计部门领取空白银行承兑汇票。

经办人员收到信贷部门填制的空白银行承兑汇票申领单和承兑申请人填制的凭证请领单，应认真审查申领单和凭证请领单的要素是否齐全，申领单上是否有有权人签章，承兑申请人在凭证请领单上的签章与预留签章是否一致，审查无误后登记空白银行承兑汇票使用登记簿，发给信贷员空白银行承兑汇票，并由信贷员在登记簿上签收。

信贷部门领用的空白银行承兑汇票必须在 3 个工作日内使用或缴回会计部门，在规定时间内不使用或缴回的，经办人员应及时催收，并报告主管。

（2）承兑申请人交存保证金的，应提交转账支票和进账单。柜员使用扣划保证金交易进行处理，转账支票作为借方凭证，第一联进账单加盖转讫章交承兑申请人，第二联进账单作为贷方凭证。

（3）柜员收到信贷部门交来同意办理承兑协议副本、待承兑的银行承兑汇票和邮电手续费凭证，应认真审查以下内容。

① 银行承兑汇票上必须记载的事项是否齐全，与承兑协议内容是否一致。

② 汇票上出票人账号、名称、签章是否与存款户账号、名称、预留签章一致。

③ 承兑协议是否经有权人审批签章，承兑手续费计收是否正确。

审查无误后，在银行承兑汇票第一、第二联上注明承兑协议编号，并在第二联凭证上加盖银行汇票专用章和经办人名章，将承兑汇票第二、第三联交承兑申请人。银行承兑汇票第一联下附承兑协议副本，按汇票到期日先、后专夹保管。同时，在空白银行承兑汇票使用登记簿批注承兑日期，填制表外科目收付方凭证，进行表外账务处理。

（二）承兑流程

银行承兑汇票承兑流程如图 6-18 所示。

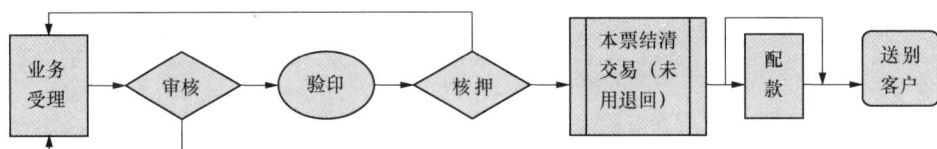

图 6-18 银行承兑汇票承兑流程

学习活动 2 银行承兑汇票到期业务

银行承兑汇票到期的业务流程如图 6-19 所示。

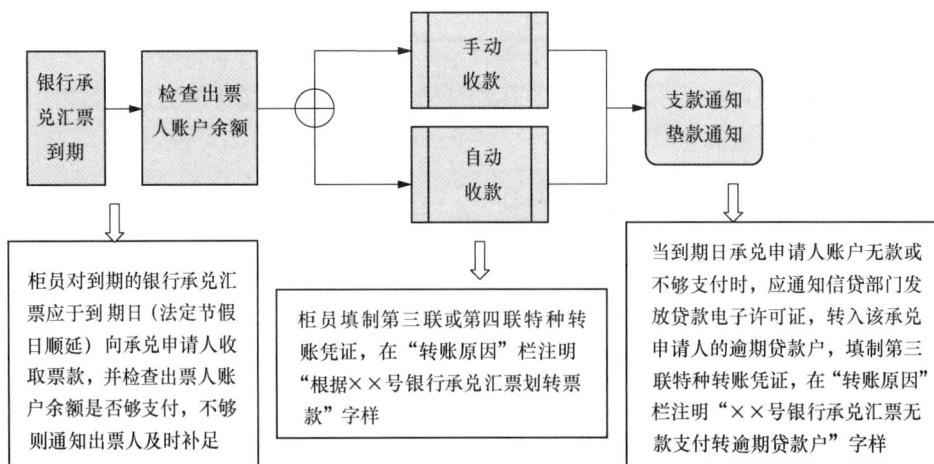

图 6-19 银行承兑汇票到期的业务流程

学习活动 3 银行承兑汇票托收业务

银行承兑汇票托收的业务流程如图 6-20 所示。

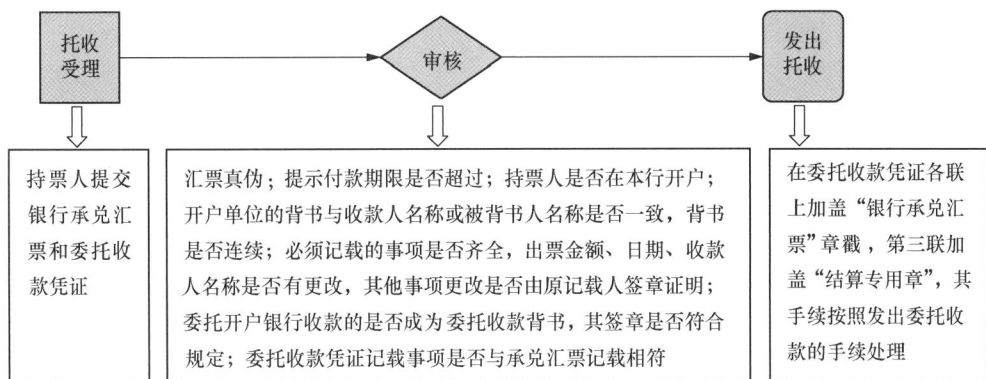

图 6-20 银行承兑汇票托收的业务流程

学习活动 4 银行承兑汇票付款业务

银行承兑汇票付款的业务流程如图 6-21 所示。

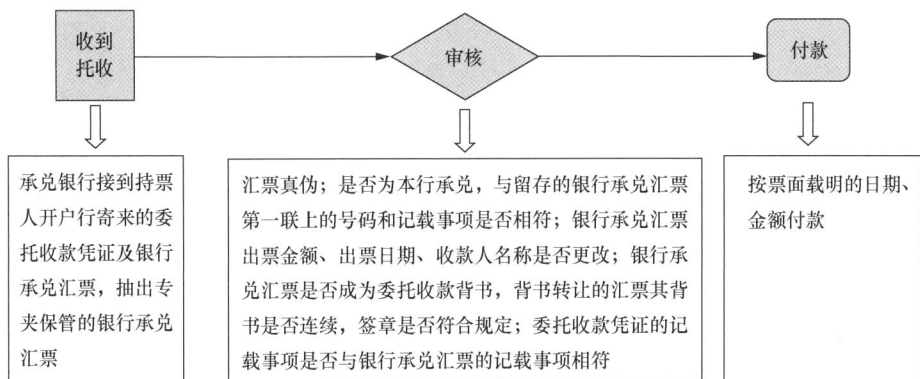

图 6-21 银行承兑汇票付款的业务流程

学习活动 5 银行承兑汇票未使用注销业务

银行承兑汇票未使用注销的业务流程如图 6-22 所示。

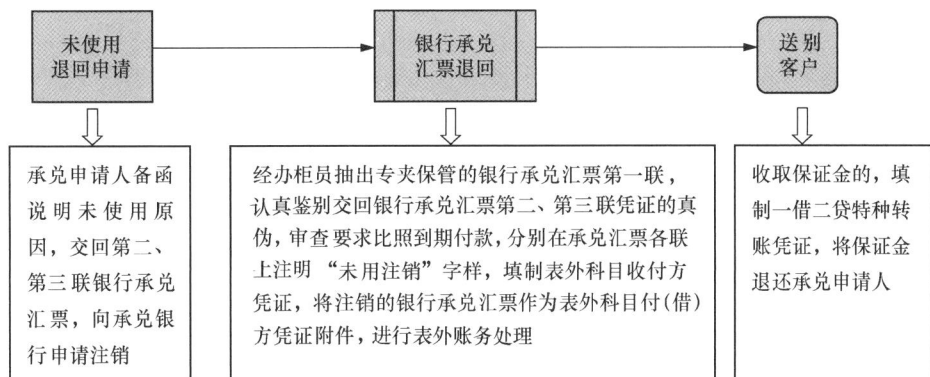

图 6-22 银行承兑汇票未使用注销的业务流程

学习活动 6 银行承兑汇票挂失的处理

已承兑的银行承兑汇票丧失，失票人到承兑银行挂失时，应提交三联挂失止付通知书。承兑行经办柜员应认真审查挂失止付通知书记载的下列事项是否齐全。

（1）票据丧失的时间、地点、原因。

（2）票据的种类、号码、金额、出票日期、付款日期、付款人名称、收款人名称。

（3）挂失止付人的姓名、营业场所或者住所、联系方式。

欠缺上述记载事项之一的，银行不予受理。审查无误后从专夹中抽出银行承兑汇票第一联和银行承兑汇票承兑协议副本，核对相符且确未付款的，将挂失止付通知书和银行承兑汇票第一联交主管审核签章，在挂失止付通知书第一联上加盖业务公章作为受理回单，第二、第三联用于登记银行承兑汇票挂失登记簿后与银行承兑汇票第一联一并另行保管，凭此控制付款。

已承兑的银行承兑汇票丧失，失票人凭法院出具的享有票据权利的证明向承兑行请求付款时，经办柜员审查确未支付的，应根据法院出具的证明，抽出原专夹保管的银行承兑汇票第一联核对无误，在汇票提示付款期满后，填制一借两贷特种转账凭证，经主管审批签章后将款项付给失票人。

同步阅读

银行承兑汇票的流转程序

2019年3月10日，北京金谷商贸有限责任公司向北京世纪科贸中心购买货物，货款150 000元，北京世纪科贸中心对北京金谷商贸有限责任公司的资信情况还不甚了解，因此要求以银行承兑汇票结算，双方签订交易合同时，在合同中注明采用银行承兑汇票进行结算，北京金谷商贸有限责任公司按合同规定签发了银行承兑汇票交于北京世纪科贸中心，北京世纪科贸中心在汇票到期前委托自己的开户行中国工商银行科园分理处收取款项。

银行承兑汇票流转程序如图6-23所示。

图6-23　银行承兑汇票流转程序

任务4　汇兑

一、业务释义

汇兑是指汇款人委托银行将其款项支付给收款人的结算方式。单位和个人的各种款项的结算均可使用汇兑结算方式。汇兑分为信汇、电汇两种，由汇款人根据自身情况选择。

签发汇兑凭证必须记载下列事项。

（1）标明"信汇"或"电汇"的字样。

（2）无条件支付的委托。

（3）确定的金额。

（4）收款人名称、汇款人名称。

（5）汇入地点、汇入行名称。

（6）汇出地点、汇出行名称、委托日期。

（7）汇款人签章。

汇兑凭证上欠缺上列记载事项之一的，银行不予受理。

汇兑凭证记载的汇款人名称、收款人名称，其在银行开立存款账户的，必须记载其账号，欠缺记载的，银行不予受理。

委托日期是指汇款人向汇出银行提交汇兑凭证的当日。

需要注意，有些银行柜台已无信汇业务。

二、主要业务规定

（1）汇兑凭证上记载收款人为个人的，收款人需要到汇入银行领取汇款，汇款人应在汇兑凭证上注明"留行待取"字样；留行待取的汇款，需要指定单位的收款人领取汇款的，应注明收款人的单位名称；信汇凭收款人签章支取的，应在信汇凭证上预留其签章。

汇款人确定不得转汇的，应在汇兑凭证备注栏注明"不得转汇"字样。

汇款人和收款人均为个人，需要在汇入银行支取现金的，应在信、电汇凭证的"汇款金额"大写栏先填写"现金"字样，后填写汇款金额。

汇出银行受理汇款人签发的汇兑凭证，经审查无误后，应及时向汇入银行办理汇款，并向汇款人签发汇款回单。

汇款回单只能作为汇出银行受理汇款的依据，不能作为汇款转入收款人账户的证明。

（2）汇入银行对开立存款账户的收款人，应将汇给其的款项直接转入收款人账户，并向其发出收账通知。

收账通知是银行将款项转入收款人账户的凭据。

未在银行开立存款账户的收款人，凭信、电汇的取款通知或留行待取的，向汇入银行支取款项，必须交验本人的有效身份证件，在信、电汇凭证上注明证件名称、号码及发证机关，并在收款人签章处签章；信汇凭签章支取的，收款人的签章必须与预留信汇凭证上的签章相符。银行审查无误后，以收款人的姓名开立应解汇款及临时存款账户，该账户只付不收，付完清户，不计付利息。

（3）支取现金的，信、电汇凭证上必须有按规定填明的"现金"字样，才能办理。未填明"现金"字样，需要支取现金的，由汇入银行按照国家现金管理规定审查支付。

收款人委托他人向汇入银行支取款项的，应在取款通知上签章，注明本人身份证件名称、号码、发证机关和"代理"字样以及代理人姓名。代理人代理取款时，应在取款通知上签章，注明其身份证件名称、号码及发证机关，并同时交验代理人和被代理人的身份证件。

（4）转账支付的，应由原收款人向银行填制支款凭证，并由本人交验其身份证件办理支付款项。该账户的款项只能转入单位或个体工商户的存款账户，严禁转入储蓄和信用卡账户。

转汇的，应由原收款人向银行填制信、电汇凭证，并由本人交验其身份证件。转汇的收款人必须是原收款人。原汇入银行必须在信、电汇凭证上加盖"转汇"字样。

（5）汇款人对汇出银行尚未汇出的款项可以申请撤销。申请撤销时，应出具正式函件或本人身份证件及原信、电汇回单。汇出银行查明确未汇出款项的，收回原信、电汇回单，方可办理撤销。

汇款人对汇出银行已经汇出的款项可以申请退汇。对在汇入银行开立存款账户的收款人，由汇款人与收款人自行联系退汇；对未在汇入银行开立存款账户的收款人，汇款人应出具正式函件或本人身份证件以及原信、电汇回单，由汇出银行通知汇入银行，经汇入银行核实汇款确未支付，并将款项汇回汇出银行，方可办理退汇。

转汇银行不得受理汇款人或汇出银行对汇款的撤销或退汇。

汇入银行对收款人拒绝接收的汇款，应立即办理退汇。汇入银行对向收款人发出取款通知，经过 2 个月无法交付的汇款，应主动办理退汇。

三、学习活动

学习活动 1　汇出款项

汇出款项的业务流程如图 6-24 所示。

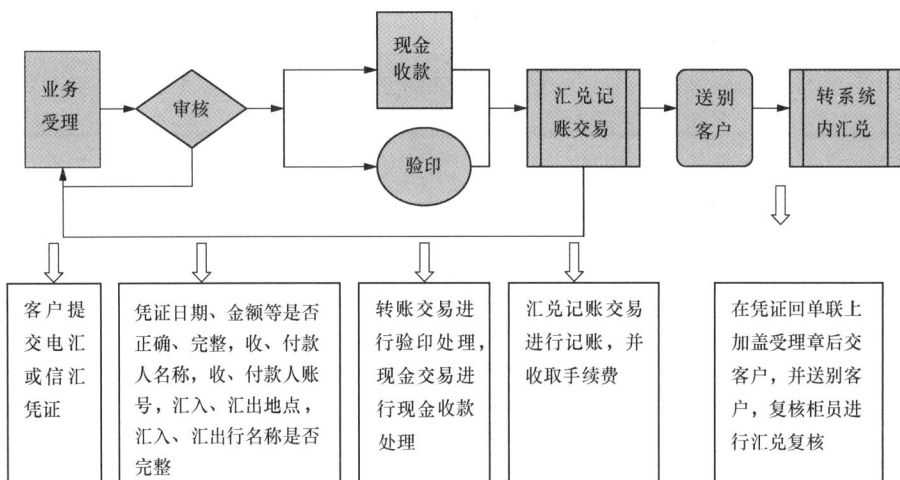

图 6-24　汇出款项的业务流程

学习活动 2　汇入款项

汇入款项的业务流程如图 6-25 所示。

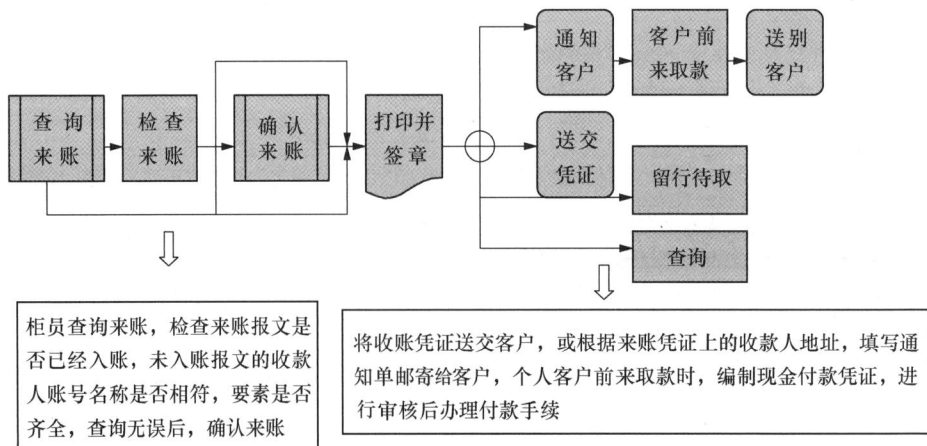

图 6-25　汇入款项的业务流程

⊛ 同步训练

汇兑业务训练

实训目标

熟悉汇兑业务的操作过程，掌握汇入行和汇出行办理汇兑的业务处理。

实训内容

1. 实训准备

模拟银行操作柜台、复写纸、回形针、大头针、印章、印台、计算器、银行凭证、银行账簿、银行日报表等。

2. 实训资料

业务内容——模拟银行当日发生的下列业务。

（1）丁一新提交现金 36 万元及汇兑业务委托书申请办理汇兑业务，收款人为李小兵，汇入行为长沙市工行。（联行往账账号：000141100000016）

（2）模拟银行收到一笔个人现金汇入款，金额为 4 580 元，汇款人为徐玲，汇出行是南京市工行，收款人为王秀丹，审核无误，当日收款人前来银行办理取现手续。（联行来账账号：000141200000017）

实训要求

根据模拟银行当日发生的银行汇兑业务进行操作训练，通过实训，学生能够掌握汇兑业务凭证的填制、审核以及业务处理的操作步骤和方法。

考核方式

教师根据实训学生的综合实训效果（业务办理熟悉程度、语言水平和技巧、服务技能等），结合其他非参训学生的意见对各参训学生进行评分，作为本学期末该名学生的平时分评定标准之一。

模块 3　代理业务

一、业务释义

代理业务是指商业银行利用自身的网点优势和客户资源，与第三方单位（如移动、电信、保险等）合作，接受客户的委托，代为办理客户指定的经济事务，提供金融服务并收取一定费用的业务。此项业务能极大地方便客户日常生活。

商业银行可以经营下列部分或者全部代理业务：代理发行、代理兑付、代理证券、代理买卖外汇、代理收付款项及代理保险业务等。国内的各家商业银行的代理业务主要分为代理销售业务和代收代付业务，客户可通过银行购买国债、保险，并缴纳水费、电费、电话费、车辆购置税等。

二、代理业务的性质及作用

代理业务具有为客户服务的性质，是代理人和被代理人之间产生的一种契约关系和法律行为。商业银行在办理代理业务的过程中，不使用自己的资产，主要发挥财务管理职能和信用服务职能。

代理业务的作用主要体现在以下三个方面。

（1）增加银行的盈利。

（2）促进银行间的竞争。

（3）促进银行资产负债业务的发展。

三、代理业务的种类及内容

1. 代收代付业务

代理业务中应用范围最广的就是代收代付业务，此类业务涉及社会生活的每一家每一户。代收代付业务是指商业银行利用自身的结算便利，接受客户的委托代为办理指定款项收付事宜的业务。

代收代付业务的种类繁多，涉及范围广泛，归纳起来可以分为两大类。一是代缴费业务，即银行代理收费单位向其用户收取费用的一种转账结算业务，如代收电话费、保险费、交通违章罚款、养路费等。二是代发薪酬业务，即银行受国家机关、行政事业单位及企业的委托，通过其在银行开立的活期储蓄账户，直接向职工发放工资的业务。

2. 代理证券业务

代理证券业务是指银行接受委托办理的代理发行、兑付、买卖各类有价证券的业务，同时还包括代办债券还本付息、代发红利、代理证券资金清算等业务。

有价证券主要包括国债、金融债券、公司债券、股票等。

银证通业务、代理发行、代理兑付、承销政府债券业务等是银行开办的主要代理债券类业务。

3. 代理保险业务

代理保险业务是指银行接受保险公司的委托代其办理保险业务，属于兼业代理。

任务1 代收代付业务

一、业务释义

代收代付业务是指商业银行利用自身的结算便利，接受客户的委托代为办理指定款项的收付事宜的业务，如代理各项公用事业收费、代理行政事业性收费和财政性收费、代发工资等。

以兴业银行的代收代付业务为例，该银行接受单位或个人的委托，代为办理指定款项的收付事宜，提供的代收代付业务主要包括以下内容。

（1）税务类：国税、地税、关税、纳税保证金等。

（2）代理行政事业性收费和罚款：票款分离、罚缴分离。

（3）社会保障类：医疗保险金、失业保险金、养老保险金、工伤保险金等。

（4）代发工资：代发工资、代发奖金等。

（5）物业管理类：水费、电费、燃气费、物业管理费、有线电视费等。

（6）通信类：电话费、网络费等。

（7）其他：代企业清收欠款、代付货款、房地产公积金、房改基金、学生学杂费、评估费、咨询费、代办验资费、单位集资款、律师事务费、伙食费、医药费、"爱心工程"捐款等。

可以看出，该项业务利用商业银行先进的结算手段、广泛的营业网点以及与单位、个人的紧密联系，为社会提供丰富的服务项目。

二、学习活动

（一）代发工资

代发工资是金融部门为机关企事业单位员工代发劳动报酬的一项金融中间业务。

金融部门通过先进的计算机联网系统进行批量入账，将有关款项自动转入储户预先约定的储蓄账户上。金融部门可以代理企事业单位发放工资，还可代理人力资源和社会保障局发放社会福利保险金。

（二）开办条件

（1）经办行受理新客户的代发工资业务时，应先与代发工资单位签订代发工资协议书，明确双方的权利和义务。二级分行及以上机构，或是经二级分行授权的支行拥有协议签字权利。

（2）代发工资单位的员工需要在银行开立个人结算账户或外币储蓄账户作为代发工资账户。

（3）代发工资单位应在经办行预留印鉴，经办行凭预留印鉴为代发工资单位办理代发工资业务。若采用电子银行方式办理代发工资业务，则应在经办行办理电子银行开通手续，经办行以代发工资单位的登录卡号、密码或电子签名作为办理此项业务的身份验证依据。

（三）操作流程

代发工资的业务流程如图 6-26 所示。

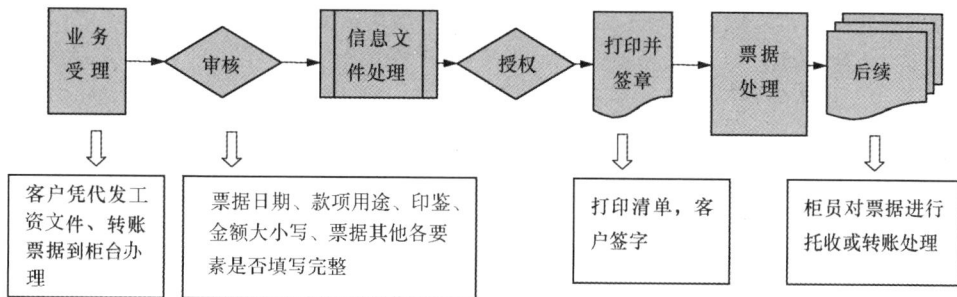

图 6-26　代发工资的业务流程

任务 2　代理国债业务

一、业务释义

1. 国债的含义

国债包含内债和外债，指中央政府为了实现其职能，平衡财政收支，增强政府的经济建设能力，按照有借有还的信用原则，从国内或国外筹集资金的一种方式。我国的国债专指由财政部代表中央政府为筹集财政资金向社会公开发行的国家债券，是中央政府向投资者出具的，承诺在一定时期支付利息和到期偿还本金的债权凭证。市场上发行的国债主要分为凭证式国债、储蓄国债和记账式国债 3 种。

2. 国债的特点

国债作为一种优良的投资品种，具有以下特点。

（1）安全性高。国债是中央政府发行的，且中央政府是一国权力的象征，因此，发行者具有一国最高的信用地位，一般风险较小。

（2）流动性强，变现容易。政府的高度信用地位，使得国债的发行额十分庞大，发行也十分容易，由此造就了一个十分发达的二级市场。发达的二级市场客观地为国债的自由买卖和转让带来了方便，使国债的流动性增强，变现较为容易。

（3）享受许多免税待遇。大多数国家规定，购买国债的投资者与购买其他收益证券相比，可以享受更多的税收减免。在我国投资国债，免征利息税。

3. 储蓄国债

储蓄国债是指一国政府面向个人投资者发行的，以吸收个人储蓄资金为目的，满足长期储蓄性投资需求的一种不可流通的国债，按债权记录方式分为纸质凭证和电子式两种。

我国的储蓄国债包括凭证式国债和储蓄国债（电子式）两种。

（1）凭证式国债。凭证式国债是指采用填制中华人民共和国凭证式国债收款凭证的方式，通过部分商业银行和邮政储蓄柜台，主要面向城乡居民个人及社会其他投资者发行的储蓄性国债。凭证式国债为记名国债，可以挂失、提前兑取、在银行质押贷款，但不得更名，不可流通转让。凭证式国债从购买之日开始计息，到期一次还本付息，不计复利，逾期兑付不加计利息。凭证式国债自 1994 年面向城乡居民发行以来，对筹集财政资金、促进经济发展、满足人民群众投资需求发挥了重要作用。

（2）储蓄国债（电子式）。储蓄国债（电子式）是指财政部在中华人民共和国境内发行，通过试点商业银行面向个人投资者销售的，以电子方式记录债权的不可流通人民币债券。该债券 2006 年正式开始发行。商业银行承办以下业务：① 为投资者开立个人国债账户，办理储蓄国债（电子式）债权托管、结算及相关业务；② 通过投资者指定资金账户，为投资者办理与储蓄国债（电子式）相关的资金清算业务；③ 通过各自营业网点柜台，办理储蓄国债（电子式）发行认购、还本付息、提前兑换、终止投资、质押贷款、非交易过户等业务；④ 应投资者要求为其开立储蓄国债（电子式）持有证明（财产证明）；⑤ 进行储蓄国债（电子式）政策宣传，为投资者提供储蓄国债（电子式）发行条件、业务操作规程、个人债权持有情况等信息咨询、查询服务。

4. 记账式国债

记账式国债是由财政部通过无纸化方式发行的，以计算机记账方式记录债权，并可以上市交易的债券。投资者无须持有债券凭证，而是在债券托管机构开立债券托管账户记载所持有的债券。我国于 1995 年推出记账式国债。

二、主要业务规定

（1）网点发行的国库券为凭证式国库券，可记名、可挂失，但不可上市转让，使用专用凭证。国库券起存金额为 100 元（含 100 元）且为 100 元的整数倍。

（2）国库券业务允许提前支取，提前支取储户一律按规定费率支付手续费。提前支取只能全部支取，不能部分支取。

（3）国债兑付利率和计息办法按中国人民银行总行规定执行。

（4）国债买卖期，对于提前兑付的凭证式国库券，经办行可在控制发行额度内继续由居民买入，其持券期限从购买之日起计算，但利息只计算到该券规定到期日止。若持券人急需用款，可再度卖出，买卖价格按规定办法计算。

三、学习活动

学习活动 1　国债买入

国债买入的业务流程如图 6-27 所示。

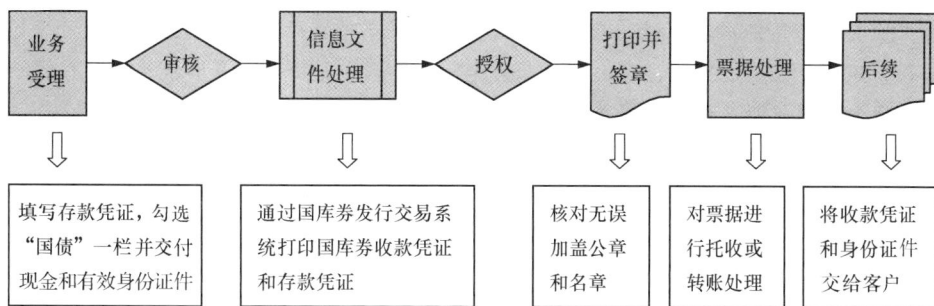

图 6-27　国债买入的业务流程

学习活动 2　国债兑付

代理兑付债券是指银行接受客户委托对其发行的债券到期进行兑付的债券业务。一般来说，银行代理兑付债券业务时，委托人应提前将待兑付的款项拨交银行，兑付期满，银行要按代理兑付债券的总额收取一定的手续费。

国债到期后，柜员使用国库券兑付交易销户。未到期支取的，办理手续视为同期的定期存款提前支取，须摘录身份证件名称和号码，系统在计算利息后自动扣除手续费。如果客户遗失国库券交款凭证，可以按照定期存款挂失手续办理；如果需要续存的，柜员使用挂失补开交易打印新的国库券交款凭证交给客户；如果需要支取的，柜员使用挂失销户交易进行销户处理。

资料传真袋

2022 年第五期、第六期储蓄国债（凭证式）发行

根据国家国债发行有关规定，财政部发行 2022 年第五期和第六期储蓄国债（凭证式）（以下称第五期和第六期）。第五期和第六期国债均为固定利率、固定期限品种，最大发行总额 300 亿元。第五期期限为 3 年，票面年利率 3.05%，最大发行额 150 亿元。第六期期限为 5 年，票面年利率 3.22%，最大发行额 150 亿元。第五期和第六期国债发行期为 2022 年 11 月 10 日至 11 月 19 日。投资者购买第五期和第六期国债后，可到原购买机构办理提前兑取，但当期国债发行期最后一天不办理提前兑取。投资者提前兑取第五期和第六期国债按实际持有时间与相对应的分档利率计付利息，具体为：从购买之日起，第五期和第六期国债持有时间不满半年不计付利息，满半年不满 1 年按年利率 0.35% 计息，满 1 年不满 2 年按 1.52% 计息，满 2 年不满 3 年按 2.54% 计息；第六期国债持有时间满 3 年不满 4 年按 3.04% 计息，满 4 年不满 5 年按 3.15% 计息。中国光大银行于 2022 年 11 月 10 日起代理销售第五期和第六期国债。第五期和第六期国债以 100 元为起点，按 100 元的整数倍发售、兑付和办理各项业务，不设个人单笔购买上限。个人投资者可以通过银行柜台进行购买。

大视野

经济下行趋势中国债与储蓄如何选择

2023 年 3 月 10 日至 3 月 19 日，第一期、第二期储蓄国债（凭证式）发行。此次的国债发售，个人投资者可持本人有效身份证件，就近选择一家储蓄国债承销行，前往营业网点柜台，通过现金或银行存款转账的方式进行购买。本次发行的两期国债均为固定利率、固定期限品种，最大发行额为 300 亿元，其中，三年期 150 亿元，年利率为 3.00%；五年期 150 亿元，年利率为 3.12%。与电子式国债不同的是，凭证式国债在购买当日起计息，如 3 月 10 日购买，即可开始计息，到期偿还

本金并一次性支付利息，不计复利，逾期不加计息。购买本次发行的两期国债，市民可选择工行、农行、中行、建行、交行、中信、光大、兴业、招行、邮储、平安、华夏和民生等 13 家金融机构柜台，使用现金或银行账户存款直接购买。两期国债的销售面值均为 100 元的整数倍。

本次发行的两期国债均为记名国债，市民购买后既可挂失，也可提前兑取和办理质押贷款，但不得更名，不可流通转让。如需提前兑取和质押贷款，可到原购买金融机构办理提前兑取（3月 19 日不办理提前兑取），按兑取本金数额的 1‰收取手续费。提前兑取时，收益按投资者实际持有天数计付，但两期国债持有时间不满半年将不计付利息。

思考分析：

1. 李先生以 20 万元从中国工商银行山西省分行迎新街支行以该行的银行存款转账方式购买本次发行的两期国债，到期累计将获得的收益为多少元？

2. 和同期储蓄相比，你更愿意选择哪种？

任务 3　代理基金业务

一、业务释义

（1）代理基金销售是银行接受基金管理人委托，通过银行营业网点和电子银行系统接受投资人基金认购、申购、赎回等交易申请的业务。

（2）基金账户是基金管理公司识别投资者的标志，是注册登记中心为投资者开立的，用于记载投资者的基金所有权及变更信息的账户。

投资者在参与开放式基金认购、申购、赎回等业务之前必须到基金管理公司的销售机构，即在各地的直销网点或代销网点申请开立基金账户。

二、主要业务规定

（1）基金投资人须为中华人民共和国境内合法投资人。代理基金销售业务中的范围依据"基金招募说明书"确定。

（2）基金的认购、申购与赎回遵循相关规定进行。

（3）基金发行期间，投资人必须在发行期内办理认购手续；发行期结束，营业网点立即停止接受认购申请。基金存续期间，投资人必须在规定的基金交易开放日内提交基金交易申请。

（4）各营业网点根据"基金招募书"中规定的基金交易开放日和营业时间受理基金业务。

（5）投资人在基金发行期结束一段时间后才可办理基金申购、赎回业务，间隔时间依据基金招募说明书中的规定执行。

（6）办理基金销售业务的营业网点应挂牌公布总行提供的最新基金资产净值或价格。

三、学习活动

学习活动 1　基金账户开户申请

（一）提交资料

各销售机构在受理投资者开立基金账户的申请时，会要求投资者向销售机构提交开户申请表和如下资料。

1. 个人投资者

（1）本人有效身份证件（身份证、军官证、士兵证、护照等）原件及复印件。

（2）预留印鉴卡。

（3）填妥的业务申请表。

（4）指定银行账户的证明文件及复印件。

（5）代办人有效身份证件原件及复印件和本人的授权委托书（如非本人亲自办理）。

2.　机构投资者

（1）加盖单位公章的企业营业执照复印件及有效的副本原件，事业法人、社会团体或其他组织提供民政部门或主管部门颁发的注册登记证书原件及加盖单位公章的复印件。

（2）法定代表人授权委托书。

（3）法定代表人身份证复印件。

（4）业务经办人身份证件原件及复印件。

（5）预留印鉴卡。

（6）填妥的业务申请表。

（7）指定银行账户的证明文件及复印件。

（二）操作流程

基金账户开户的业务流程如图 6-28 所示。

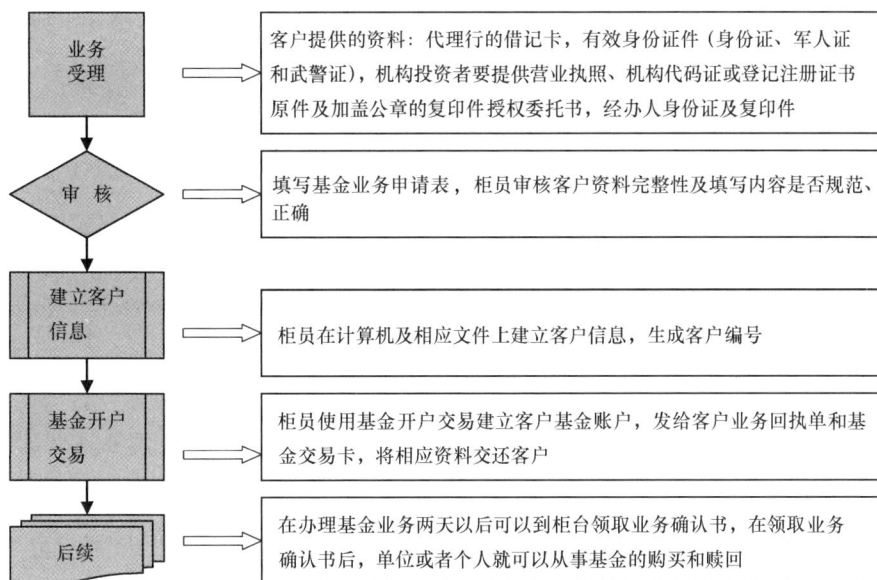

图 6-28　基金账户开户的业务流程

同步阅读

开放式基金与封闭式基金

首先，"开放"与"封闭"指的是封闭式基金一般有少于 5 年的存续期，此期限内已发行的基金单位不能被赎回；开放式基金发行的基金单位是可随时赎回的，基金的资金总额每日不断地变化，始终处于"开放"的状态。

其次，封闭式基金发起设立时，投资者可以认购，并且封闭式基金可以在二级市场上交易，投资者可按市价买卖；对于开放式基金，投资者可随时按净值申购或赎回。

再次，买卖封闭式基金的费用一般要高于开放式基金的申购与赎回。投资者在买卖封闭式基金时与买卖上市股票一样，需要付出一定比例的证券交易税和手续费；开放式基金的投资者须缴纳的相关费用（如首次认购费、赎回费和管理费）则包含在基金净值之中。

最后，二者的投资策略不同。封闭式基金募集到的资金可全部用于投资，基金管理公司便可据此制定长期的投资策略，取得长期经营绩效，在熊市（指价格长期呈下跌趋势的证券市场）中净值表现要比开放式基金好，加上封闭转开放的预期，折价率高时，就会有投资价值；开放式基金则必须保留一部分现金，以备投资者随时赎回，而不能全部用于长期投资。

学习活动2　基金认购

（一）基金的认购和申购

基金购买分为认购期和申购期。首次发售基金份额称为基金募集，在基金募集期内购买基金的行为称为基金认购，而投资者在基金认购期结束之后购买基金份额的行为称为基金申购。在基金认购期内购买基金份额一般会享受认购费率的优惠，但是认购的基金需要在经过封闭期之后才能赎回，而申购的基金在第二个工作日就可以赎回。在认购时，每单位基金份额净值为1元。基金募集期结束并成立后，投资者根据基金销售网点规定的手续购买基金份额则称为申购，此时由于基金净值已经反映了其投资组合的价值，每单位基金份额净值不一定为1元，可能高于1元，也可能低于1元，故同一笔资产认购和申购同一基金所得到的基金份额数有可能不同。

（二）操作流程

基金认购的业务流程如图6-29所示。

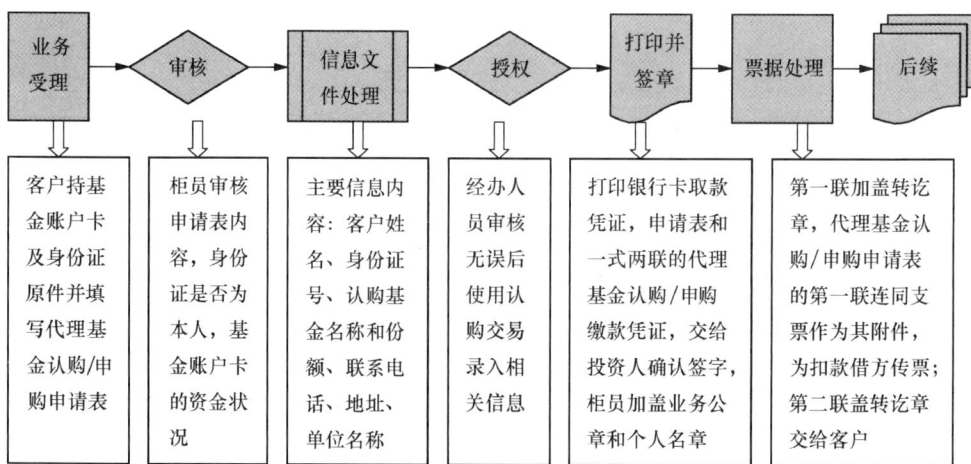

图6-29　基金认购的业务流程

想一想

如何向客户提供基金买卖的建议

案情介绍：

刘女士是一位新"基民"，她看到股指连续下跌，便想通过购买开放式基金实现"曲线炒股"的目标。银行柜员告诉她，购买基金有认购和申购两种方式，认购是在基金发行的时候购买，与购买股票原始股有点相似；申购是基金经过封闭期之后再购买，和在二级市场上买股票一样。听完后，有一定炒股经验的刘女士便认为认购比申购合算。这时正好有一只新基金发行，她便把手中的定期存款办理提前支取，认购了这只基金。几个月后，这只基金经过封闭期，刚开始基金净值还比较稳定，一直在1.03元左右，可好景不长，不到一个月，基金净值就"跳水"到1.01元。刘女士这才知道：基金的"原始股"并非股票原始股，早知道这样还不如等到现在再申购。

思考分析：

银行柜台遇到的客户类别有很多，如何为客户买卖基金提供恰当的建议和回答并妥善处理是要注意说话方式和内容的。

学习活动 3　基金赎回

（一）基金赎回

投资者以申请当日的基金单位资产净值为基础，卖出所持有的基金份额叫作基金赎回。其中，基金单个开放日，基金赎回申请超过上一日基金总份额的10%时，为巨额赎回。同时，在赎回基金时所缴纳的费用称为赎回费。

（二）基金产品的赎回方式

（1）在银行赎回基金：在柜台填写基金赎回表，填上赎回基金产品、份额。

（2）在网银赎回基金：在网络银行的基金投资相关页面，单击"赎回"选项，选择基金产品，填上赎回份额，然后单击"确认"按钮。

（3）在证券公司赎回基金：在柜台填写基金赎回表，填上赎回基金产品、份额。

（4）基金公司网上赎回：连通基金公司与银行账户，选择基金赎回，填入相关数据。

（三）操作流程

基金赎回的业务流程如图6-30所示。

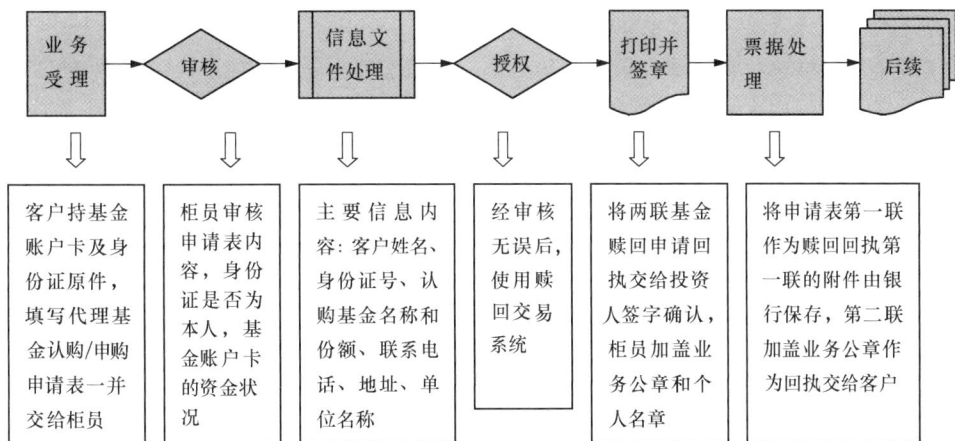

图6-30　基金赎回的业务流程

大视野

代理保险业务

一、代理保险业务范围

（1）代理财产保险业务，包括企事业单位的企业财产保险、责任保险及家庭财产保险等。

（2）代理人身保险业务，包括企事业单位职工和《中华人民共和国保险法》规定的公民的人寿保险、意外伤害保险及保险公司委托代理的其他人身保险业务。

（3）代理收取保费及支付保险金业务。各代理行代理保险公司收取其业务员交回的保险费和保险公司续保户交付的保险费，受被代理公司的委托向投保人或受益人支付保险金的业务。

（4）代理保险公司资金结算业务。各代理行通过实时汇兑系统和电子汇兑系统为保险公司提供资金结算服务。

（5）每个代理行只能为一家人寿保险公司代理寿险业务，能同时为 3 家财险公司代理财险业务。

（6）代理行必须严格按照合同书的约定，在被代理公司授权的范围内以被代理公司的名义办理保险业务。对超越代理权限的保险业务，代理行应及时通知被代理公司，由被代理公司书面授权办理或由被代理公司直接办理。

二、代理保险业务操作程序

代理保险业务经办人员应指导投保人正确、完整、如实地填写投保单，在商定承保条件和费率的情况下要求投保人签章确认。单位投保的，必须要求投保单位经办人员在投保单上签名并加盖单位公章。代理经办人员不得代客户填写投保单。

代理经办人员应对已填写的投保单认真审核，审核项目如下。

（1）投保人、被保险人、受益人的关系。

（2）保险期限及是否存在倒签承保日期。

（3）投保金额是否合理，是否注明承保方式。

（4）附加承保条件是否齐全或者合理。

（5）附加费率是否合理，保费计算是否正确。

（6）保险项目是否超越代理权限，超权限的是否已获得保险公司授权。

保费必须由投保人自愿交纳，代理行不得强行代扣保费。投保人在交纳保费后，代理行方可将保险公司开出的保险单和保费收据交给投保人。

代理行必须严格执行被代理公司规定的承保险种的条款和费率；使用的保险单证必须是被代理保险公司统一印制的专用保险单证，单证和印章必须相符。

代理行应在保险单到期前一个月，通知被保险人办理续保手续。

代理行代理的业务发生保险事故后，代理行应在 24 小时内通知保险公司，并且协助保险公司对出险标的进行查勘、验损，及时理赔。

代理行应协助被代理保险公司在银行开立专用资金账户，用于保费的收缴和划拨。

代理行应严格按照协议规定的时间和结算方式与保险公司结算保费，不得挤占和挪用保费。

代理行在结算保费时，分险种按保单号码顺序填写保费结算清单。保费结算清单一式两联，一联交保险公司，另一联由代理行留存。

项目强化训练

一、判断题

1. 贷记卡与准贷记卡透支取现时都要收取手续费。　　　　　　　　　　（　　）

2. 柜员办理银行卡业务时，发现止付卡应立即没收该卡。　　　　　　　（　　）

3. 免息还款期优惠是贷记卡持卡人在透支时所获得的或在归还最低还款额有困难时所获得的一种优惠。　　　　　　　　　　　　　　　　　　　　　　　　　　（　　）

4. 商业承兑汇票的收付款人必须是在银行开立存款账户的个人或企业。　（　　）

5. 国债买卖期内，对提前兑付的凭证式国债，经办行可在发行额度内继续卖出。（　　）

6. 代售火车票是银行的代收类业务。（　　）

7. 国库券无法办理挂失业务。（　　）

8. 支票没有金额起点，但有最高限额。（　　）

9. 支票只能用于单位在同一票据交换区域的各种款项的结算，而不能用于个人。（　　）

10. 基金投资人必须为中华人民共和国公民。（　　）

二、单项选择题

1. 准贷记卡的透支利率为日利率的（　　）。
   A. 1%　　　　　　B. 1‰　　　　　　C. 5%　　　　　　D. 万分之五

2. （　　）不计付利息。
   A. 贷记卡　　　　　　　　　　B. 准贷记卡
   C. 借记卡（不含储值卡）　　　D. 招行一卡通

3. 贷记卡透支按月计收＿＿＿，准贷记卡透支按月计收＿＿＿。（　　）
   A. 复利　单利　　B. 复利　复利　　C. 单利　单利　　D. 单利　复利

4. 银行卡在 ATM 机上取现（　　）。
   A. 每卡每日不得超过 5 000 元　　B. 每卡每日不得超过 6 000 元
   C. 每日累计不得超过 20 000 元　　D. 不得超过信用额度

5. 结算票据的出票日期应使用（　　）。
   A. 大写
   C. 大写、小写均可　　　　　　D. 按办理网点要求填写
   B. 小写

6. 银行网点发行的国库券为凭证式国债，（　　），使用专用凭证。
   A. 可记名、可上市转让，但不可挂失　B. 不记名、不挂失，可上市转让
   C. 可记名、可挂失，但不可上市转让　D. 不记名、不挂失，不可上市转让

7. 代售飞机票属于代理业务中的（　　）。
   A. 代付类　　　　B. 转账类　　　　C. 代理发行类　　D. 代收类

8. 已承兑的银行承兑汇票丧失时，失票人要持（　　）出具的享有票据权利的证明向承兑行请求付款。
   A. 开户行　　　　B. 公安机关　　　C. 人民法院　　　D. 人民银行

9. 国债的起存金额为（　　）元。
   A. 10　　　　　　B. 50　　　　　　C. 100　　　　　　D. 500

10. 现金支票的提示付款期自出票之日起（　　）天。
   A. 5　　　　　　B. 10　　　　　　C. 15　　　　　　D. 20

11. 出票人签发空头支票，持票人有权要求出票人赔偿支票金额的（　　）。
   A. 1%　　　　　　B. 2%　　　　　　C. 5%　　　　　　D. 0.5%

12. 投资者购买凭证式国债的起息时间是（　　）。
   A. 当年 1 月 1 日　　　　　　B. 当期国债发行开始日
   C. 购买日　　　　　　　　　　D. 当期国债发行结束日

13. 代理发行业务主要有（　　）。
   A. 代发放红利　　　　　　　　B. 代理开放式基金业务
   C. 代收电费　　　　　　　　　D. 代收联通费

14. POS 的中文意思是指（   ）。

    A. 自动取款机   B. 自动存款机   C. 自动柜员机   D. 销售点终端

15. 银行卡不具有（   ）功能。

    A. 消费信用   B. 转账结算   C. 存取现金   D. 买卖证券

三、多项选择题

1. 转账卡具有（   ）功能。

    A. 转账结算   B. 存取现金   C. 消费   D. 透支

2. （   ）不享受免息还款期和最低还款额。

    A. 贷记卡持卡人支取现金   B. 贷记卡持卡人非现金交易

    C. 准贷记卡持卡人支取现金   D. 准贷记卡持卡人非现金交易

3. 用于支取现金的支票有（   ）。

    A. 转账支票   B. 普通支票   C. 专用支票   D. 现金支票

4. 银行汇票欠缺（   ）要素，汇票无效。

    A. 无条件支付承诺   B. 出票金额

    C. 收付款人名称   D. 出票日期及出票人签章

5. 代理业务从资金清算的方向上可以分为（   ）。

    A. 代收类   B. 代付类   C. 转账类   D. 代理发行类

6. 现行银行支付结算的种类包括（   ）。

    A. 支票   B. 商业汇票   C. 现金   D. 托收托付

7. 单位、个人、银行办理支付结算必须遵守（   ）原则。

    A. 恪守信用，履约付款   B. 谁的钱进谁的账，由谁支配

    C. 存款自愿，为储户保密   D. 银行不垫款

8. 中间业务的特点有（   ）。

    A. 不动用或不直接动用商业银行的自有资金

    B. 必须接受客户委托办理业务

    C. 不承担或不直接承担经营风险

    D. 以收取手续费的方式获得收益

9. 发卡网点对客户持有的银行卡在（   ）情况下应予以收回。

    A. 卡已被挂失   B. 卡磁条已被破坏

    C. 卡的指定账户已销户   D. 使用时连续三次输错密码

10. 下列关于借记卡的挂失叙述正确的是（   ）。

    A. 口头挂失和书面挂失

    B. 主卡办理挂失与支付后，附卡不可以继续使用

    C. 主卡办理挂失与支付后，附卡可以继续使用

    D. 附卡办理挂失与支付后，主卡仍然可以继续使用

四、简答题

1. 简要说明信用卡的分类及基本特点。

2. 简要说明银行卡风险的主要类型。

3. 请举出 8 家银行的信用卡及其名称。

4. 代收业务的基本规定有哪些？

5. 支付结算业务的原则是什么?

6. 现行银行支付结算的种类有哪些?

五、请做出下列业务流程图并对主要环节予以说明

1. 信用卡申请。

2. 银行卡挂失。

3. 现金支票提现。

4. 票据挂失。

5. 银行承兑汇票承兑。

6. 汇出款项。

7. 国债买入。

六、案例分析

票据案例

案情介绍:

A 公司从 B 纺织厂购进一批羊毛衫。为支付货款,A 公司向 B 厂开具了 10 万元货款的汇票,汇票付款人为 C 银行,付款期限为出票后 15 天内。B 厂经销员拿到汇票后,声称不慎于第 3 日遗失。B 厂随即向 C 银行所在地的区人民法院申请公示催告。人民法院接到申请后第 2 天即受理,并通知付款人停止支付。第 3 天发出公告,限利害关系人在公告之日起 3 个月内到人民法院申报,否则,人民法院将根据申请人的申请,宣告票据无效。后来 D 持汇票到人民法院申报,并声称汇票是用 6 万元从经销员手里购买的。人民法院接到申报后,裁定终结公示催告程序,并通知 B 厂和 C 银行。于是,B 厂向人民法院起诉。

思考分析:

票据遗失后,以上各相关方的行为是否正确? 区人民法院的公示催告程序是否合法、正确? 请根据票据挂失的相关规定和程序进行分析。

项目 7 商业银行外汇业务

🔍 知识图谱

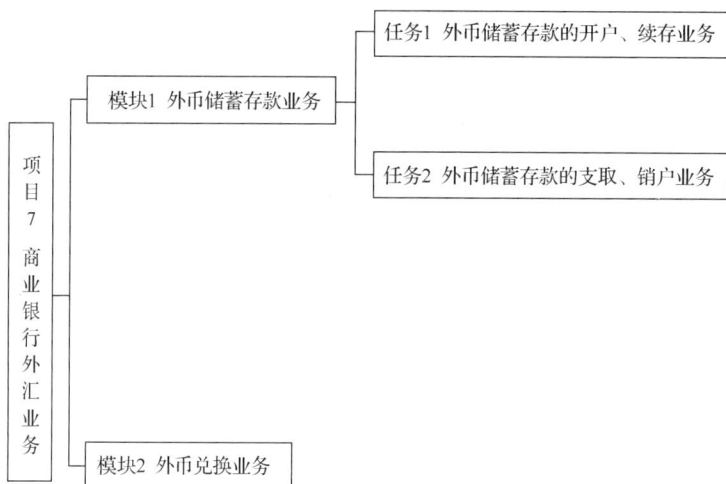

🔬 学习目标

大多数商业银行均开展了外汇相关业务，因此，柜员掌握相关的外汇业务知识也是成为合格柜员的基本要求之一。通过本项目的学习，学生能够初步了解和掌握以下内容。

知识目标

（1）掌握外币储蓄存款业务的相关规定。

（2）熟悉外币兑换业务的相关规定。

能力目标

（1）能按具体业务操作流程办理外币储蓄存款的开户、续存、支取、销户等业务操作。

（2）能按具体业务操作流程办理个人外币兑出和个人外币兑入等业务操作。

素养目标

（1）养成严谨认真的工作态度。

（2）严格执行银行相关法律法规。

🔍 案例导入

非法买卖外汇案

2022 年 9 月至 2023 年 1 月，邱某为实现向境外转移资产的目的，利用 69 名境内个人的个人年度购汇额度，将个人资金分拆购汇后汇往境外账户，非法转移资金合计 349.49 万美元，构成逃汇行为，被处以罚款 160 万元。

我国对个人具有真实、合法需求的经常项下个人购汇不予限制，但仍有一些人试图违规购买境外投资性保险、境外购房等，由于每人 5 万美元的年度购汇额度不足以满足其需求，许多人便铤而走险"化整为零"。例如，总共需要 50 万美元，就找 10 个亲戚朋友，每人凑 5 万美元额度。

这个方法确实规避了额度问题，但这种行为被视为"蚂蚁搬家"式换汇，违者将被严查。如果通过分拆汇出等方式，实现外汇资金违规流出，国家外汇管理局将依法依规跟踪查处并予以处罚，违规者或将被列入银行"关注者名单"，这意味着个人享受的便利化外汇额度将会受到影响。

📇 相关业务规范

一、业务释义

外汇具有动态和静态两个方面的含义。

动态的外汇是指把一国（地区）货币兑换成另一国（地区）货币的国际汇兑行为和过程，即借以清偿国际债权和债务关系的一种专门性经营活动。

静态的外汇是指以外币表示的可用于对外支付的金融资产。《中华人民共和国外汇管理条例》（以下简称《外汇管理条例》）所称外汇是指下列以外币表示的可以用作国际清偿的支付手段和资产。

（1）外币现钞，包括纸币、铸币。

（2）外币支付凭证或者支付工具，包括票据、银行存款凭证、银行卡等。

（3）外币有价证券，包括债券、股票等。

（4）特别提款权。

（5）其他外汇资产。

根据国家外汇管理局的相关规定，我国有权经营外汇业务的银行是指经中国人民银行批准在中华人民共和国境内设立的中资银行及其分支机构，包括政策性银行、国有独资商业银行、股份制商业银行和城市合作银行等。这些银行可以经营国家外汇管理局界定的以下相关业务：外汇存款、外汇贷款、外汇汇款、外币兑换、国际结算、同业外汇拆借、外汇票据的承兑和贴现、外汇借款、外汇担保、结汇、售汇等。

二、相关知识

（一）外汇管理

广义的外汇管理是指一国政府授权国家货币金融当局或其他国家机构，对外汇的收支、买卖、借贷、转移以及国际结算、外汇汇率和外汇市场等实行的控制和管制行为；狭义的外汇管理是指对本国货币与外国货币的兑换实行一定限制的行为。

（二）国际收支

国际收支是指一定时期内某一经济体（通常指一国或者地区）与其他经济体之间的各项经济交易，其中的经济交易是在居民与非居民之间进行的。经济交易作为流量，反映经济价值的创造、转移、交换、转让或削减，包括经常项目交易、资本与金融项目交易和国际储备资产变动等。

（三）经常项目

经常项目是指国际收支中涉及货物、服务、收益及经常转移的交易项目，是实质资源的流动，包括进出口货物、输入输出的服务、对外应收及应付的收益，以及在无同等回报的情况下，与其他国家或地区之间发生的提供或接受经济价值的经常转移。

（四）资本项目和金融项目

资本项目是指国际收支中引起对外资产和负债水平发生变化的交易项目，包括资本转移、非生产/非金融资产交易以及其他所有引起一经济体对外资产和负债发生变化的项目。资本转移是指涉及固定资产所有权的变更及债权债务的减免等导致交易一方或双方资产存量发生变化的转移项目，包括固定资产转移、债务减免、移民转移和投资捐赠等。非生产/非金融资产交易是指非生产性有形资产（土地和地下资产）和无形资产（专利、版权、商标和经销权等）的收买与放弃。金融项目具体包括直接投资、证券投资和其他投资项目。

（五）出口收汇核销和出口收汇核销单

出口收汇核销是指以出口货物的价值为标准核对是否有相应的外汇收回国内的一种事后管理措施。

出口收汇核销单是指由国家外汇管理局统一管理，各分支局核发，出口单位凭此向海关办理出口报关，向银行办理出口收汇，向外汇管理机关办理出口收汇核销，向税务机关办理出口退税申报，且有统一编号的重要凭证。

（六）境内个人和境外个人

《外汇管理条例》所称境内个人是指中国公民和在中华人民共和国境内连续居住满1年的外国人，外国驻华外交人员和国际组织驻华代表除外。

《个人外汇管理办法》所称境内个人是指持有中华人民共和国居民身份证、军人身份证件、武装警察身份证件的中国公民；境外个人指持护照、港澳居民来往内地通行证、台湾居民来往大陆通行证的外国公民（包括无国籍人）以及港澳台同胞。

（七）中国居民（简称居民）和非居民

《国际收支统计申报办法》所称中国居民是指以下几类。

（1）在中国境内居留1年以上的自然人，外国及我国香港、澳门、台湾地区在境内的留学生、就医人员、外国驻华使馆领馆外籍工作人员及其家属除外。

（2）中国短期出国人员（在境外居留时间不满1年）、在境外留学人员、就医人员及中国驻外使馆领馆工作人员及其家属。

（3）在中国境内依法成立的企业事业法人（含外商投资企业及外资金融机构）及境外法人的驻华机构（不含国际组织驻华机构、外国驻华使馆领馆）。

（4）中国国家机关（含中国驻外使馆领馆）、团体、部队。

根据《国家外汇管理局关于规范非居民个人外汇管理有关问题的通知》，非居民是指外国自然人（包括无国籍人）、港澳台同胞和持中华人民共和国护照但已取得境外永久居留权的中国自然人。

居民与非居民的判断标准以其出示的身份证明文件为准。

（八）境内机构

境内机构是指中华人民共和国境内的国家机关、企业（含经批准设立的外资企业和金融机构）、事业单位、社会团体、部队等，外国驻华外交领事机构和国际组织驻华代表机构除外。其中，外资企业包括外商独资、中外合资、中外合作企业。

模块 1　外币储蓄存款业务

任务 1　外币储蓄存款的开户、续存业务

一、业务释义

按照国家外汇管理局的相关规定，为方便中、外单位存入外币，目前我国境内的中国工商银行、中国农业银行、中国银行、中国建设银行等多家银行均开办了外币储蓄存款业务。外币储蓄存款实行存款自愿、取款自由、原币计息、为储户保密的原则。凡中国境内居民，均可以个人名义开立外币储蓄存款账户。

二、相关业务规定

（一）外汇存款

外汇存款是银行组织吸收外汇资金的主要渠道，是银行外汇资金来源的重要组成部分。外汇存款可以按照存款对象、存入资金形态、存款期限和存取方式进行分类。

（1）外汇存款按照存款对象，可以分为单位外汇存款和个人外币储蓄存款。

（2）外汇存款按照存入资金形态，可以分为现汇存款和现钞存款。其中，外币现汇是指从国外汇入的，没有取出就直接存入银行的外币，它包括从境外银行直接汇入的外币、居民委托银行代其将外国政府公债、国库券、公司债券、金融债券、外国银行存款凭证、商业汇票、银行汇票、外币私人支票等托收和贴现后所收到的外币。现汇存款是指上述外币票据转存的存款。外币现钞是指外国钞票、铸币。外币现钞主要由境外携入。现钞存款是指存款人将从境外携入或持有可自由兑换的外币现钞存入的存款。

（3）外汇存款按照存款期限，可以分为定期存款和活期存款。

（4）外汇存款按照存取方式，可以分为普通活期存折存款、活期一本通存款、定期一本通存款、定期存单存款等。

（二）外币存款的相关规定

外币储蓄存款分为活期、定期和个人通知存款 3 种。

（1）外币活期储蓄，每年计付一次利息，每年 6 月 30 日为结息日，以原币入账，如遇中途调整利息率，应按不同利率分段计息，中途销户的随时结清利息。

（2）外币定期储蓄是储户在存款时约定期限，一次存入本金，整笔支取本金和利息的储蓄。起存金额各商业银行规定不一致，存款期限主要分为 1 个月、3 个月、6 个月、1 年、2 年 5 个档次。

（3）外币个人通知存款是指客户在提取或支付存款时，必须按规定提前若干天通知银行的一种存款。起存和最低支取金额为 5 万元人民币的等值外汇，只有"七天通知存款"一种，个人通知存款存期比普通定期存款短得多，而利率又比活期存款高，对持有短期大额收入的客户具有吸引力。

三、学习活动

学习活动 1　外币储蓄存款开户业务

外币储蓄存款开户的业务流程如图 7-1 所示。

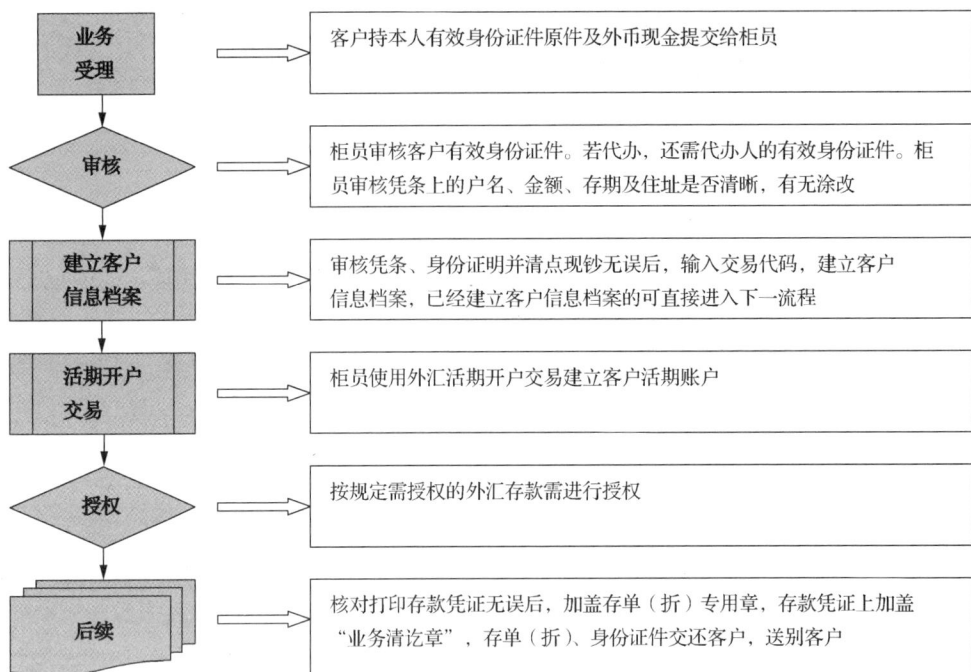

图 7-1 外币储蓄存款开户的业务流程

学习活动 2　外币储蓄存款续存业务

外币储蓄存款续存的业务流程如图 7-2 所示。

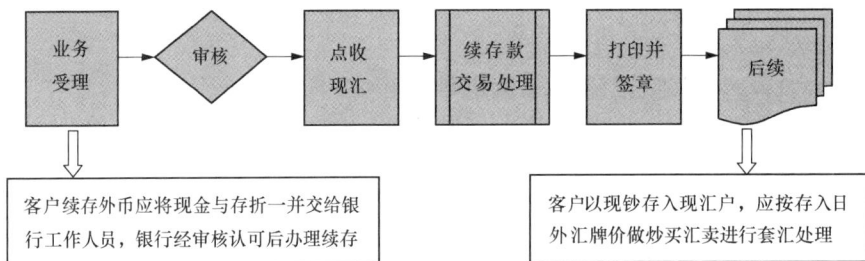

图 7-2　外币储蓄存款续存的业务流程

任务 2　外币储蓄存款的支取、销户业务

一、主要业务规定

（一）存款支取

（1）本息均可支取外币，也可支取人民币，享受侨汇优待（乙种存款可兑取外汇兑换券）。

（2）外汇储户本息可以汇往境外，银行视库存情况支取外钞。

（3）外钞储户本息可以支取外钞。丙种外钞储户存款汇出境外金额较大时，须经过国家外汇管理局批准。

（4）存款人或其直系亲属携带支取的外币出境，可凭出境证件，由存款银行开具携带外币出境许可证。

（5）存款支取的货币应与原存款的货币相同，如兑换其他货币，按支取日外汇牌价折算。

（6）定期存款须提前支取的，存款人应向银行提供本人有效身份证件并签章，经银行同意后办理。

（二）计息规定

存款按中国人民银行总行公布的个人外币存款利率计付外币利息。对于活期存款，按照每年6月30日挂牌活期利率结息一次，利息并入本金起息，未到结息日销户的，利息计算到销户前一天为止。对于定期存款到期或销户时计算并支付利息，定期存款未到期遇利率调整，仍按存入时原定利率计息。

二、学习活动

学习活动 1 外币储蓄存款的支取和销户

外币储蓄存款的支取和销户的流程如图 7-3 所示。

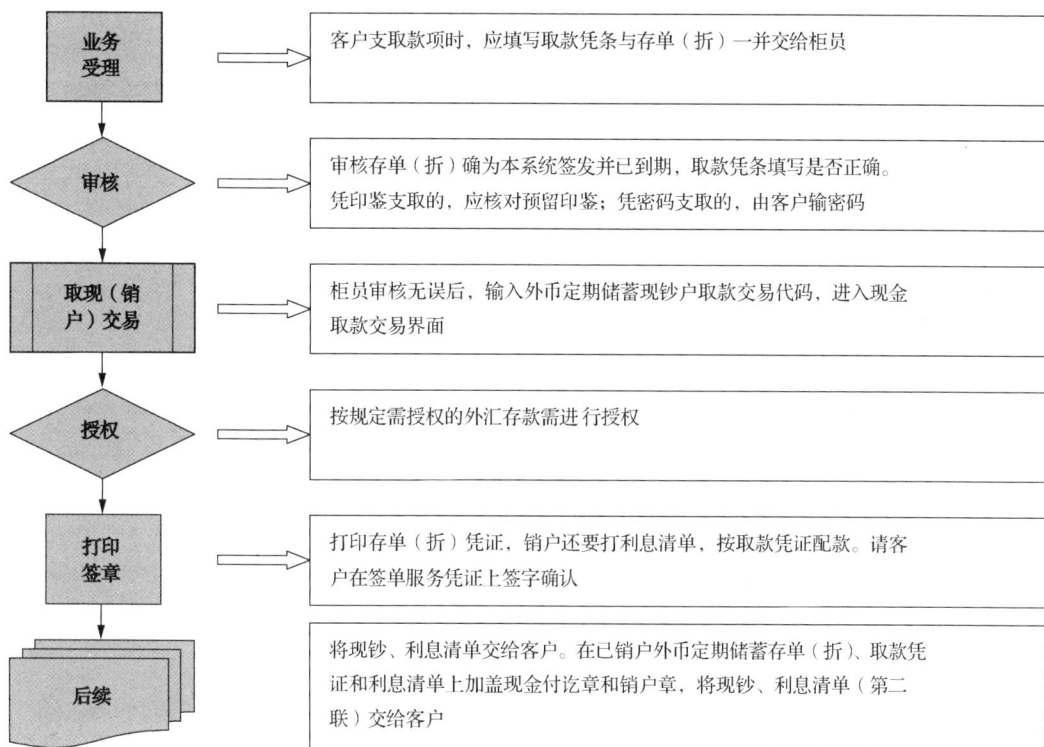

图 7-3 外币储蓄存款的支取和销户的流程

学习活动 2 外币储蓄存款的计息

（1）计算利息的基本公式：

$$活期存款利息 = 外币本金 \times 活期存款利率 / 360 \times 实际天数$$

$$定期存款利息 = 外币本金 \times 定期存款利率 / 12 \times 存期月数$$

（2）外币活期存款：按当日银行挂牌公告的活期储蓄存款利率计息。利息并入本金重新起息。在存入期间如遇利率调整，按结息日挂牌公告的活期储蓄存款利率计息。

存款销户时，按支取日挂牌公告的活期储蓄存款利率结清。

外币定期存款：按存入日利率计息；存期内如遇利率调整，按照存入日利率计息不变，不分段计息。

提前支取的存款，按支取日挂牌公布的外币活期储蓄存款利率计息。部分提前支取时，未提前支取部分仍按原利率计息。

部分提前支取只限一次。存款到期未取，除约定自动转存的，过期部分按支取当日的活期储蓄存款利率计息。存款到期如预约自动转存，利息并入本金，并按转存日利率计息。

应得利息按所存外币币种计付。

模块2　外币兑换业务

一、业务释义

个人本外币兑换特许业务是指境内非金融类一般工商企业，经国家外汇管理局批准，在试点地区提供包括银行在内的面向境内外个人的外汇兑换人民币、人民币购买外汇的双向兑换服务。其中，银行网点普遍集中在对公业务和居民密集区。国家外汇管理局要求，特许经营机构须通过个人结售汇管理信息系统办理兑换业务，将每个客户的兑换纳入个人结售汇年度总额控制；同时限定特许经营机构对单一客户当天累计兑换金额不得超过 5 000 美元。此外，特许经营机构的所有经营活动通过外汇备付金账户进行，并对外汇备付金实行限额管理。

二、主要业务规定

（一）外汇交易

外汇交易是指一国货币与另一国货币进行交换。

（二）外汇汇率

外汇汇率又称汇价、外汇牌价或外汇行市，是指将一种货币兑换成另一种货币的比价关系，即以一国货币表示另一国货币的价格。

（三）外汇买卖的相关规定

（1）外汇买卖传票有外汇买卖借方传票、外汇买卖贷方传票和套汇传票3种。外汇买卖借方传票、外汇买卖贷方传票均为一式三联，外汇买卖的外币和人民币传票各一联，另一联为统计卡。套汇传票一式五联，外汇买卖的外币和人民币传票各两联，另一联为统计卡。

（2）外汇买卖账簿包括分户账和总账两种。外汇买卖分户账是一种特定格式的账簿，以外币币种分别立账。该分户账由买入、卖出和结余3栏组成，它把外币金额和人民币金额同时分栏填列在同一张账页上。买汇时，外币记贷方，人民币记借方，两者都记入买入栏；卖汇时，外币记借方，人民币记贷方，两者都记入卖出栏。外汇买卖总账以外币和人民币分别填列。每日营业终了，根据科目日结单登记总账发生额，根据上日余额结出本日余额。

三、学习活动

学习活动1　个人外币兑出

（一）兑出外币的折算方法

基本公式：

$$客户应付人民币金额=需要兑出的外钞金额\times外钞卖出价$$

（二）关于外币兑换限额的规定

根据国家外汇管理局发布的《经常项目外汇业务指引》（2020 年版）的规定，个人结汇和境内个人购汇实行年度便利化额度管理，便利化额度分别为每人每年等值 5 万美元。个人提取外币现钞当日累计等值 1 万美元以下（含）的，个人存入外币现钞当日累计等值 1 万美元以下（含）的，均须凭本人有效身份证件在银行办理。

（三）操作流程

个人外币兑出的业务流程如图 7-4 所示。

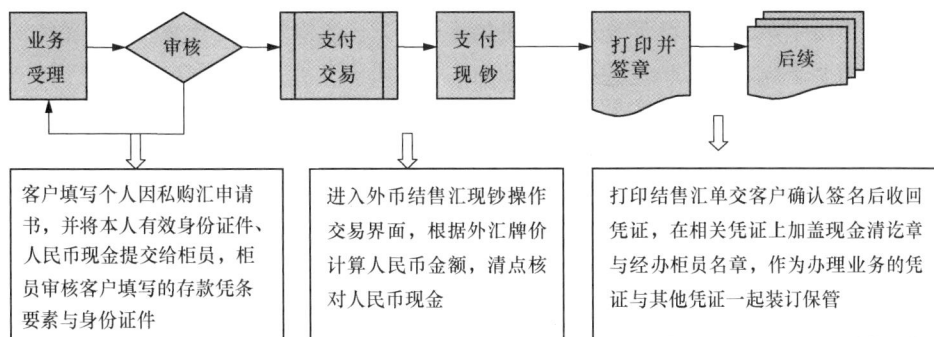

图 7-4　个人外币兑出的业务流程

大视野

2023 年商业银行开展的外币业务比照如表 7-1 所示。

表 7-1　　　　　　　　　2023 年商业银行开展的外币业务比照

机构名称	可兑换外币种类	外币存款业务
中国银行	英镑、港币、美元、瑞士法郎、新加坡元、瑞典克朗、挪威克朗、日元、丹麦克朗、加拿大元、澳大利亚元、欧元、菲律宾比索、泰国铢、韩元、澳门元，新台币	活期储蓄存款、定期储蓄存款、通知存款，以及其他经监管机关批准的存款
中国农业银行	美元、欧元、英镑、港币、日元、澳大利亚元、加拿大元、新加坡元、瑞士法郎、瑞典克朗、丹麦克朗	活期储蓄存款、整存整取定期储蓄存款、个人通知存款
中国工商银行	美元、日元、港币、英镑、欧元、加拿大元、瑞士法郎、澳大利亚元、新加坡元	活期储蓄存款、定期储蓄存款、通知存款
中国建设银行	美元、港币、日元、欧元、英镑、加拿大元、澳大利亚元、瑞士法郎	活期储蓄存款、整存整取定期储蓄存款
中国光大银行	港币、美元、英镑、日元、加元、澳大利亚元、瑞士法郎、欧元	活期储蓄存款、定期储蓄存款
中国民生银行	欧元、英镑、澳大利亚元、美元、瑞士法郎、加拿大元、港元、日元	活期储蓄存款、定期储蓄存款、通知存款
招商银行	美元、港币、欧元、英镑、澳大利亚元、日元、加拿大元、瑞士法郎、新加坡元、新西兰元	活期储蓄存款、定期储蓄存款、外币单位"七天通知存款"

同步阅读

外汇汇价的表示方法

（1）直接标价法，又称为应付标价法，是以一定单位的外国货币作为标准，折算为本国货币来表示其汇率的一种标价方法。在直接标价法下，外国货币数额固定不变，汇率涨跌都以相对的本国货币数额的变化来表示。一定单位的外币折算的本国货币减少，说明外币汇率已经下跌，即外币贬值或本币升值。大多数国家和地区采用直接标价法。我国人民币采用以市场供求为基础的、单一的、有管理的浮动汇率制度。

（2）间接标价法，又称为应收标价法，是以一定单位的本国货币为标准，折算为一定数额的外国货币来表示其汇率的一种标价方法。在间接标价法下，本国货币的数额固定不变，汇率涨跌都以相对的外国货币数额的变化来表示。一定单位的本国货币折算的外币数量增多，说明本国货币汇率上涨，即本币升值或外币贬值。反之，一定单位的本国货币折算的外币数量减少，说明本国货币汇率下跌，即本币贬值或外币升值。欧元、英镑、澳大利亚元采用间接标价法。直接标价法和间接标价法所表示的汇率涨跌的含义正好相反，在引用某种货币的汇率和说明其汇率高低涨跌时，必须明确采用哪种标价方法，以免混淆。

（3）美元标价法，又称纽约标价法，是指在纽约国际金融市场上，除对英镑采用直接标价法外，对其他外国货币采用间接标价法的标价方法。

学习活动2　个人外币兑入

（一）兑入外币的折算方法

基本公式：

$$银行应付人民币金额 = 外钞金额 \times 外钞买入价$$

（二）关于外币兑换业务的特别说明

境外人员离境前，要求将入境时兑换的未用完的人民币兑回外币，可以凭借本人护照和本人有效期（6个月）之内的外币兑换水单和离境机票或火车票到原兑换机构办理，其兑换金额不能超过原水单金额的50%。银行办理兑回外币业务时，应同时收回原兑换水单，加盖"已兑换"章戳，作为外汇买卖传票的附件。

（三）操作流程

个人外币兑入的业务流程如图7-5所示。

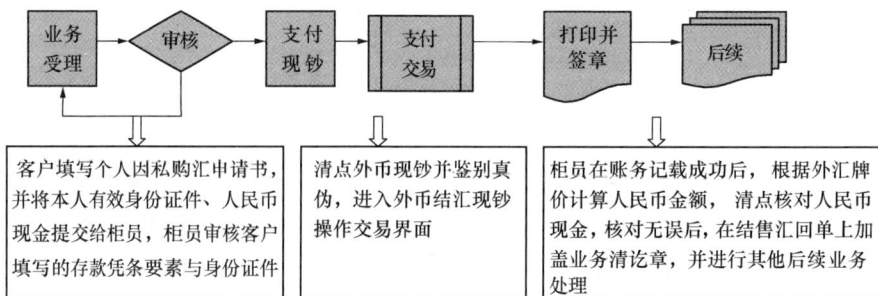

图7-5　个人外币兑入的业务流程

学习活动 3　个人外币套汇

（一）外汇间汇兑折算方法

买入的外币牌价使用外钞买入价，卖出的外币牌价使用外钞卖出价。

基本公式：

$$兑出的外钞金额=兑入的外钞金额×兑入的外钞买入价/兑出外钞卖出价$$

（二）操作流程

个人外币套汇的业务流程如图 7-6 所示。

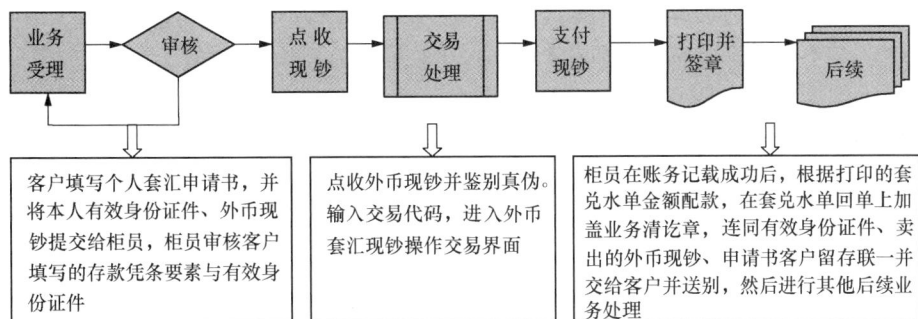

图 7-6　个人外币套汇的业务流程

想一想

外币兑换服务典型问题的服务技巧训练

银行柜台服务遇到的问题有很多，情况也很复杂，柜员面对这些问题不能随意回答，而应该妥善处理。下面列示一些典型问题，请思考如何应对。

（1）客户没有确定的兑换币种，需要柜员提供参考意见。

（2）客户对何时进行兑换犹豫不决时，柜员该如何应对？

资料传真袋

金融机构客户身份识别和客户身份资料及交易记录保存管理办法（节选）

第二章　客户身份识别制度

第七条　政策性银行、商业银行、农村合作银行、城市信用合作社、农村信用合作社等金融机构和从事汇兑业务的机构，在以开立账户等方式与客户建立业务关系，为不在本机构开立账户的客户提供现金汇款、现钞兑换、票据兑付等一次性金融服务且交易金额单笔人民币 1 万元以上或者外币等值 1000 美元以上的，应当识别客户身份，了解实际控制客户的自然人和交易的实际受益人，核对客户的有效身份证件或者其他身份证明文件，登记客户身份基本信息，并留存有效身份证件或者其他身份证明文件的复印件或者影印件。

如客户为外国政要，金融机构为其开立账户应当经高级管理层的批准。

第八条　商业银行、农村合作银行、城市信用合作社、农村信用合作社等金融机构为自然人客户办理人民币单笔 5 万元以上或者外币等值 1 万美元以上现金存取业务的，应当核对客户的有效身份证件或者其他身份证明文件。

第九条　金融机构提供保管箱服务时，应了解保管箱的实际使用人。

第十条 政策性银行、商业银行、农村合作银行、城市信用合作社、农村信用合作社等金融机构和从事汇兑业务的机构为客户向境外汇出资金时，应当登记汇款人的姓名或者名称、账号、住所和收款人的姓名、住所等信息，在汇兑凭证或者相关信息系统中留存上述信息，并向接收汇款的境外机构提供汇款人的姓名或者名称、账号、住所等信息。汇款人没有在本金融机构开户，金融机构无法登记汇款人账号的，可登记并向接收汇款的境外机构提供其他相关信息，确保该笔交易的可跟踪稽核。境外收款人住所不明确的，金融机构可登记接收汇款的境外机构所在地名称。

接收境外汇入款的金融机构，发现汇款人姓名或者名称、汇款人账号和汇款人住所三项信息中任何一项缺失的，应要求境外机构补充。如汇款人没有在办理汇出业务的境外机构开立账户，接收汇款的境内金融机构无法登记汇款人账号的，可登记其他相关信息，确保该笔交易的可跟踪稽核。境外汇款人住所不明确的，境内金融机构可登记资金汇出地名称。

📝 项目强化训练

一、判断题

1. 外汇是指以外币表示的可以用作国际清偿的支付手段和资产。　　　　（　　　）

2. 直接标价法是指以一定的外国货币为标准，折算为一定数额的本国货币来表示汇率的一种标价方法。大多数国家和地区采用直接标价法。　　　　（　　　）

3. 买入汇率是外汇客户从银行手中买入外汇时所采用的汇率。　　　　（　　　）

4. 中国境内居民均可以以个人名义开立外币储蓄存款账户。　　　　（　　　）

5. 他人可以代理开立个人外汇储蓄账户，代理人出示代理人与被代理人的有效实名证件即可。　　　　（　　　）

6. 外汇存款按照存入资金形态可以分为现汇存款和现钞存款。　　　　（　　　）

7. 存款支取的货币可以与原存款的货币不同。　　　　（　　　）

8. 境外人员离境前，要求将入境时兑换的未用完的人民币兑回外币，可以凭借本人护照和本人有效期（6个月）之内的外币兑换水单到原兑换机构办理。　　　　（　　　）

9. 我国银行开办的个人外汇买卖实行个人实名交易。　　　　（　　　）

二、单项选择题

1. 根据国家外汇管理局发布的《银行外汇业务管理规定》，外汇是指以外币表示的可以用作国际清偿的支付手段和资产。根据《中华人民共和国外汇管理条例》规定，下列说法错误的是（　　　）。

　　A. 外汇包括外国货币　　　　　　　B. 外汇包括外币支付凭证

　　C. 外汇包括外币有价证券，股票除外　　D. 外汇包括特别提款权

2. 根据国家外汇管理局发布的《银行外汇业务管理规定》，不属于我国外汇指定银行可以经营的外汇业务是（　　　）。

　　A. 外汇票据的承兑和贴现

　　B. 发行或代理发行包括股票在内的外币有价证券

　　C. 自营外汇买卖或者代客外汇买卖

　　D. 外汇信用卡的发行和代理国外信用卡的发行及付款

3. 外汇存款在经办网点受理，直接在（　　　）进行业务处理和会计核算。

　　A. 信贷管理系统（CMIS）　　　　　B. 国际业务系统（IBP）

　　C. 核心账务系统　　　　　　　　　D. 外汇宝系统

4. （　　）在银行只可办理结售汇业务，不可办理外汇储蓄业务。

    A. 瑞士法郎　　　　B. 新加坡元　　　　C. 日元　　　　D. 新台币

5. 下列说法不正确的是（　　）。

    A. 牌价标志选择让利价和直接比价时均须强制授权

    B. 选择让利价时如输入的牌价超过相应的总分行点差对应的牌价时，无须高级别授权

    C. 系统控制对让利价买入价不能大于对客户的卖出价，卖出价不能小于对客户的买入价

    D. 直接比价向总行平盘的价格是分行向总行询价的价格

6. 下列关于结售汇业务中金额计算的说法不正确的是（　　）。

    A. 结汇业务中，人民币金额=外币金额×买入牌价

    B. 结汇业务中，外币金额=人民币金额/买入牌价

    C. 售汇业务中，人民币金额=外币金额×卖出牌价

    D. 售汇业务中，外币金额=人民币金额/买入牌价

7. 下列说法不正确的是（　　）。

    A. 对代客外汇买卖业务如买入货币是直接标价货币，买入牌价表示为美元对该货币的买入价

    B. 对代客外汇买卖业务如买入货币为间接标价货币，买入牌价表示为买入货币对美元的买入价

    C. 对代客外汇买卖业务如卖出货币为直接标价货币，卖出牌价表示为美元对该货币的买入价

    D. 对代客外汇买卖业务如卖出货币为间接标价货币，卖出牌价表示为卖出货币对美元的卖出价

8. 前台办理结汇业务时，经办柜员对对公客户交来的盖有客户预留印鉴的支取凭证进行审核，不包括（　　）。

    A. 核对印鉴　　　　　　　　　　B. 检查支取凭证是否有涂改和刮擦现象

    C. 核对密码　　　　　　　　　　D. 货币符号及大小写金额是否正确等要素

9. 前台收到客户将某一货币兑换成另一种货币的申请时，经办柜员认真审核支取凭证等要素，不包括（　　）。

    A. 客户印鉴是否与预留印鉴相符

    B. 客户所要交易的货币是否为交易货币

    C. 客户所填存款账户是否为银行账户，账户余额是否足够支付

    D. 申请单位提供的有效凭证是否符合国家外汇管理局的售汇规定

10. 经常项目是一个国家在一定时期内对外经济、政治、文化交往而经常发生的国际收支项目，不包括（　　）。

    A. 贸易收支　　　B. 劳务收支　　　C. 转移收支　　　D. 直接投资

11. 资本项目是指一个国家在一定时期内资本输出和输入国境的国际收支项目，它反映了资本在国际间的增减变动，不包括（　　）。

    A. 各类贷款　　　B. 劳务收支　　　C. 证券投资　　　D. 直接投资

12. 具有涉外经营权或有经常项目外汇收入的企业或单位可申请办理经常项目外汇账户，可保留的外汇不包括（　　）。

    A. 从事代理对外或者境外业务的境内机构代收代付的外汇

B. 境内机构暂收待付或者暂收待结项下的外汇

C. 免税品公司经营免税品业务收入的外汇

D. 境内机构发行股票收入的外汇

13. 境内机构若变更（　　），不用到国家外汇管理局进行机构基本信息的变更登记。

　　A. 机构名称　　　　B. 联系电话　　　　C. 机构性质　　　　D. 组织机构代码

14. 开户银行为境内机构开户后，须于（　　）按照外汇账户管理信息系统报送数据的要求将相关数据及时报送国家外汇管理局。

　　A. 当日　　　　　　B. 次日　　　　　　C. 3个工作日内　　D. 5个工作日内

15. 下列关于境内机构经常项目外汇账户关闭的说法错误的是（　　）。

A. 境内机构可直接到开户金融机构办理关闭经常项目外汇账户手续

B. 境内机构关闭经常项目外汇账户后，如还开有其他相同性质经常项目外汇账户的，账户内资金可以转入其他相同性质经常项目外汇账户

C. 开户金融机构为境内机构关闭经常项目外汇账户后，须通过外汇账户信息交互平台做关闭账户报告

D. 开户金融机构为境内机构关闭经常项目外汇账户后，须按照外汇账户管理信息系统报送数据的要求将相关数据及时报送国家外汇管理局

三、简答题

1. 在外币票据的买入和托收业务中，对外币票据要素的审核主要包括哪些内容？

2. 请列举并比较中国银行、交通银行、招商银行、中国农业银行4家金融机构开展的外汇业务。

3. 简述经常项目与资本项目的内涵。

4. 《个人外汇管理办法实施细则》关于外币兑换限额是怎样规定的？

5. 在外币业务处理中所描述的中国居民的范围有哪些？

6. 外币储蓄存款开户中柜员审核的内容有哪些？

四、请做出下列业务流程图并对主要环节予以说明

1. 外币储蓄存款的开户。

2. 个人外币兑出的操作。

3. 个人外币套汇的操作。

五、案例分析

【案例一】

甲客户有澳大利亚元存款，现须通过速汇金系统汇款，请问如何操作可实现甲客户要求？请说明在汇款1 000澳大利亚元时，甲客户须提供的身份信息内容及业务处理简要流程。

【案例二】

李某为我行优质客户，李某之子在美国求学须在1日内缴纳1万美元费用，但李某无美元，只有尚未到期的人民币定期存款5万元、凭证式国债8万元。当天汇率为6.9648。请为其提供合适的解决方案，并简要说明相关注意事项。

【案例三】

刘女士到我行咨询个人网上银行业务，柜员小王接待了她，刘女士问：个人网上银行目前拥有哪些功能（至少说出6种）？开通个人网上银行服务对原有账户的使用有哪些影响？个人网上银行的服务时间是何时？

项目 8　商业银行柜面突发事件处理

知识图谱

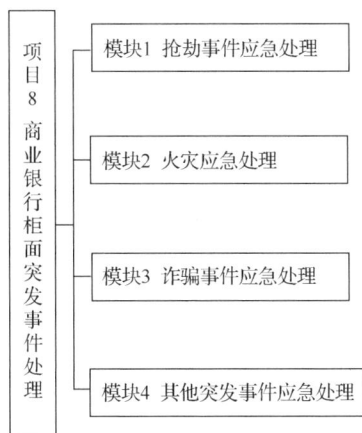

项目8 商业银行柜面突发事件处理
- 模块1　抢劫事件应急处理
- 模块2　火灾应急处理
- 模块3　诈骗事件应急处理
- 模块4　其他突发事件应急处理

学习目标

知识目标

（1）了解突发事件的定义和特点。

（2）了解抢劫事件的特点和应急处理原则。

（3）了解灭火的基本原理和灭火器的使用方法。

（4）了解金融诈骗事件的特征和应急处理原则。

能力目标

（1）能进行金融抢劫案的防范和处理。

（2）能进行火灾事件的应急处理。

（3）能进行金融诈骗案的防范、识别和处理。

（4）具备临柜客户服务的技巧，能处理其他突发事件。

素养目标

（1）具有爱岗敬业的职业精神，培育团队合作的工作精神。

（2）培养求真务实的工作态度，树立细心细致的工作作风。

案例导入

分类施策，妥善处置

案情介绍：

某在建小区业主分别于202×年4月13日、4月15日聚集了30余人连续两天到某银行办公大楼外上访，表达项目立即复工、尽快交楼诉求，最终在辖区派出所、分行应急处置小组的沟通协调下，聚集人群顺利散离。

事件经过：

4月13日上午9时15分，一楼值班员发现有大量不明身份人员在大楼外聚集且意图不明，立即向银行安全保卫部报告。

接报后，安全保卫部迅速启动应急预案，安排人员与来人进行初步沟通，了解聚集原因。在了解来人系3月25日来银行进行上访的某小区业主，且还有很多业主在前来的路上后，遂立即向辖区派出所报告、增加人手加强大楼出入口值守力量、暂时关闭营业部大门，防止聚集上访人员冲击办公大楼及营业部。随后联系银行应急处置小组风险管理部、零售质量控制部/消费者权益保护部、法律合规部、办公室等多部门人员前往现场协同进行处理。

4月15日上午9时30分，值班巡查人员发现有30余人在办公大楼外聚集时，立即上前进行询问，当得知上述人员为某小区业主后，遂向安全保卫部报告。

接报后，安全保卫部迅速启动应急预案，立即向辖区派出所报告、增加人手加强大楼出入口值守力量、暂时关闭营业部大门，防止聚集上访人员冲击分行大楼及营业部，并联系分行应急处置小组赶赴现场进行处置。

9时40分，派出所民警到达现场维护现场秩序，13时50分，上访人员在安全保卫部及现场民警协调劝说下，推举出5名业主代表到银行信访室与银行相关业务部门人员进行沟通，其他聚集上访人员在现场民警的劝说下已全部散离。15时10分，5名业主代表在与应急处置小组人员沟通后，已全部离开。

总结：

在这起群体性事件的处置过程中，银行领导高度关注并多次电话指示要做好来访人员的安抚、解释工作，要控制现场秩序，尊重他们表达诉求的权利，避免矛盾激化和事态扩大化。

最终，在结合银行领导的指示和公安机关的现场执法行动配合下，该银行顺利将聚集的上访人员进行劝离，有效保障了银行的安全运营。

📑 相关业务规范

一、业务释义

突发事件是指突然发生，造成或者可能造成严重社会危害，需要采取应急措施进行应对的自然灾害、事故灾难、公共卫生事件和社会安全事件。

二、突发事件的特点

突发事件具有突发性、不确定性、破坏性、衍生性、扩散性等特点。

商业银行柜面突发事件是指在商业银行日常经营管理过程中发生的事前难以预测、危及银行信誉、资产安全，甚至危及银行客户和员工生命安全的各种事件的总和，如抢劫、火灾、诈骗及其他突发事件等。

三、应对突发事件应当坚持的原则

（1）常态管理原则。银行保险机构应当建立突发事件应对工作机制，并将突发事件应对管理纳入全面风险管理体系。

（2）及时处置原则。银行保险机构应当及时启动本单位应对预案，制定科学的应急措施，调度所需资源，及时果断调整金融服务措施。

（3）最小影响原则。银行保险机构应当采取必要措施将突发事件对业务连续运行、金融服务功能的影响控制在最低，确保持续提供基本金融服务。

（4）社会责任原则。银行保险机构应当充分评估突发事件对客户、员工和经济社会发展的影响，在风险可控的前提下提供便民金融服务，妥善保障员工合法权益，积极支持受突发事件影响较大的企业、行业保持正常生产经营。

同步阅读

中国邮政储蓄银行营业场所安全管理办法（2020 年修订版）（节选）

第一章　总则

第一条　为切实加强中国邮政储蓄银行（以下简称邮储银行）营业场所安全保卫工作，规范营业场所日常安全管理，有效防范盗窃、抢劫、诈骗、火灾等安保类案（事）件的发生，不断增强应对和处置各类突发事件的能力，保障我行员工、客户人身及财产安全、我行资金安全，依据《企业事业单位内部治安保卫条例》（国务院令第 421 号）等法律法规、规章制度以及行业标准规定，结合我行实际，制定本办法。

……

第四条　营业场所安全管理应遵循以下原则

（一）以人为本。营业场所在遵循相关法律法规和规章制度的前提下，应把保障员工和客户的人身安全放在首位。

（二）预防为主。营业场所应切实加强日常安全防范工作，确保各项安全管理制度落实到位，各类安防设施设备运行正常，各类安全隐患及时整改，有效预防各类安保类案（事）件和责任事故的发生。

（三）责任到人。营业场所应明确本机构负责人、安全员、营业人员等各岗位人员的安全责任，各岗位人员应切实履行好本岗位安全生产责任。

（四）突出重点。营业场所应加强对重要部位、日常操作重要环节的安全管理，切实保障人身与财产安全。

模块 1　抢劫事件应急处理

一、金融抢劫案的原因和特点

金融抢劫案是抢劫事件中社会危害性特别严重的一种，其侵犯的客体是复杂客体，既侵犯国家财产所有权，又侵犯金融单位工作人员的人身权利，抢劫的对象是银行或者其他金融机构。金融抢劫案具有下列特点。

（1）发案数量呈现波浪式上升趋势。相比 20 世纪 90 年代初期，此类案件则较少。

（2）犯罪分子把袭击的目标集中指向金融单位的基层营业网点，发案地点逐步向繁华市区转移。

（3）在抢劫前，犯罪分子基本上要进行"踩点"，并且在犯罪时实施"乔装"行为，使人难以辨认。

（4）暴力程度加剧，犯罪分子胆大妄为，作案不计后果。

（5）日益向组织化、智能化方向发展，计划周密，智能化高。劫财数额巨大，危害严重；结伙和团伙犯罪突出，青年罪犯比例较高。

二、抢劫事件应急处理原则

处置抢劫事件的基本原则：反应快速及时、处置准确恰当、措施得力有效。

（1）反应快速及时。要求在发生抢劫案件的最短时间内或按规定时间上报案情。

（2）处置准确恰当。要求各级领导职责明确，组织指挥得当，各部门、各岗位层层负责，各司其职，服从指挥。

（3）措施得力有效。要求迅速采取有力措施，及时控制或制止事态蔓延扩大，尽量将损失降到最低。

这里所称的抢劫，是指犯罪嫌疑人在银行营业网点内，对银行营业网点工作人员或客户采取伤害、恐吓、挟持等方式进行的抢劫行为；也指对银行大额取现的客户采取跟踪尾随等行为。

资料传真袋

银行突发事件应急处置知识——
发生歹徒劫持人质、歹徒抢劫怎么办

一、快速反应　保持镇静

事发银行所有员工要快速反应，保持镇静，离电话最近或最隐蔽位置的员工应立即拨打"110"电话报警，报警时应保持较低音量，说明事发单位、详细地址、报警人姓名、联系电话，简要说明事件性质、涉及人员及现场情况并保持通信畅通。

二、保护人质　稳住歹徒

以保护人质安全为最大前提，避免采取强硬措施或激化歹徒情绪的做法，单位领导或在场的干部，出面与歹徒对话，了解歹徒的意图，稳住歹徒的情绪，尽可能先答应歹徒的要求，如现金、饮水、食品、交通工具等，尽量拖延时间，等待警方救援力量到来。

三、疏散群众　维持秩序

当值保安员和备勤保安员应全部到达现场，疏散客户和围观群众，设立警戒范围和警戒线，维持现场秩序，监视歹徒动向。如果歹徒要对人质做出伤害行为，保安员应进行警告和制止。

四、听从指挥　配合处置

（1）当公安干警到达现场后，应听从公安干警的指挥，全力协助公安干警的处置。

（2）保安员应加强对现场的安全控制，做好外围和银行财产保护，防止不法分子趁火打劫，进行其他盗抢罪案活动。

（3）劫持人质事件处置后，要立即对现场进行清理，恢复正常营业，在一段时间内加派当值保安力量，加强营业值勤守护。

模块 2　火灾应急处理

火灾是灾害的一种，火灾的发生既有自然因素，又有人为因素。在各种灾害中，火灾是最经常、最普遍威胁公众安全和社会发展的主要灾害。

银行在营业期间发生火灾时，应及时切断电源，拨打"119"火警电话，并及时使用消防器

材进行扑救，同时应保护好自身生命安全。

一、常用灭火方法

（1）用灭火器灭火。银行机构都配备了手提式灭火器，使用这类灭火器时，可手提灭火器的提把或提圈，迅速奔至距燃烧处约 5 米位置，放下灭火器，拔出保险销，一只手握住灭火器的开启压把，另一只手握住喷射软管前端的喷嘴处或灭火器底圈，对准火焰根部，用力压下开启压把并紧压不松开，这时灭火剂会喷出。

（2）用水灭火。木材、纸张等着火可以用水扑救。把水直接泼洒在可燃物上，从而熄灭火焰。用水把着火点附近的可燃物浇湿，使之降温。

（3）用其他工具灭火。将沙土、淋湿的棉被、衣服等捂盖在燃烧物表面，使之隔绝空气而中止燃烧。同时，笤帚、衣服还可以用作灭小火的工具。

（4）隔离灭火。把着火点附近的可燃物搬开，防止火势蔓延。

二、火灾事故处理原则

（1）营业期间发生火灾，应当及时切断电源，拨打"119"火警电话，相关人员要全力保护和转移现金、账册、重要空白凭证等资料，其他人员及时利用消防器材进行紧急扑救，如果有外来人员进入柜台进行扑救的，应当加强现场警戒，防止趁火打劫。火情消除后，立即封锁现场并协助公安、消防、保险及上级主管部门现场勘查，查找原因，检查和整理可能的遗漏物品，核实损失。

（2）营业场所周边发生火灾，应及时拨打"119"火警电话。如果可能危及营业场所或者情况紧急的，则需要按照营业期间发生火灾情况处理。

（3）办公楼发生火灾时，应及时切断电源并且报警，利用消防器材进行自救，同时做好工作人员的疏散和逃生工作，做好重要业务资料和设备的转移工作，确保人员安全和减少财产损失。

模块 3　诈骗事件应急处理

一、金融诈骗的定义

金融诈骗是指以非法占有为目的，采用虚构事实或者隐瞒事实真相的方法，骗取公司财物或者金融机构信用，破坏金融管理秩序的行为。

二、金融诈骗案的原因和特点

（1）银行业本身的特点决定了金融诈骗案件的高发性。

（2）部分员工自身素质不高，风险意识差，导致金融诈骗案件高发。从公安部门对审计移交案件的反馈来看，大多数金融诈骗案件都是内外勾结作案。银行业从业人员敢于以身试法的原因有很多，但关键还是员工选拔、录用及后续提升等环节亟须改进。

（3）一把手的权力没有得到有效制约。

（4）银行业激烈的竞争对金融诈骗起到了推波助澜的作用。金融改革出现了为数颇多的股份制银行，其相互竞争提高了金融服务的水平和质量，但不可否认，在市场份额增长有限、银行提供的服务类同的情况下，激烈竞争可能会导致无序状态，如许多银行管理人员在明知风险很大，但为了争取客户、完成任务，也极力促成信贷资金投放，这客观上为金融诈骗起到了推波助澜的作用。

三、诈骗事件应急处理的基本原则

（1）加大苗头性、倾向性的问题处罚力度。

（2）各银行要形成自己的鲜明业务特点来占领市场。

（3）加强员工思想教育，树立企业文化。一是理想与宗旨教育。教育员工树立正确的人生观、价值观，立足于金融工作岗位，为金融事业发展做出积极贡献。二是职业道德教育。教育员工严守信用、竭诚服务，树立企业良好的形象。三是法治教育。增强员工的法治观念，自觉做到知法、守法、依法办事、依法经营。此外，教育过程逐渐形成的企业文化，能培养员工对企业的忠诚度，从而有效避免内外勾结实施金融诈骗的情况。

（4）发现诈骗，首先用暗语联系，迅速报告，尽量拖延时间稳住犯罪分子，争取人赃俱获，并制服犯罪分子。

（5）如犯罪分子犯罪未遂逃跑，记住犯罪分子的体貌特征、交通工具及逃跑方向，及时报警寻求支援，力争抓获犯罪分子。

资料传真袋

《中华人民共和国刑法》关于金融诈骗的有关规定

第一百九十二条 以非法占有为目的，使用诈骗方法非法集资，数额较大的，处五年以下有期徒刑或者拘役，并处二万元以上二十万元以下罚金；数额巨大或者有其他严重情节的，处五年以上十年以下有期徒刑，并处五万元以上五十万元以下罚金；数额特别巨大或者有其他特别严重情节的，处十年以上有期徒刑或者无期徒刑，并处五万元以上五十万元以下罚金或者没收财产。

第一百九十三条 有下列情形之一，以非法占有为目的，诈骗银行或者其他金融机构的贷款，数额较大的，处五年以下有期徒刑或者拘役，并处二万元以上二十万元以下罚金；数额巨大或者有其他严重情节的，处五年以上十年以下有期徒刑，并处五万元以上五十万元以下罚金；数额特别巨大或者有其他特别严重情节的，处十年以上有期徒刑或者无期徒刑，并处五万元以上五十万元以下罚金或者没收财产：

（一）编造引进资金、项目等虚假理由的；

（二）使用虚假的经济合同的；

（三）使用虚假的证明文件的；

（四）使用虚假的产权证明作担保或者超出抵押物价值重复担保的；

（五）以其他方法诈骗贷款的。

第一百九十四条 有下列情形之一，进行金融票据诈骗活动，数额较大的，处五年以下有期徒刑或者拘役，并处二万元以上二十万元以下罚金；数额巨大或者有其他严重情节的，处五年以上十年以下有期徒刑，并处五万元以上五十万元以下罚金；数额特别巨大或者有其他特别严重情节的，处十年以上有期徒刑或者无期徒刑，并处五万元以上五十万元以下罚金或者没收财产：

（一）明知是伪造、变造的汇票、本票、支票而使用的；

（二）明知是作废的汇票、本票、支票而使用的；

（三）冒用他人的汇票、本票、支票的；

（四）签发空头支票或者与其预留印鉴不符的支票，骗取财物的；

（五）汇票、本票的出票人签发无资金保证的汇票、本票或者在出票时作虚假记载，骗取财物的。

使用伪造、变造的委托收款凭证、汇款凭证、银行存单等其他银行结算凭证的，依照前款的规定处罚。

模块 4 其他突发事件应急处理

1. 群体性突发事件处理

群体性突发事件是指聚众恶意挤兑、聚众围堵营业场所等扰乱社会秩序，危害公共安全的行为事件。应急处理原则包括以下五点。

第一，网点负责人应立即向上级行报告情况，并根据实际情况及时向地方人民政府、公安机关及银行监管部门报告情况。发生重大群体性事件，一级分行应在 24 小时内向总行报告。重大紧急情况可以先电话报告，随后再补送书面报告。

第二，群体性突发事件发生后，要指定专人担任处置工作的负责人，统一指挥、协调处置工作。特殊情况下，也可由上级行指定负责人。发生重大群体性突发事件，上级行委派人迅速赶赴事件现场，组织开展各项处置工作。相关部门、人员要服从统一指挥，及时到达指定位置开展工作。

第三，经上级行主管部门同意，网点负责人应立即组织员工采取保护或转移现金、业务档案、重要凭证、设备及其他必要的防范措施，做好现场录像和资料的保管工作，确保设备、设施的正常运行。

第四，处置群体性事件的过程中，网点员工要加强自身安全防范，坚持对外营业；确实无法正常营业的，必须报请当地银行监管部门同意，并上报至总行备案。上级主管部门要密切关注事态发展，加强监督、管理和指导工作。

第五，事件处置完毕，网点负责人应及时组织人员清理现场，发现有价单证、重要空白凭证、印章、密押器等重要物品丢失，要立即上报；发生营业设备损毁、丢失等问题，要立即上报，申请维修和补充，确保正常营业的基本条件。

2. 客户投诉事件处理

当营业网点发生服务纠纷，客户出现不满情绪时，柜员应立即向客户道歉，经安抚客户仍不满意，或提出其他要求的，柜员应立即将客户转交给大堂经理或当班负责人，将客户带至安静场所，安抚客户情绪，耐心解释，并协助客户业务的办理。如无效，则请客户留下联系方式，即刻向有关负责人报告，并复制保留监控录像备查。

银行接到网点报告或客户服务中心转来的电话投诉后，应立即委派专人到现场调查处理，并将事件调查经过和处理结果形成文字材料存档备案。同时与客户联系，进一步做出解释和安抚，直至客户无异议。

3. 自然灾害应急处理

如当地发布自然灾害的紧急通告，网点负责人应立即安排人员对网点环境及各项防备设施进行检查，对于检查发现的隐患，要立即修复，同时向上级行报告相关情况。

如存在自然灾害无法抗拒的可能，经上级行主管部门同意，网点负责人应立即组织员工将档案、凭证等转移至临时保管区，并确保安全措施到位。主管部门应密切关注自然灾害的动态和网点的实际情况，并告知相关部门，随时准备采取应急措施。

资料传真袋

银行安全保卫突发事件应急管理之应急响应与处置

为了保证突发事件得到快速响应与有效处置，银行机构必须针对可能发生的突发事件，建立健全相关预测预警机制，通过开展风险识别、分析与评估，切实做到早发现、早报告、早处置，避免和减少重大突发事件的发生。同时，银行机构还需要结合突发事件应急处置的实际需要，保证必要的人力、财力、物资和通信等必要的应急保障措施与资源，切实做到未雨绸缪、有备无患。

发生突发事件后，有效的现场应急处置是有效控制事态、避免或降低损失的关键，取决于事发现场人员的应急意识与能力，银行机构必须通过持之以恒的宣传、教育、培训、演练来培养和强化。同时，建立完备的突发事件报告制度也是十分重要的，关系到上级机构能第一时间掌握信息，准确决策和快速支援。

要对突发事件造成的损失进行评估，妥善做好突发事件造成人员伤亡的抚恤与救助工作，造成业务运营中断的要组织力量予以尽快恢复。要对突发事件的起因、性质、影响、责任、经验教训等进行深入调查与评估，认真查改不足，增强突发事件应急处置能力。

同步阅读

关于银行业保险业突发事件信息报告时限和方式

下文节选自《银行业保险业突发事件信息报告办法》（银保监发〔2019〕29号）第三章。

第十一条 事发单位是突发事件信息报告的责任主体，应当按要求向银保监会或其派出机构报告突发事件信息。

银保监会直接监管的银行保险机构应当向银保监会报告涉及总部及海外机构的突发事件信息，对其分支机构、专营机构向属地银保监会派出机构报告突发事件信息。

银保监会派出机构直接监管的法人银行保险机构向属地银保监会派出机构报告涉及总部及其海外机构的突发事件信息，其分支机构、专营机构向属地银保监会派出机构报告突发事件信息。

银保监会省级派出机构、银保监会直接监管的银行保险机构对于按规定需要报告银保监会的突发事件，应当按双线报送原则分别报告银保监会。

第十二条 银行保险机构、银保监会派出机构应当强化突发事件信息首报、先报意识。突发事件发生后，应当采取一切措施尽快掌握情况，尽快报告信息。

对涉及挤兑、围堵、冲击、停业、盗抢等突发事件，事发单位应不迟于1小时向银行保险监管机构报告信息；对涉及诈骗侵占、丢失泄露、人员异常、合规风险、声誉风险等突发事件，事发单位应不迟于24小时向银行保险监管机构报告信息。

银行保险机构向银行保险监管机构报告突发事件信息不得迟于向其他机构（部门）报告信息的时间。

第十三条 特别重大、非常敏感的突发事件发生后，事发单位力争在30分钟内电话报告相关信息、1小时内书面报告银行保险监管机构。

第十四条 银行业保险业突发事件信息首报后，出现新情况、新变化、新进展或者需要补充内容的，一般应在 24 小时内续报，最迟不超过 72 小时。

突发事件应对处置结束或作为常态处理后，不再作为突发事件信息续报，可根据工作需要通过其他途径报告相关情况。

第十五条　银保监会派出机构接到银行保险机构及下一级银行保险监管机构的突发事件信息报告后，对需要上报银保监会的，应当在 1 小时内报告。

第十六条　突发事件信息一般逐级上报，紧急情况下，可多级同时报告。

第十七条　突发事件信息报告基本因素至少应包括突发事件的基本情况、已经产生的影响和损失、应对情况、舆论反映、下一步拟采取的处置措施及态势研判等内容。

第十八条　突发事件信息报告统一采用《突发事件信息》格式，由单位负责人或授权应急管理部门主要负责人签发报送。

📝 项目强化训练

一、判断题

1. 金融抢劫案是抢劫事件中社会危害性特别严重的一种，其侵犯的客体是简单客体。
（　　）

2. 处置抢劫事件的基本原则：反应快速及时、处置准确恰当、措施得力有效。　（　　）

3. 在各种灾害中，火灾是最经常、最普遍威胁公众安全和社会发展的主要灾害。（　　）

4. 银行在营业期间发生火灾时，应及时切断电源，拨打"110"报警电话。　（　　）

5. 群体性突发事件发生后，要指定专人担任处置工作的负责人，统一指挥、协调处置工作。
（　　）

二、单项选择题

1. 处置抢劫事件的基本原则不包括（　　）。
　　A. 反应快速及时　　B. 处置准确恰当　　C. 措施得力有效　　D. 快速逃跑

2. 当营业网点发生服务纠纷，客户出现不满情绪时，柜员应当（　　）。
　　A. 置之不理　　　　　　　　　B. 服务下一位客户
　　C. 立即向客户道歉，安抚客户　　D. 以理服人

三、多项选择题

1. 突发事件的特点包括（　　）。
　　A. 突发性　　　　B. 不确定性　　　C. 破坏性
　　D. 衍生性　　　　E. 扩散性

2. 应对突发事件金融服务应当坚持的原则有（　　）。
　　A. 常态管理原则　　B. 及时处置原则　　C. 最小影响原则　　D. 社会责任原则

项目 9　柜台业务综合实训

知识图谱

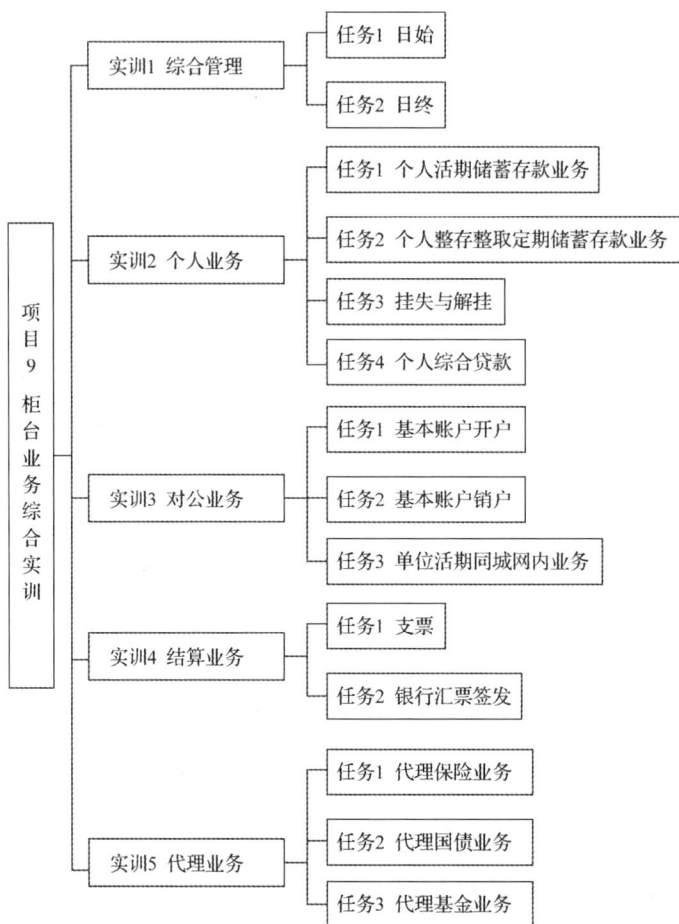

项目9 柜台业务综合实训

- 实训1　综合管理
  - 任务1　日始
  - 任务2　日终
- 实训2　个人业务
  - 任务1　个人活期储蓄存款业务
  - 任务2　个人整存整取定期储蓄存款业务
  - 任务3　挂失与解挂
  - 任务4　个人综合贷款
- 实训3　对公业务
  - 任务1　基本账户开户
  - 任务2　基本账户销户
  - 任务3　单位活期同城网内业务
- 实训4　结算业务
  - 任务1　支票
  - 任务2　银行汇票签发
- 实训5　代理业务
  - 任务1　代理保险业务
  - 任务2　代理国债业务
  - 任务3　代理基金业务

实训目标

　　模拟商业银行综合柜台业务操作，从整体和细节上把握商业银行综合柜台业务环节是学生掌握商业银行综合柜台业务的一项关键内容。通过结合仿真模拟银行操作学习教学软件，为学生提供一个理论结合实际的实训环境。本项目理论部分与前文各个项目的理论部分相结合，使学生进一步掌握并熟悉以下内容。

　　（1）熟悉综合管理日始与日终业务的操作流程。

　　（2）熟悉常见个人业务的操作流程。

（3）熟悉典型对公业务的操作流程。

（4）熟悉典型结算业务的操作流程。

（5）熟悉常见代理业务的操作流程。

实训 1　综合管理

任务 1　日始

操作流程说明

（1）钱箱的领用、开启要求：每天营业前，钱箱管理员操作"发钱箱"交易，并换人授权后领用钱箱，由网点业务主管会同双人打数开箱（袋）。

（2）钱箱管理员发放柜员钱箱：钱箱管理员操作"查询库存信息"交易与库箱封签金额合计数核对相符后，操作"维护钱箱管理表"交易查询钱箱状态，核对钱箱余额与交接单上的零包封签金额是否一致。随后，根据现金零包"交叉使用"的原则，操作"发钱箱"交易，向柜员发放钱箱，由领用柜员在款项交接登记簿上盖章确认。

（3）柜员领用钱箱：柜员操作"领钱箱"交易领用钱箱后，操作"柜员查询钱箱余额"交易与零包封签金额进行核对，并在监控视线内开启现金零包，操作"查询钱箱明细"交易对现金逐张清点，逐档核对券别明细。

（4）柜员现金出库：柜员向钱箱管理员领取现金时，必须事先填制现金出库票，钱箱管理员确认现金出库票已经业务主管审核后，操作"现金出库"交易将现金出库给申请柜员，并打印"出库现金券别张数清单"后，交钱箱管理员将其作为往出现金的依据，现金出库票作为其附件。

任务 2　日终

操作流程说明

（1）营业终了，柜员按券别清点职能管理库存现金（本外币），操作"现金上缴"交易，将超出库存限额的人民币现金、外币现钞上缴钱箱管理员，办妥交接手续。

（2）操作"清点钱箱"交易，清点核对零包现金，打印人民币"钱箱券别张数清单"一联，作为柜员库存现金核对联，与现金一并入袋加封。

（3）按本外币现金、单笔、转账，分别清点凭证张数、轧打凭证金额，使用"柜员轧账"交易，选择日终轧账，录入借贷方凭证笔数、金额等发生额，核算平衡。

（4）操作"查询打印柜员现金日结单"交易，打印柜员现金日结单，核对各项现金业务发生额，核对无误后，将其与轧账凭证一并送质量监测中心。

（5）操作"缴钱箱"交易，将现金零包上缴钱箱管理员，并在钱箱管理员款项交接登记簿上签章确认。

（6）操作"查询打印柜员轧账表"交易，打印柜员轧账单。

（7）日终网点结账（以下由钱箱管理员操作）。

① 营业终了，收齐柜员钱箱，上缴钱箱。分别操作"查询打印柜员现金日结单""查询打印网点现金日结单"交易，操作"假币收缴统计"交易，操作"查询打印网点现金库存簿"交易，

分别进行打印。

② 由网点业务主管会同钱箱管理员，双人对保管的本外币现金、库存假币、柜员上交的零包进行打数装箱，与现金交接单余额、网点现金日结单、网点现金库存簿、假币表外账余额（含假币收缴统计表）核对相符后，对库箱进行加封上锁入库保管。其中，网点库存假币实物与加盖两人名章的假币收缴统计表一并入袋加封后，入库箱保管，并由钱箱柜员对网点现金日结单——当前库房库存余额核对一致，在经办人处盖章确认。

③ 检查网点现金日结单中的当前"在途调入金额"（现金中心或业务库次日上午出库的预配款金额）是否为零，当前"在途调出金额"是否为网点日终上缴现金中心（或业务库）金额。

④ 操作"查询库存现金"交易，查询库存现金余额，与网点现金日结单——当前库房库存余额核对一致。

⑤ 由钱箱管理员或网点指定人员操作"查询打印网点汇总表"交易，打印网点汇总轧账单，轧计网点现金库存是否符合以下平衡关系：昨日现金账务核对登记簿的余额+网点汇总轧账单现金贷方发生额-网点汇总轧账单现金借方发生额=网点现金日结单当前库房库存余额。

（8）日终网点结账（以下由网点业务主管操作）。

① 检查网点现金日结单中的当前"在途调入金额"（现金中心或业务库次日上午出库的预配款金额）是否为零，当前"在途调出金额"是否为网点日终上缴现金中心（或业务库）金额。

② 汇总加计网点库箱封签金额与网点现金日结单显示的库存余额，并与网点现金库存簿余额核对一致，分别在网点现金日结单、网点现金库存簿负责人处盖章确认。

训练思考题

1. 每日营业前，营业网点领回寄存实物钱箱，具体操作包括（　　　）。
   A. 钱箱柜员使用业务交易系统，经业务主管授权后领取钱箱
   B. 钱箱柜员使用业务交易系统核对实物钱箱，无误后加计柜员钱箱金额与本网点现金库存核对一致
   C. 钱箱柜员在现金发放单据上签章，经业务主管复核
   D. 钱箱柜员使用业务交易系统给前台柜员发钱箱

2. 办理现金业务的柜员日始时进行的操作包括（　　　）。
   A. 向网点管库员领取现金实物
   B. 使用业务交易系统，向钱箱柜员领取对应的电子钱箱
   C. 使用业务交易系统查询，分类别核对现金实物
   D. 钱箱核对完毕并确认无误后，在现金领用单上签章确认
   E. 将现金领用单交业务主管复核

3. 清点重要空白凭证时的注意事项有（　　　）。
   A. 凭证应按号码顺序，不得跳号　　　B. 凭证上不得预先加盖印章备用
   C. 凭证清点时须业务主管在场监督　　D. 凭证清点完毕后柜员要签章确认

4. 日终现金扎账时，柜员需要做到（　　　）。
   A. 清点现金实物　　　　　　　　　　B. 清理与现金业务相关的重要凭证
   C. 核对电子钱箱与实物钱箱　　　　　D. 上缴现金清讫章

5. 日终库袋上缴时，柜员应注意检查（　　　）。
　　A. 库存现金金额是否超过柜员日终限额　　B. 当日现金业务相关账目是否轧平
　　C. 电子钱箱与实物钱箱金额是否一致　　D. 上缴时是否获得业务主管的签名确认

📖 项目考核与测试

项目：现金收款。

考核要求：采用定量计时方法考核。考核时，准备现金封包款 2 000 张（枚），金额 20 588 元[其中 100 元券、50 元券各 100 张，10 元券 200 张，5 元券 600 张，2 元券 100 张，1 元券 300 张，5 角、2 角、1 角券、5 分、2 分、1 分硬币各 100 张（枚）]，将现金分成 10 个封包，各封包的张数、金额不等，设置凭证、现金差错若干。要求按封包编号顺序收款，完成拆封包、审凭证、按券别核收大数、清点细数、盖现金收讫章和个人名章，并进行整理现金、登记现金收入日记簿、填制收款结数表和现金入库票等操作，以实际完成时间作为考核成绩。

实训 2　个人业务

任务 1　个人活期储蓄存款业务

操作一　个人活期储蓄存款开户

操作流程说明

（1）客户开立活期储蓄账户须凭本人有效身份证件办理，填写存款凭证，若委托他人代理，还须同时出示代理人的有效身份证件。

（2）审核存款凭证上填写的户名、金额、地址等项目是否齐全，身份证件是否有效，证件号码与客户提供的证件是否一致，根据存款凭证的金额清点现金。

（3）使用"活期储蓄开户"交易，大额存款业务及起息日非当前工作日的，必须经有权人授权后会同柜员办理。若有预留密码，由客户输入账户密码。

（4）打印存款凭证、活期存单（折），核对存款凭证、活期存单（折）等凭证上各项内容，对户名、币种、金额等内容进行重点审核。

（5）活期存单（折）加盖存单（折）专用章，存款凭证上加盖业务清讫章，将活期存折、身份证件交给客户，存款凭证作为业务凭证送监督中心。

操作二　个人活期储蓄存款续存

操作流程说明

（1）客户凭活期存单（折），填写存款凭证，大额存款还须提供本人有效身份证件。采用签单服务的，客户可免填存款凭证。

（2）审核凭证内容是否齐全、准确，并根据存款凭证的金额清点现金。若为大额存款，还应审核身份证件是否有效，在凭证背面或系统上摘录客户身份证件号码。

（3）使用"活期储蓄续存"交易，大额存款还必须经有权人授权。

（4）打印存款凭证（签单服务使用签单服务凭证）和活期存单（折），核对内容。采用签单服务的，请客户在签单服务凭证上签字确认。

（5）存款凭证上加盖"业务清讫章"，将活期存单（折）交还客户，存款凭证送监督中心。

操作三　个人活期储蓄存款销户

操作流程说明

（1）活期存单（折）办理销户，填写取款凭证，若大额取款，客户还须出示有效身份证件（若为代办的，应同时出示代理人有效身份证件）。采用签单服务，客户可免填取款凭证。

（2）审核凭证内容是否齐全、准确，如大额取款，还应审核客户身份证件是否有效，在凭证背面或系统上摘录客户身份证件号码。

（3）使用"活期储蓄销户"交易，大额取款还必须经有权人授权。若有预留密码，由客户输入密码。

（4）打印取款凭证（签单服务使用签单服务凭证）、活期存单（折）和利息清单，核对内容，利息清单（第一联）由客户签字确认，按取款凭证配款。采用签单服务的，请客户在签单服务凭证上签字确认。

（5）取款凭证和利息清单上加盖业务清讫章，将现金、有效身份证件、利息清单（第二联）交于客户，作为取款凭证的附件，取款凭证、利息清单（第一联）作为业务凭证送监督中心。若客户留存已销户的活期存单（折）的，柜员破坏磁条的完整性（见图9-1），在最后一笔交易记录的下一行批注"××××年××月××日销户，以下空白"字样（或加盖印章），并在存折封皮上加盖销户印章后交还客户。

图9-1　破坏磁条的完整性

操作四　个人活期储蓄存款挂失换折

操作流程说明

（1）客户办妥活期账户正式挂失止付手续7天后，凭挂失申请书（第一联）及本人有效身份证件到原挂失网点办理挂失销户手续。

（2）抽出网点留存的挂失申请书（第二联），审核挂失申请书（第二联）及有效身份证件有关要素是否齐全、合法、准确、有效。

（3）使用"查询挂失登记簿"交易查询，核对该笔挂失记录与挂失申请书内容是否一致。

（4）使用"活期储蓄挂失换折销户"交易，经有权人授权。若有预留密码，由客户输入密码。

（5）打印特殊业务凭证和新活期存单（折），核对内容。

（6）特殊业务凭证上加盖业务清讫章，活期存单（折）上加盖存单（折）专用章。挂失申请书（第二联）经客户签字确认后，将新活期存单（折）、有效身份证件交客户，挂失申请书（第二联）视同存单（折）作为特殊业务凭证附件送监督中心。挂失申请书（第一联）由监督中心永久保管。

任务 2 个人整存整取定期储蓄存款业务

操作一 个人整存整取定期储蓄存款开户

操作流程说明

（1）客户开立整存整取定期储蓄存款需本人提供有效身份证件，填写存款凭证。若委托他人代理，还应同时出示代理人有效身份证件。

（2）审核存款凭证上填写的户名、金额、地址等项目是否齐全，身份证件是否有效，根据存款凭证的金额清点现金。

（3）根据存款凭证使用"整存整取开户"交易。大额存款业务及起息日非当前工作日的，必须经有权人授权。若有预留密码，由客户输入密码。

（4）打印存款凭证和整存整取定期存单（折）。

（5）核对存款凭证、整存整取定期存单（折）等凭证上各项内容，对户名、币种、金额等内容进行重点审核。核对无误后，整存整取定期存单（折）上加盖存单（折）专用章，存款凭证上加盖"业务清讫章"，整存整取定期存单（折）、身份证件交给客户。

（6）存款凭证作为业务凭证送监督中心。

操作二 个人整存整取定期储蓄存款销户

操作流程说明

（一）全额支取（到期支取、全部提前支取和逾期支取）

（1）客户凭整存整取定期存单（折）支取存款，若大额取款或全部提前支取，客户还须出示本人有效身份证件。若委托他人代办，还须同时出示代理人有效身份证件。

（2）审核整存整取定期存单（折）的各项要素是否完整，印章是否齐全，存单（折）是否为该行签发的。若大额取款或全部提前支取，柜员须审核身份证件的有效性，在存单背面摘录客户身份证件号码。

（3）使用"整存整取销户"交易，若有预留密码，由取款人输入密码。大额取款还必须经有权人授权。

（4）打印整存整取定期存单（折）和利息清单，核对内容，利息清单（第一联）经客户签字确认，按取款凭证配款。

（5）整存整取定期存单（折）和利息清单上加盖业务清讫章，将现金、利息清单（第二联）交于客户。

（6）整存整取定期存单（折）和利息清单（第一联）作为业务凭证送监督中心。

（二）部分提前支取

（1）客户凭整存整取定期存单（折）、本人有效身份证件支取存款，填写存款凭证（存款凭证上的金额为续存部分金额）。采用签单服务，客户可免填存款凭证。若委托他人代取，还须同时出示代理人有效身份证件。

（2）审核存单（折）的各项要素是否完整，印章是否齐全，存单（折）是否为该行签发，审核身份证件的有效性，在存单背面摘录客户身份证件号码，审核存款凭证上内容是否齐全。

（3）使用"整存整取部分提前支取"交易，若有预留密码，由客户输入密码。大额取款还必须经有权人授权。

（4）打印已销户整存整取定期存单（折）、新整存整取定期存单（折）、存款凭证（签单服务使用签单服务凭证）和利息清单，核对内容，按取款凭证配款。

（5）利息清单（第一联）经客户签字确认。采用签单服务的，请客户在签单服务凭证上签字确认。

（6）在已销户整存整取定期存单（折）、存款凭证和利息清单上加盖业务清讫章，新整存整取定期存单（折）加盖存单（折）专用章，将现金、利息清单（第二联）交于客户。

（7）已销户整存整取定期存单（折）、存款凭证和利息清单（第一联）作为业务凭证送监督中心。

任务3 挂失与解挂

操作一 挂失

操作流程说明

（1）客户凭本人身份证件办理挂失申请手续，填写挂失申请书。凭印鉴支取的客户，还必须在挂失申请书上加盖预留印鉴，挂失申请手续原则上应由客户本人办理，如有特殊原因委托他人代办的，代办人必须同时提供代理人有效身份证明。

（2）审核挂失申请书内容的完整性、身份证件的有效性，使用存款账户查询交易，确认账户是否存在，存款未被支取，核对存款账户的所有信息与挂失申请书的一致性。

（3）使用"储蓄账户挂失"交易，经有权人授权进行存款账户挂失处理，并收取挂失手续费，打印挂失申请书和收费凭证。

（4）柜员及有权人认真审核挂失申请书内容，核对无误后，在挂失申请书上加盖业务公章和名章。

（5）挂失申请书（第一联）连同手续费收据、身份证件交于客户，第二联按申请书编号顺序由网点专夹保管，第三联送事后监督部门。

操作二 解挂

操作流程说明

（1）客户须先在原收执的挂失申请书（第一联）写明解挂理由，并签章确认，挂失申请书（第一联）及有效身份证件交给柜员。

（2）柜员认真审核无误后，抽出专夹保管的挂失申请书（第二联）并在挂失申请书上批注注销挂失原因及"××××年××月××日注销挂失"字样。

（3）柜员使用"储蓄账户解挂"交易，经有权人授权后，办理注销挂失业务。

（4）挂失申请书（第二联）送事后监督部门。

任务4 个人综合贷款

操作一 小额抵押贷款开户

操作流程说明

（1）客户凭本人有效身份证件、活期存单（折）、借记卡或 VIP 账户办理个人贷款综合账户开户，填写"个人贷款综合账户开户申请书"。

（2）审核客户身份证件的有效性、个人贷款综合账户开户申请书的有关内容完整性。

（3）使用"个人贷款综合账户开户"交易进行开户处理。

（4）打印"个人贷款综合账户开户申请书"，核对内容，在申请书上加盖银行公章，将申请书（第二联）连同客户身份证件、活期存单（折）、借记卡或 VIP 账户交于客户，申请书（第一联）由营业网点留存。

操作二　小额抵押贷款归还

操作流程说明

（一）柜面还款

（1）客户凭借记卡或 VIP 账户到网点办理贷款归还手续。

（2）填制还款凭证，一联作回单，一联作个人贷款账户的贷方凭证，同时填制存（贷）款计息凭证，一联作个人贷款利息收入贷方凭证，一联作付息通知。

（3）使用"个人综合贷款正常归还"交易办理正常贷款的本息归还，使用"个人综合贷款逾期归还"交易办理逾期贷款的本息归还。

（4）还款凭证加盖业务清讫章，还款凭证回单联交给客户。

（二）贷款全部归还后，抵押质押品账务处理

（1）对有关抵押质押品的出账资料审核无误后，经办柜员在抵（质）押品凭证的第二、第三联上加盖私章，并经客户签字确认。

（2）表外科目借方凭证作待处理抵押质押品表外科目借销记表外科目账，抵（质）押品凭证第三联作表外科目借方凭证附件，将抵（质）押品退还客户。

（3）"表外单笔付"交易销记待处理抵押质押品表外科目待处理抵（质）押品登记簿。如为质押担保，还须使用"质押品档案信息"交易，经有权人授权后，对质押存单进行解押处理，将质押品退还给借款人。

✍ 训练思考题

1. 在个人活期储蓄开户的操作中，若在点钞过程中发现假币，首先应（　　　）。

   A. 立即向交款人声明并报告业务主管进一步鉴定

   B. 立即没收假币并报告业务主管进行登记

   C. 立即加盖假币印章

   D. 退还给持有人

2. 活期开户操作业务结束后，应把（　　　）交客户留存。

   A. 活期存单（折）　　　　　　　　　B. 利息清单

   C. 个人业务凭证（存款）　　　　　　D. 储蓄存款凭证

3. 在个人活期储蓄换折业务中，柜员应在新换存折上加盖（　　　）。

   A. 存单（折）专用章　　　　　　　　B. 业务清讫章

   C. 现金清讫章　　　　　　　　　　　D. 经办柜员名章

4. 在个人活期储蓄换折操作中，若客户要留存旧折，柜员应（　　　）。

   A. 将旧存折封面剪下并加盖换折印章

   B. 在旧存折最后一笔交易记录下方批注"××××年××月××日换折，以下空白"字样

C. 在相关登记簿上记录旧存折的凭证号

D. 请求业务主管授权

E. 破坏磁条完整性

5. 在定期一本通的有折支取业务中，打印前，需要放入票据打印机的业务凭证有（　　　）。

A. 定期一本通存折　　　　　　　　　B. 个人业务凭证（取款）

C. 利息清单　　　　　　　　　　　　D. 储蓄存款凭证

6. 在定期一本通的有折续存业务中，发现客户缴存款有误时，下列叙述不正确的是（　　　）。

A. 应立即向缴款人声明

B. 经缴款人同意后，可以按原凭证金额多退少补

C. 必须要求缴款人重新填制凭证

D. 其他

7. 在定期一本通的有折续存业务中，打印完成后，经办柜员要把（　　　）交给客户签字确认。

A. 定期一本通　　　　　　　　　　　B. 个人业务凭证（存款）

C. 储蓄存款凭证　　　　　　　　　　D. 其他

8. 在定期一本通的有折续存业务中，打印完成后，需要在个人业务凭证（存款）上加盖（　　　）。

A. 业务清讫章、经办柜员名章

B. 现金清讫章、经办柜员名章

C. 存单（折）专用章、经办柜员名章

D. 其他

9. 收入现金应该坚持的"三清"原则是（　　　）。

A. 笔笔清、内外清、当时清　　　　　B. 业务清、账面清、金额清

C. 印签清、责权清、收付清　　　　　D. 其他

10. 在个人VIP账户开户业务结束后，需要把（　　　）交给客户。

A. 开户申请书　　　　　　　　　　　B. 年费收费凭证

C. VIP账户卡　　　　　　　　　　　D. 对账簿

11. 在个人整存整取一般销户业务中打印前，需要放入票据打印机的业务凭证有（　　　）。

A. 个人业务凭证（取款）　　　　　　B. 特殊业务凭证

C. 手续费凭证　　　　　　　　　　　D. 利息清单

实训3　对公业务

任务1　基本账户开户

操作流程说明

（1）建立客户信息：柜员根据会计主管审批同意的"开立单位银行结算账户申请书"，使用"单位客户开户（更改资料）申请书"交易，为其建立客户信息档案或使用"单位客户信息采集表"交易对申请书与采集表的信息进行输入，生成一个客户编号。根据实际情况选择输入其他客户信息交易，如"单位客户的地址信息""单位客户在本行开户信息""单位客户在他行开户信息""单位客户的母公司信息""单位客户子公司信息""单位客户的主要成员信息"。

（2）账户开户：根据生成的客户编号，使用"往来户开户"交易，为客户开立往来账户。

任务 2　基本账户销户

操作流程说明

（1）存款人主动到开户银行撤销其存款账户时，必须向开户银行递交"撤销单位银行结算账户申请书"，写明销户理由。

（2）柜员使用"查询往来户凭证管理信息"交易，确认单位的全部重要空白凭证均已退回。

（3）单位未用完的重要空白凭证应由客户填制客户交回未用重要空白凭证清单退回开户银行，柜员使用"往来户凭证作废销号"交易进行销号处理，然后当面切角作废。

（4）确认单位账户销户后有无遗留问题：使用"查询费用记账登记簿"交易，查看其账户是否有未扣收的费用，如有，则不能清户，而应使用"收记账收费"交易收取欠费，再进行销户；使用"查询贷款借据余额、欠息"交易，查看其贷款户是否有未归还的贷款、欠息，如有，则将其归还后再进行销户；使用"查询往来户浮动余额"交易，查看其账户中是否有浮动余额，如有，则待其入账后才可清户。确认不存在银行已承兑的银行承兑汇票，不存在应承付的托收承付款项和贴现未到期的商业汇票。

（5）使用"往来户销户计息"交易，结清往来户利息。

（6）根据"往来户销户计息"交易显示的本息合计结清账户余额。柜员使用"往来户现金支出""同城提出代收""同城网内一借一贷"等存款户记账类交易，将申请撤销账户的余额支现或转出，再使用"查询往来户余额"交易，查询此账户余额是否为零。

（7）办理销户，柜员根据主管审批的通知单，使用"往来户销户"交易办理往来户销户。

任务 3　单位活期同城网内业务

操作流程说明

（1）单位活期存款存取主要通过现金或转账办理。有关单位活期存款的现金存取参考项目 3 的"任务 2　现金收付业务"部分。转账业务按转账收、付款单位开户行不同，一般可分为收、付款单位在同一行处开户的转账（简称"本账"），收、付款单位在计算机联网通存通兑的不同行处开户的转账（简称"网转"），收、付款单位一方在计算机联网以外的行处开户的转账（简称"网外"）3 种类型。收、付款单位一方在计算机联网以外的同城行处开户的转账需要通过同城交换处理，同城票据交换业务由于涉及当地中国人民银行的要求和交换系统的不同，各地存在不同的交换模式，即使交换模式相同，但由于当地中国人民银行交换系统的不同也存在操作上的差异。收、付款单位在同一行处开户的转账和收、付款单位在同一银行计算机系统内不同网点开户的转账，柜面处理流程相同，在此称为同城网内业务。

（2）柜员受理客户提交的转账支票和进账单，认真审查要素是否齐全、准确。

（3）使用"同城网内一借一贷"交易记账。受理多笔款项收、付业务，可使用"同城网内一借多贷"和"同城网内一贷多借"进行转账汇总交易的账务处理。单笔记账使用"网内转账单笔借"或"网内转账单笔贷"交易。客户以转账或记账方式缴纳手续费、邮电费，使用"收费"交易记账，以记账方式缴纳的由计算机批量扣收。

（4）转账支票作为借方凭证，第二联进账单作为贷方凭证，记账后在进账单和支票上加盖业务清讫章和经办柜员个人名章，进账单回单联或收账通知分别交出票人或持票人。

训练思考题

1. 在办理单位活期基本存款账户时，若开户行的主管行是中国人民银行，应留（　　）印签卡。

　　A. 1 张　　　　　　　B. 2 张　　　　　　C. 3 张　　　　　　　D. 其他

2. 企业开立基本账户报送中国人民银行审批，需要提供（　　）等材料。

　　A. 营业执照、组织机构代码证、国税、地税复印件各 1 份

　　B. 开户申请书

　　C. 1 张预留印签卡

　　D. 企业年度财务报表

3. 企业客户办理基本账户开户需要提供（　　）等材料。

　　A. 基本账户开户申请书　　　　　　B. 现金库存限额核定书

　　C. 营业执照　　　　　　　　　　　D. 组织机构代码证

　　E. 国税和地税的税务登记证　　　　F. 手续费 300 元

4. 下列关于贷记凭证和支票的叙述正确的是（　　）。

　　A. 支票是出票人签发，委托办理支票存款业务的银行或其他金融机构在见票时无条件支付确定的金额给收款人或持票人的票据

　　B. 贷记凭证只能提交给付款人开户银行办理转账，不得支取现金，不得流通转让

　　C. 以上两项都正确

　　D. 以上两项都错误

5. 单位通知存款办理企业开户预留印签时，银行提供（　　）等材料。

　　A. 印签卡　　　　　B. 电子留印机　　　　C. 数字签名　　　　　D. 其他

6. 在单位通知存款存入业务中，业务结束后需要将（　　）交给客户。

　　A. 贷记凭证　　　　　　　　　　　B. 单位通知存款存单

　　C. 现金　　　　　　　　　　　　　D. 其他

实训 4　结算业务

任务 1　支票

操作一　支票划转业务

操作流程说明

柜员接到持票人或出票人提交的支票和进账单时，应对支票和进账单进行认真审查。

（一）受理转账支票时应审查的内容

（1）支票是否真实，是否超过提示付款期限，是否为远期支票。

（2）支票上记载的收款人名称与进账单上的收款人名称是否一致。

（3）出票人的签章是否符合规定，与预留银行印鉴是否相符，使用支付密码的，其密码是否正确。

（4）支票的大小写金额是否一致，与进账单的金额是否相符。

（5）支票必须记载的事项是否齐全，填写是否符合规范，出票日期、出票金额、收款人名称是否有更改。

（6）受理非本行开户出票人签发的转账支票时，持票人是否在支票的背面做委托收款背书。

（二）受理现金支票时应审查的内容

（1）大额现金支取是否已经有权人或部门审批。

（2）支票是否真实，是否超过提示付款期限，是否为远期支票。

（3）出票人签章是否符合规定，并折角核对其印章与预留银行印鉴是否相符，使用支付密码的，其密码是否正确。

（4）支票的大小写金额是否一致。

（5）支票必须记载的事项是否齐全，填写是否符合规范，出票日期、出票金额、收款人名称是否有更改。

（6）支票填明的收款人名称是否为该收款人，收款人是否在支票背面收款人签章处签章，其签章是否与收款人名称一致；对收款人为个人的现金支票，是否审核收款人身份证件，是否在支票背面注明证件名称、发证机关、证件号码。

（7）支票的提示付款期自出票日起 10 日内，中间遇节假日不顺延，到期日遇节假日可顺延。

操作二 企业备用金提取

操作流程说明

（1）柜员接到持票人或出票人提交的支票和进账单时，应对支票和进账单进行认真审查。

审查现金支票无误后，使用"往来户现金支取"或"一笔多单现金付款"交易，输入账号、币种、凭证种类、现金分析号等内容，录入完毕，核对取款凭证金额与终端机显示付款金额。

（2）按照票面金额进行配款，依次录入券别、张数。配妥后，重新加计所配款项进行自我复核，无误后方可对外付款，当面付清，一笔一清。

（3）交易处理成功后，在现金支票背面打印交易信息。

（4）款项付清后，现金支票加盖业务清讫章。

任务 2 银行汇票签发

操作流程说明

（1）银行受理开户单位提交的一式三联业务委托书时，应认真审查业务委托书记载的内容是否齐全、清晰，签章是否为银行预留印鉴，使用支付密码的还要核验支付密码是否正确。经审查无误后，才能办理银行汇票的签发。

（2）汇票签发录入：使用"汇票签发录入"交易，进行汇票签发记账、录入处理。交易处理成功后，在业务委托书各联加盖业务清讫章，第一联背面打印交易信息作为借方凭证，第二联摘录汇票签发业务流水号交汇票签发复核柜员复核，日终时和已签发银行汇票的第一、第四联配对随当日传票装订，第三联作为回单。

（3）汇票签发复核：对于汇票签发录入完毕的汇票报文，复核柜员使用"汇票签发复核"交易，输入"汇票签发流水号"或"录入柜员号"调出"待复核"报文。调出待复核报文后，柜员输入复核"兑付行行号""收款人账号""付款人账号""金额"4 项内容，其他内容以画面形式显示，供柜员通过屏幕核对。如复核柜员确认原录入有误，可将报文转为"待修改"状态。

（4）汇票签发授权：授权柜员使用"汇票签发授权"交易，输入"汇票签发流水号"或"录入柜员号"，调出"待授权"报文，然后输入授权"收款人账号""付款人账号""金额"3项内容，其他内容以画面形式显示，供授权柜员通过屏幕核对。授权输入控制与汇票签发复核交易相同。授权成功后，系统自动将该笔汇票置于"签发待打印"状态。

（5）汇票打印：已领用空白银行汇票的柜员对签发待打印的汇票报文进行汇票打印处理时，输入"汇票签发流水号"调出汇票报文，通过屏幕核对无误后可输入"汇票号码"，系统开始打印汇票。如屏幕核对有误，可选择"转修改"。因打印出错或打印后发现内容有误，原汇票打印柜员可于当日使用"汇票打印作废"交易，进行转修改或转汇票打印处理。

（6）汇票索押：汇票签发打印完毕后，密押柜员可使用"汇票索押"交易，输入汇票签发流水号，调出待索押汇票报文，经核对无误后，系统自动将该笔汇票报文送主机汇划密押子系统进行加押处理，提示并打印汇票密押。

（7）出票：汇票索押完毕后，由密押员在实际结算金额的小写金额上端用总行统一制作的压数机压印出票金额，并与汇票的大写金额核对一致后将汇票交复核员。复核员审查无误后，汇票第二联上用红色印泥加盖汇票专用章和法定代表人或其授权经办人名章，连同第三联一并交给申请人。第一联加盖经办柜员、复核人员名章，连同第四联一并加盖附件章后随当日传票装订。

训练思考题

1. 在本票申请的操作中，审核客户提交的业务委托书时应注意（   ）。

   A. 委托书记载的内容是否齐全、清晰

   B. 委托书的日期、金额、收款人名称是否有涂改

   C. 申请人的签章是否符合规定

   D. 申请人账户是否有足够支付的款项

2. 在本票申请业务处理过程中，柜员必须在业务委托书上加盖（   ）。

   A. 业务清讫章、经办柜员名章

   B. 现金清讫章、经办柜员名章

   C. 本票专用章、经办柜员名章

   D. 票据清算专用章、经办柜员名章

3. 在银行汇票签发中，汇票上应加盖（   ）。

   A. 汇票专用章   B. 现金清讫章   C. 业务清讫章

   D. 经办柜员名章   E. 授权主管名章

4. 在支票业务中，支票上需要加盖（   ）。

   A. 验印章   B. 业务清讫章

   C. 企业财务专用章   D. 企业法人代表名章

5. 下列关于委托收款业务描述正确的是（   ）。

   A. 无金额起点

   B. 付款期3天

   C. 对付款方，银行须审查拒付理由

   D. 对收款方，银行须审查发运证明

实训 5　代理业务

任务 1　代理保险业务

操作流程说明

银行代理保险业务的本质是一种保险业务，是由银行（也包括邮储、信用社等金融机构）作为一类保险兼业代理机构，代理销售保险公司产品的一种业务行为。银行代理保险业务是银行保险的一种，是银行保险处于初级发展阶段一种常见的业务形式。从国际经验来看，银保合作主要分为股权合作、战略合作和简单的代理合作。

任务 2　代理国债业务

操作一　发行国债业务

操作流程说明

（1）审核客户填写的现金存款凭证要素是否齐全、正确，并对客户身份证件进行核对。

（2）清点现金无误后，使用"国库券发行"交易记账，交易成功后打印凭证式国债收款凭证，加盖存单（折）专用章和柜员名章交给客户。

（3）对于代理发行的国债资料，发行网点应按规定及时上划管辖支行。

操作二　国债提前兑付业务

操作流程说明

（1）客户要求提前兑付时，应提交凭证式国债收款凭证和本人有效身份证件。

（2）柜员审核收款凭证、身份证件无误后，在凭证式国债收款凭证上摘录证件名称和号码，使用交易查询账户有无异常情况，如无异常情况，使用"国库券兑付"交易办理提前兑付，打印收款凭证。

（3）在利息清单及手续费收费凭证上加盖业务清讫章，将现金及第一联利息清单交给客户。

（4）次日，经办网点对上日提前兑付国债本金，填制"代理兑付债券应收款"科目转账凭证，及时上划兑付国债本金。

任务 3　代理基金业务

操作一　基金开户业务

操作流程说明

（1）投资人在办理基金交易前，应在银行开立基金交易账户。原则上，一个投资人在同一个直辖市分行、直属分行或二级分行辖内只允许开立一个基金交易账户。在开立基金交易账户时，投资人应同时指定一个基金资金账户。

（2）个人客户申请开立基金交易账户时，须出具本人有效身份证件和基金资金账户、TA 基金账户卡并填写基金交易账户开户申请表（个人）。机构投资人申请开立基金交易账户时，须出具基金资金账户、TA 基金账户卡及以下材料：企业营业执照等有效证件原件，法人代表证明书与法人代表授权委托书，业务受托经办人有效身份原件及复印件，加盖银行预留印鉴的基金交易账户申请表（机构）。

（3）柜员审核后，通过"基金交易账户开户"交易，录入申请人提交的资料的有关信息（代理人指机构投资人的经办人）。将投资人基金交易账户与 TA 基金账户建立唯一对应关系。

（4）投资人在银行办理基金交易前，还应开立/登记注册登记机构基金账户。该信息仅在登记地点有效，当投资人需要到异地进行基金交易时，应重新在异地进行基金账户的登记。投资人的基金交易账户与基金账户通过"基金 TA 账户开户/登记"交易，建立对应关系。投资人在首次认购或申购某注册登记机构注册登记的基金前，应将该注册登记机构为其开立的基金账户的账号登记在系统中。投资人的基金交易账户与基金账户通过"基金账户登记"交易，建立对应关系。

操作二　基金赎回业务

操作流程说明

（1）基金赎回是指投资人在基金存续期间规定的开放日，要求基金管理人赎回投资人持有的基金单位，即投资者卖出基金。基金交易采用未知价法，基金赎回遵循"数量赎回"的原则，并以当日单位基金资产净值作为计价基础。投资人申请赎回的基金份额于申请当日冻结，赎回款于规定的赎回款到账日内划至投资人基金资金账户。预约赎回是指基金持有人为给基金管理人一定的时间办理赎回业务而提前发出的在未来某日赎回的申请。预约赎回的日期必须是申请日之后的日期。预约赎回是否可以开办，由基金公司决定。

（2）投资人赎回基金时，应携带基金交易卡、基金账户卡，按赎回基金份额数量填写代理基金赎回申请表，机构投资人还须加盖预留印鉴，连同基金交易卡、基金账户卡一并提交给柜员。

（3）柜员接到申请，审核无误后使用"赎回"或"预约赎回"交易，根据系统提示录入有关信息。

（4）基金单位交割日：资金交割日应分别打印一式两联基金业务付出凭证或一式两联基金业务凭证，基金业务付出凭证作为赎回成功机构投资人基金单位减少的记账凭证，另一联作为投资人回执。基金业务凭证作为赎回成功机构投资人基金资金账户回款的凭证，其中一联作为投资人基金资金账户贷方凭证，另一联作为客户回执。交易确认后，各营业网点可根据投资人的申请通过打印基金交易确认通知单交易打印基金业务确认通知单。

训练思考题

1. 如遇客户地址或费用账单编号变动，或客户欲变更授权账号，须及时到银行办理变动手续。办理手续时必须提供其本人有效身份证件。（　　）

A. 正确　　　　　　　　　　B. 错误

2. 下列适用于公用事业费转账业务的有（　　）。

A. 水、电、煤气（天然气）费

B. 市内电话费

C. 联通、移动手机话费

D. 公房房租

E. 交通违章罚款

附录 竞赛指导

2022 年以来全国职业院校技能大赛"智慧金融"赛项竞赛内容包括金融职业素养、金融综合技能、数字金融业务三个模块。

一、"金融职业素养"模块

考核选手对大数据、人工智能、区块链等信息技术的应用和金融专业知识的掌握情况，以及对金融基本操作技能的掌握情况。包括"业务素养"和"职业技能"。"业务素养"内容主要包括金融业务基础知识、金融业务法律基础、金融从业人员职业行为准则、金融科技基础知识等，涵盖业务操作相关的基础知识。"职业技能"主要包括传票数字录入、字符录入、手工点钞、货币防伪与鉴别等部分。

"业务素养"赛项比赛时长 45 分钟，包括单项选择题、多项选择题、判断题，由 4 名选手独立完成。

"职业技能"竞赛单元每单项比赛时长为 10 分钟，总时长需要 90 分钟（包括中途切换软件界面及提供钞、传票等比赛设备）。

二、"金融综合技能"模块

本模块主要考核选手在数字货币、普惠金融、绿色金融等智慧金融背景下，在银行、证券、保险等金融业务方面的处理技能，本竞赛单元分岗位操作，主要包括大堂经理岗、综合柜台岗、客户经理岗、理财经理岗等。

大堂经理岗包含银行厅堂客户接待与引导服务，证券公司投资咨询、客户接待与业务引导，保险公司客户咨询接待与业务引导。考核选手对银行大堂经理岗业务处理流程及规范的掌握情况，包括客户引导与分流、客户问询处理、单据填写、假币鉴别、残/污损币的兑换、异议及投诉处理、签名与盖章、营销转介等。以银行厅堂自助设备区为背景，考核选手对于智能金融机具相关知识的了解，智能柜员机、便携式智能柜员机以及手机银行等机具的具体操作使用。

综合柜员岗主要考核选手对银行、证券、保险等金融机构相关岗位业务处理流程及规范的掌握情况，包括商业银行个人业务、公司业务、支付结算业务等。

客户经理岗主要考核选手对公司信贷及个人贷款业务处理能力，包括信贷客户信息导入、信贷客户分析、客户授信、业务受理以及证券公司、保险公司业务拓展等相关业务。

理财经理岗主要考核选手对理财经理岗位业务处理能力，包括家庭理财规划，涵盖财务分析、教育规划、理财需求分析等，证券投资规划、保险投资规划等理财规划方案设计。完成理财客户信息管理、客户财务状况分析与研判、综合理财规划方案设计。

三、"数字金融业务"模块

本模块竞赛内容根据不同金融科技应用场景的工作岗位设计竞赛任务。针对每个竞赛单元参赛选手需要分别担任不同角色，以团队成员分工协作的方式共同完成，主要考核参赛选手对数字金融业务场景的专业技能掌握情况。本模块考察内容包括：大数据金融业务、区块链金融业务、支付业务数字化、银行业务数字化、证券业务数字化、保险业务数字化、金融科技业务创新、数字金融业务监管等竞赛单元。

针对"金融综合技能"竞赛模块，下面将从大堂经理、综合柜台、客户经理、理财经理四个岗位进行分解说明。

1. 大堂经理岗位

大堂经理岗位的操作说明如下。

（1）接待客户，引导客户与分流。

（2）根据客户类型和客户需求取号，引导客户至填单台，填写相关业务单据。

（3）从与客户的交流中挖掘客户潜在的其他业务需求，进行营销转介。

（4）送别客户。

2. 综合柜员岗位

操作一　开工

综合柜员岗位的开工操作说明如下。

（1）对外营业前，做好准备工作，银行机构进行开工操作。

（2）机构做好准备工作后，综合柜员进行开工操作。

（3）根据任务要求，依次领入重要凭证及现金。

操作二　个人综合业务——卡内开立定期账户

个人卡内开立定期账户的操作说明如下。

（1）进入银行核心业务操作系统。

（2）客户已在本行开立过个人账户，在开立定期账户时选择个人卡内开户，填写相关信息。

（3）客户信息填写完成后进行自我复核，无误后提交。

操作三　单位综合业务——开立定期保证金账户

单位开立定期保证金账户的操作说明如下。

（1）进入银行核心业务操作系统。

（2）在单位业务中，选择保证金业务，进行定期保证金业务开户操作。

（3）客户信息填写完成后进行自我复核，无误后提交。

3. 客户经理岗位

操作一　个人信贷

个人信贷业务的操作说明如下。

（1）进入业务操作系统，在客户档案管理中选择个人客户。

（2）新增客户并锁定客户，填写客户基本信息并保存。

（3）填写客户的担保品信息并保存。

（4）银行对客户进行资信评估。

（5）客户申请个人贷款业务，填写贷款申请表。

（6）客户经理和审查审批人员对该笔业务申请进行业务调查、审查、审批。

（7）审批通过后进行贷款合同登记，放贷审核人员进行放贷审核。

（8）审核通过后即可发放贷款。

操作二　公司信贷

公司信贷业务的操作说明如下。

（1）进入业务操作系统，在客户档案管理中，选择公司客户。

（2）新增客户并锁定客户，填写贷款人基本信息并保存。

（3）填写客户的担保品信息并保存。

（4）银行对客户进行资信评估。

（5）客户申请公司贷款业务，填写贷款申请表。

（6）客户经理和审查审批人员对该笔业务申请进行业务调查、审查、审批，符合条件则通过。

（7）审批通过后进行贷款合同登记，放贷审核人员进行放贷审核。

（8）审核通过后即可发放贷款。

4．理财经理岗位

理财经理岗位的操作说明如下。

（1）进入业务操作系统中，新增客户并填写客户基本信息，锁定客户后填写家庭成员基本信息。

（2）对客户的财务状况进行财务分析，包括生命周期分析、家庭现金流量表、家庭资产负债表、财务比率分析。

（3）对客户的理财目标进行设定，并分析其可行性。

（4）为客户家庭进行现金需求分析，选择合适的现金规划工具。

（5）分析客户家庭的优先保险人，确定优先保险人所购买险种的保额及保费。

（6）分析客户的购房需求，确定其购房总价、贷款金额，进行合理的购房规划。

（7）分析客户的投资需求，进行合理的投资规划。

（8）分析客户的养老需求，进行合理的养老规划。

实训综合报告

实训记录总表

学号		姓名		专业（班级）		
实训课程	商业银行综合柜台业务			使用软件名称	模拟银行业务教学	
实训时间	实训地点	实训项目名称（以任务进行）			完成情况	
		1.				
		2.				
		3.				
		4.				
		5.				
		6.				
		7.				
		8.				
		9.				
		10.				
		11.				
		12.				
		13.				
		14.				
		15.				
		16.				
		17.				
		18.				
分析存在的问题及解决办法		1.				
		2.				
		3.				
		4.				
		5.				
		6.				
		7.				
		8.				
		9.				
		10.				
		11.				
		12.				
		13.				
		14.				
		15.				
		16.				
		17.				
		18.				

【项目实训报告】

任务实训报告单

实训项目	实训 1：综合管理		学时	
实训地点			实训时间	
同组姓名				

<table>
<tr><td colspan="5" align="center">实训流程与说明
（若此页不够可另自行附页）</td></tr>
<tr><td colspan="5" style="height:900px"></td></tr>
</table>

成绩评定	实训操作（40%）	A（90分）	B（70分）	C（50分）	D（30分）
	实训报告（30%）	A（90分）	B（70分）	C（50分）	D（30分）
	思考题回答（30%）	A（90分）	B（70分）	C（50分）	D（30分）
	总评成绩或评语				
	校内指导教师签字			评阅时间	
	校外指导教师签字			评阅时间	

【项目实训报告】

任务实训报告单

实训项目	实训 2：个人业务			学时		
实训地点				实训时间		
同组姓名						

实训流程与说明
（若此页不够可另行附页）

成绩评定	实训操作（40%）	A（90分）	B（70分）	C（50分）	D（30分）
	实训报告（30%）	A（90分）	B（70分）	C（50分）	D（30分）
	思考题回答（30%）	A（90分）	B（70分）	C（50分）	D（30分）
	总评成绩或评语				
	校内指导教师签字			评阅时间	
	校外指导教师签字			评阅时间	

【项目实训报告】

任务实训报告单

实训项目	实训 3：对公业务		学时	
实训地点			实训时间	
同组姓名				

实训流程与说明

（若此页不够可另行附页）

成绩评定	实训操作（40%）	A（90分）	B（70分）	C（50分）	D（30分）
	实训报告（30%）	A（90分）	B（70分）	C（50分）	D（30分）
	思考题回答（30%）	A（90分）	B（70分）	C（50分）	D（30分）
	总评成绩或评语				
	校内指导教师签字			评阅时间	
	校外指导教师签字			评阅时间	

【项目实训报告】

任务实训报告单

实训项目	实训4：结算业务		学时	
实训地点			实训时间	
同组姓名				

实训流程与说明
（若此页不够可另自行附页）

成绩评定	实训操作（40%）	A（90分）	B（70分）	C（50分）	D（30分）
	实训报告（30%）	A（90分）	B（70分）	C（50分）	D（30分）
	思考题回答（30%）	A（90分）	B（70分）	C（50分）	D（30分）
	总评成绩或评语				
	校内指导教师签字			评阅时间	
	校外指导教师签字			评阅时间	

【项目实训报告】

任务实训报告单

实训项目	实训 5：代理业务		学时	
实训地点			实训时间	
同组姓名				

实训流程与说明

（若此页不够可另行附页）

成绩评定	实训操作（40%）	A（90分）	B（70分）	C（50分）	D（30分）
	实训报告（30%）	A（90分）	B（70分）	C（50分）	D（30分）
	思考题回答（30%）	A（90分）	B（70分）	C（50分）	D（30分）
	总评成绩或评语				
	校内指导教师签字			评阅时间	
	校外指导教师签字			评阅时间	

参考文献

1. 岳高社. 商业银行综合柜台业务[M]. 太原：山西经济出版社，2010.
2. 董瑞丽. 商业银行综合柜台业务[M]. 4 版. 北京：中国金融出版社，2021.
3. 刘俊. 银行服务礼仪[M]. 北京：中国金融出版社，2011.
4. 雷玉华. 银行柜员基本技能（附微课视频）[M]. 3 版. 北京：人民邮电出版社，2019.
5. 杨宜. 商业银行业务管理[M]. 3 版. 北京：北京大学出版社，2022.
6. 梁洪军，张志瑜. 中小银行智能金融服务[M]. 北京：中国财政经济出版社，2018.
7. 胡增芳. 商业银行综合柜台业务[M]. 2 版. 北京：高等教育出版社，2022.